다중지능이론과 교육의 실제

한국다중지능교육학회 편

김명희 · 김영자 · 김향자 · 신화식 · 윤옥균
윤옥인 · 이현옥 · 정태희 · 황윤한 공저

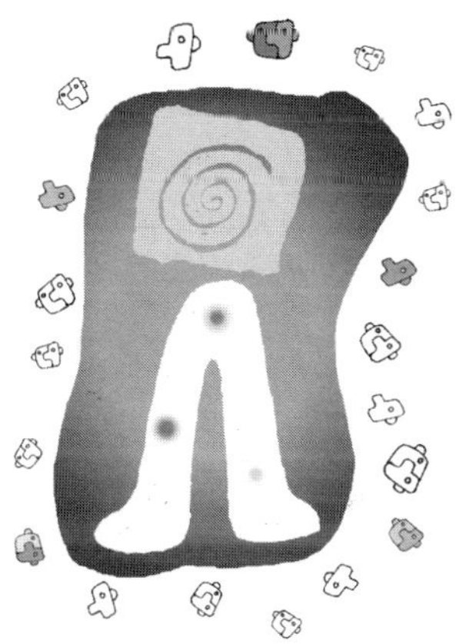

학지사

머리말

문화와 경제적 발전이 인간의 행복과 반드시 정비례하지 않는다는 것을 우리는 잘 알고 있다. 놀라운 현대 문명 속에서 많은 것을 누리며 살지만 정작 행복을 느끼는 사람들은 오히려 줄고 있다는 사실이 많은 것을 생각하게 한다. 더욱이 교육을 염려하는 사람들이라면 우리 교육의 현실에 비추어 볼 때 미래의 주역이 될 우리 학생들이 느끼는 행복지수가 어느 정도일지 짐작할 수 있다.

그러나 우리는 어떤 환경에서든 각자의 위치에서 보다 나은 것을 모색하고 도전하여 창조적인 성과를 이루고자 노력해야 한다. 그러기 위해서는 인간의 정신세계를 어떻게 이해할 것인가에 대한 다양한 연구가 필요하다. 이를 지능의 관점에서 새롭게 접근한 것이 다중지능이론이다.

사람마다 성격이나 외모가 다르듯이 각각의 지능이 가지는 강점과 성향이 다르다고 본 하워드 가드너의 다중지능이론은 개인에게 잠재되어 있는 행복의 요인을 찾아서 삶을 아름답게 계획할 수 있게 하는 낙관적인 지능이론이다. 이를 교육 현장에 접목했을 때 효과가 극대화될 수 있다고 믿는 것은 모든 학생을 '희망'으로 여기기 때문이다. 학업 성적만으로 학생의 능력이나 수준을 판단함으로써 일어날 수 있는 오류를 줄이고 학생이 지닌 소질을 모두 능력으로 인정하여 각기 자신 있는 분야에 대한 비선을 가지고 접근하는 교수-학습에 대한 이해와 변화가 필요하다. 학생들 스스로 발전을 계획하고 설계함으로써 학습 활동에 적극적으로 참여하고 자신의 미래를 자유롭게 펼쳐 나갈 수 있게 하는, 그것이야말로 자신감을 찾게 하는 교육이론이다.

이를 한국 교단에 뿌리 내리기 위해 우리 현실에 맞는 교육과정을 연구하던 많은 교육 관계자들의 의지를 모아 2001년 한국다중지능교육학회와 서울 및 지방의 다중지능교육연구회를 설립하여 학술대회를 비롯한 적극적인 연구 활동으로 좀 더 나은 교육을 위해 노력하고 있다. 또한 교육 관계자들을 위한 정기적인 연수 활동은 물론 방송 매체를 통한 연구 효과 발표 및 학부모와 전국의 교육기관 그리고 기업체를 대상으로 지능을 새로운 관점에서 이해할 수 있도록 기회를 제공해 오던 중 관련 자료의 요청이 계속되었다. 늦었지만 이 책이 다중지능이론을 교육 현장에 적용하는 데 관심을 가진 분들에게 작은 지침이 되기를 바라는 마음으로 부족한 점이 많지만 감히 용기를 내어 출간하게 되었다.

가드너가 "다중지능이론은 모든 것에 적용할 수 있지만 획일화된 학습 방식에는 맞지 않다."고 한 데서 알 수 있듯이 다중지능이론에 따르면 각자의 특성을 파악하여 개별적인 학습 접근 방법을 모색해야 할 뿐만 아니라 어떤 일정한 학습의 틀도 없다. 이 책의 내용이 여러분이 구상할 교육 내용에 변환 가능한 지침이 되기를 바란다.

이 책은 다중지능이론과 실제편으로 나누어 총 3장으로 구성되었다. 제1장은 다중지능이론에 대한 총괄적인 설명을 담고 있다. 제2장은 이론편으로 주제 중심 학습, 프로젝트, 프로젝트 스펙트럼, 이해를 위한 교육과정 그리고 다중지능 평가로 구성되었으며, 제3장은 제2장의 이론을 적용하여 학교 및 유아교육 현장에서 교사가 재량껏 쉽게 시도할 수 있도록 교육의 실제를 담고 있다. 특히 초등교육 사례는 다중지능이론을 학교 현장에서 끊임없이 적용 · 연구하는 서울초등다중지능교육연구회원들의 성과물을 수록하였다.

다중지능이론은 학생들의 전인적인 발달을 위해서 교과와 지식 중심 교육을 보완할 수 있는 개념으로 다양한 형태의 학습 기회를 학생들에게 제공할 수 있는 교육과정과 수업을 계획하는 데 도움을 준다. 즉, 교사들이 가르치고자 하는 개념과 그 개념에 가장 적절한 지능이 무엇인지를 인식하고, 학생들이 선호하는 학습 형태로 수업을 계획한다는 전제로 한국다중지능교육학회와 각 지회 연구회원들은 이제 다시 교육의 출발점에 서서 부단한 연구로 우리나라의 교육 발전에 도움이 되기를 소망한다. 무엇보다 우리나라 학생들이 학생으로 사는 것을 힘들어하지 않고 자신에게 잠재되어 있는 능력을 최선을 다해 발휘할 수 있는 교육의 장이 되기를 기대한다.

다중지능 교육을 현장에 적용하여 아름답게 변화하는 학생들의 모습에 아이들처럼 기뻐하는 유치원의 김민선, 김지영, 홍경희, 초등학교의 변정인, 백수현, 손지영, 신남희, 안소영, 염지은, 이영규, 최선주에게 고마움을 표하며, 어려운 여건에서도 출판을 맡아 준 학지사의 김진환 사장님과 관계자 여러분에게도 감사의 마음을 전한다.

2009년 8월
새로운 교육의 출발을 기대하며
저자 일동

차 례

머리말 3

제1장 다중지능이론 11

1. 이 시대가 요구하는 교육의 패러다임 13
2. 지능에 대한 새로운 시각 15
3. 다중지능이론 18
   1) 가드너가 제시한 여덟 가지 지능 18
   2) 여덟 가지 학습양식에 따른 학습 활동 22
   3) 다중지능이론의 핵심 25
4. 다중지능이론과 학교교육 27
   1) 통합 주제 단원 중심의 교육과정 개발 28
   2) 교사와 학생들의 강점에 초점을 맞춘 수업 설계 28
   3) 도제식 교육 장려 29
   4) 다양한 자료를 활용한 학습 평가 29
5. 결 론 30

제2장 다중지능이론과 교육 33

1. 주제 중심 학습 35

1) 주제 중심의 통합 교육과정 35

2) 주제 중심의 교육 활동 39

3) 유아교육의 통합적 교육과정 45

2. 프로젝트 48

1) 프로젝트 접근법의 교육 목적과 목표 49

2) 프로젝트 접근법의 운영 50

3) 프로젝트의 수업 방법 62

3. 프로젝트 스펙트럼 68

1) 프로젝트 스펙트럼의 의미와 목적 68

2) 프로젝트 스펙트럼의 특징 69

3) 프로젝트 스펙트럼의 개발과 효과 70

4) 한국적 유아용 수행평가 도구 72

5) 한국적 유아 다중지능 질문지 75

6) 작업 유형 83

4. 이해를 위한 교육과정 87

1) 이해를 위한 교수 모형 88

2) 이해를 위한 교수 모형의 구성요소 91

3) 이해의 영역 95

4) 이해를 위한 교수 모형의 평가 방법 99

5. 다중지능 평가 106

1) 평가관의 새로운 변화 106

2) 다중지능이론과 평가 108

3) 다중지능 평가 방법 112

4) 다중지능 평가 프로젝트 117

제3장 다중지능이론과 실제 123

1. 학급 경영 125

※ 초등학교: 아름다운 변화를 꿈꾸는 무지개반 이야기 125

1) 변화, 그 아름다운 움직임 125
2) 변화를 위한 시작 130
3) 변화를 위한 수업의 실제 134
4) 맞춤식 학급 경영의 실제(자연친화지능 계발 학급 예시) 141
5) 변화를 위한 교사와 학부모 147

※ 유치원 154

1) 다중지능 학교의 교육환경 154
2) 환경 구성 157

2. 주제 중심 학습 164

1) 학생들과 함께하는 주제 통합 설계 순서 164
2) 주제망 짜기 165
3) 본시 교수-학습 과정안 166
4) 다중지능이론을 적용한 주제 수업의 예 168

3. 한국적 유아용 수행평가 도구의 실제 184

1) 언어지능 185
2) 논리-수학지능 192
3) 신체-운동지능 195
4) 공간지능 199
5) 음악지능 204
6) 자기이해지능과 대인관계지능 206
7) 자연친화지능 210

4. 지능 영역별 학습 216
1) 학습 지도 216
2) 생활 지도 222
3) 교수-학습의 실제 227

5. 프로젝트 253

※ 유치원 직업 프로젝트 253
1) 프로젝트의 선정 이유 253
2) 프로젝트의 목표 253
3) 프로젝트 조직망 254
4) 프로젝트 실행과정 257
5) 프로젝트 활동의 예 258
6) 평 가 288

※ 2학년을 대상으로 한 진로 탐색 프로젝트 -꿈도 새싹부터- 289
1) 프로젝트 준비하기 289
2) 프로젝트 진행하기 294
3) 프로젝트 돌아보기 300

※ 4학년을 대상으로 한 프로젝트 학습 -나만의 즐거운 세계- 307
1) 프로젝트 학습을 위한 환경 307
2) 프로젝트 학습의 진행 단계 310
3) 프로젝트 학습의 장점 317
4) 프로젝트 학습의 효과 높이기 318
5) 프로젝트 학습의 실제 319

※ 6학년을 대상으로 한 세계 문화 홍보 프로젝트 323
1) 프로젝트 목표 323
2) 프로젝트 실제 323
3) 마무리하기 337

참고문헌 338
찾아보기 348

제1장

다중지능이론

1. 이 시대가 요구하는 교육의 패러다임
2. 지능에 대한 새로운 시각
3. 다중지능이론
4. 다중지능이론과 학교교육
5. 결 론

1. 이 시대가 요구하는 교육의 패러다임

교육은 그 시대의 반영이고, 교육이론은 그 시대의 산물이다. 그 시대에 살고 있는 사람들이 교육에 어떠한 관점(철학)으로 접근하고, 그 관점을 추구하는 지배적인 세력(학파)이 어떠한 교육을 실천하는가에 따라 교육의 모습은 달라진다(황윤한, 1996, 2003). 시대의 요구에 순응하는 이론은 보다 많은 사람들의 관심사가 되었고, 다양한 연구를 통해 빠르게 확산되었다. 결국 많은 교육자들이 다중지능이론에 관심을 갖고 연구와 실천에 노력하는 것은 다중지능이론이 금세기의 요구에 그만큼 부응하기 때문이라 할 수 있다.

시대별 교육 특성을 분석한 돌(Doll, 1996)은 각 시대의 독특한 교육 특성은 전통주의(traditionalism) 세력과 진보주의(progressivism) 세력의 힘의 조화에 따라 달라진다고 보았다. 즉, 전통주의자와 진보주의자의 교육 패러다임이 대조를 이루는 가운데 어느 세력이 사회의 요구에 순응하여 지배적인 위치에 이르느냐에 따라 교육의 특성은 다음과 같은 차이를 드러냈다(황윤한, 2003).

정도의 차이는 있지만, 교육은 '전통주의 패러다임 ↔ 진보주의 패러다임'의 연속

표 1-1 교육의 패러다임

전통주의 ← ································· → 진보주의

주지적 전통주의자 ↔ 사회적 행동주의자 ↔ 비판적 재건주의자 ↔ 경험주의자

항존주의자 ↔ 이상주의자 ↔ 사실주의자 ↔ 실용주의자 ↔ 재건주의자 ↔ 실존주의자

객관주의자 ← ································· → 구성주의자

교사 중심 ← ································· → 학습자 중심

국가 수준 교육과정 ← ································· → 학교 중심 교육과정

교과서 · 지식 중심 ← ································· → 생활 · 경험 중심

보편적 · 일반적 · 실증적 내용 ← ································· → 특수적 · 상황적 · 지역적 내용

학습 모형 중시 ← ································· → 상황학습 모형

결과 중심 평가 ← ································· → 과정 중심 평가

선상에서 사회경제적 변화에 따라 전통주의 패러다임에서 진보주의 패러다임으로, 또는 그 반대로 변화해 왔다. 미국의 교육에서 이러한 사례를 쉽게 찾아볼 수 있다.

미국의 교육을 개관하면, 1960~1980년대는 격동기라 할 수 있다. 1950년대는 행동주의 심리학의 힘을 얻은 전통주의 철학적 교육이 지배적인 패러다임이었다. 소위 학문 중심 교육과정이 꽃을 피운 시기였다. 그러나 1957년 소련의 인공위성인 스푸트니크(sputnik) 발사 이후 미국의 교육은 비판의 대상이 되었고, 1960년대 미국 사회는 새로운 패러다임을 주창하고 나섰다. 비록 짧은 기간이었지만 진보주의 철학이 기반이 된 열린 교육이 곳곳에서 실험적으로 적용되었고, 교육과정 분야에서도 이론적 교육과정보다는 실제적 교육과정(practical curriculum)을 추구하는 세력이 힘을 얻었다(Schwab, 1969, 1970, 1973). 이때부터 피아제 이론(Geary, 2004; Piaget, 1954)이 보급되기 시작하면서 행동주의 심리학과 전통주의 철학은 세력을 잃어 갔다.

하지만 1970년대 중반에 접어들면서 학력 저하를 불러온 열린 교육은 전통주의 교육자들에게 비판의 대상이 되었다. 일부에서는 '기초 · 기본 교육에의 충실(Back to Basics)'을 부르짖으면서 강력한 교육 개혁을 요구하였다(Pinar, Reynolds, Slattery, & Taubman, 1995). 즉, 전통주의 패러다임을 주장한 것이다. 곳곳에서 수준별 반 편성이 언급되면서 마침내 시험 점수에 따른 결과 중심 교육으로 방향을 선회한다. 1970년대 말과 1980년대 초에는 미국 학생들의 성적이 세계 각국의 학생들과 비교되면서 '국가의 위기'로까지 비화되었고, 미국의 교육은 전통주의 패러다임으로 전환되기 시작하였다.

이러한 전통주의 학교교육에 반기를 든 학자들 중 한 사람이 바로 다중지능이론을 제시한 하워드 가드너(Howard Gardner)였다. 진보주의자인 가드너(Gardner, 1993)는 '획일화된 학교교육(uniform schooling)'을 반대하고, 학생 개개인에게 맞춘 '개별화된 학교교육(individual-centered schooling)'을 주장하였다. 그 개별화의 중심에 다중지능이론이 한 부분을 차지하고 있었기 때문에 심리학자들보다는 교육자들이 더 깊은 관심을 보였고, 점차 보다 많은 교실에서 다중지능이론을 적용하여 수업을 하였다. 가드너의 다중지능이론은 1980년대 후반부터 미국 교육을 이끌던 구성주의 심리학과 맞물려 시너지 효과를 나타내기 시작하면서 미국 교육의 문제를 해결해 줄 하나의 대안으로 등장하였다. 다중지능이론에 대한 교육과정을 개발하여 적용하는 학교가 늘어나는가 하면, 더 적극적으로 다중지능 학교까지 설립하는 상황에 이른다. 그만큼 현장 교사들은 다중지능이론에 매력을 느낀 것이다.

1960년대 말부터 1970년대 초에 미국에서 나타난 교육 패러다임의 변화는 1990년대 중반부터 나타난 우리 교육의 패러다임 변화와 유사하다. 1995년에 단행된 5 · 31 교육 개혁은 학습자 중심의 개별화 · 개성화 · 다양화를 표방하는 교육이었다(교개위, 1995). 당시 우리나라에서 유행했던 열린 교육은 1970년대 초 미국에서 유행했던 열린 교육과 유사한 진보주의 패러다임에 따른 교육으로 학생의 학습 특성, 흥미, 관심사, 요구 등을 반영한 학생 중심의 교육이었다. 다중지능이론은 학생 중심의 교육을 지원하는 이론적 도구가 되기에 많은 사람들의 관심을 받고 있는 것이다. 특히 전인교육을 최우선 목표로 하는 유아교육과 초등교육 분야에서 다중지능이론을 다양한 측면에서 접근하고 있다. 최근 새로운 정부가 들어서면서 전통주의 색채를 띤 정책을 발표하고 있지만 사회적인 변화는 개인이 가지고 있는 독특한 특성을 반영한 개별화 교육을 요구하고 있다. 따라서 다중지능이론은 개별화 교육의 이론적 기반은 물론이고 수업 전략으로서 높은 가치를 드러낼 것으로 보인다.

2. 지능에 대한 새로운 시각

인간의 지적 능력에 대한 관심은 예부터 있어 왔지만, 구체적으로 드러나기 시작한 것은 20세기에 들어와서다. 1904년 프랑스 교육부 장관은 알프레드 비네(Alfred Binet)와 그의 동료 심리학자들에게 '학습 위기'에 처한 초등학교 학생들에게 보충학습을 시키기 위해 이들을 판별할 수 있는 측정도구를 만들 것을 요구하였다. 그 결과 탄생한 것이 오늘날 잘 알려진 지능검사다(Snowman & Biehler, 2000). 비네가 만든 지능검사는 학생들의 장래 학업 성패를 예측하는 것이었기 때문에 교실 수업에서 일상적으로 일어나는 활동들이 요구하는 인지적 과정에 초점을 맞추고 있다.

따라서 비네의 첫 지능검사는 기억력, 주의집중력, 이해력, 변별력 그리고 추리력과 관련된 인지과정을 측정하였다. 지능검사가 가지고 있는 가장 핵심적인 가정은 지능이라고 알려진 인간의 능력을 객관적으로 측정할 수 있다는 것이었고, 이를 수치로 나타낼 수 있다는 것이었다.

비네가 학생들의 지적 취약점을 발견하기 위해 처음 만든 지능검사는, 1916년 스탠퍼드 대학교의 루이스 터만(Lewis Terman)이 비네의 검사지를 개조하여 스탠퍼드-비네(Stanford-Binet)로 알려진 지능검사지를 만드는 데 기여하였고, 독일 심리학자 윌리엄 슈테른(William Stern)은 지적 능력을 지능지수(IQ)라는 표준화된 점수로 환산하는 공식을 만들었다(Snowman & Biehler, 2000). 이후 지능검사는 지속적인 발전을 거듭해 오늘날 전 세계적으로 널리 시행되고 있으며, 대부분의 학교에서 학업 능력의 우열을 가리는 도구로 자리매김하였다. 더 나아가 이제는 대학수학능력시험을 비롯하여 성격검사, 적성검사 등 많은 지적 능력 검사가 쏟아져 나오고 있다. 특히, 대학수학능력시험은 장차 학업 성취를 예언할 수 있다는 가정하에서 시행되고 있기 때문에 학생들의 대학 입학의 당락을 좌우하고 있다. 학교교육에 대한 전통적인 견해를 가진 사람들은 이처럼 국가 차원의 표준화 및 효율성, 비용 절감의 평가를 주장하고 있기 때문에 결국에 가서는 획일적인 교육이 이루어질 수밖에 없다. 우리 교육의 한 줄 세우기가 이러한 결과의 산증인이라 할 수 있다.

전통적인 지능검사에 대한 이의 제기가 있어 왔지만, 인식의 획기적인 전환을 가져온 것은 생물학자 로저 스페리(Roger W. Sperry)의 1950~1960년대 연구였다. 스페리는 제2차 세계대전에 참전했던 병사들을 치료하면서 새로운 사실을 발견하였다. 대뇌는 좌뇌와 우뇌로 나뉘어 있는데, 각각 반대편에 있는 몸의 지각과 운동을 담당하고 있다는 사실이었다. 뇌출혈이나 사고로 뇌를 다치면, 사고가 난 반대쪽 몸에 이상이 나타났던 것이다. 스페리는 이와 같은 사실에 기초하여 연구한 결과, 좌뇌에는 언어 중추가 자리 잡고 있으며 좌뇌가 발달하면 언어 구사력, 문자나 숫자, 기호의 이해, 조리에 맞는 사고 등 분석적이고 논리적이며 합리적인 사고 능력이 뛰어나다는 사실을 발견하였다. 한편, 우뇌는 그림이나 음악, 스포츠 활동 등 즉각적인 상황 파악과 관련된 직관 등의 감각적인 분야를 담당한다(Sperry, 1973). 스페리

[그림 1-1] 좌뇌와 우뇌의 특성

의 연구는 교육자들로 하여금 학생들의 전뇌(whole brain) 발달을 촉진하기 위한 여러 가지 방법을 모색하게 하였으며, 좌뇌-우뇌 이론에 비추어 학생들의 학습양식을 연구하게 하였다.

스페리의 연구는 단일지능에 대한 인식을 전환하는 결정적인 역할을 하였고, 이후 지능의 다양성에 대한 연구가 점차 가속화되었다. 전통적으로 알려진 지능지수 개념에 대해 길퍼드(Guilford), 로버트 스턴버그(Robert J. Sternberg), 가드너와 같은 심리학자들은 전통적인 지능검사들이 측정하는 지적 영역의 범위가 너무 협소하다고 주장하였다. 길퍼드는 180요인을 제안한 지능구조모형(Structure of Intellect: SOI)을 제안하였으며, 스턴버그는 상황하위이론, 경험하위이론, 요소하위이론으로 구성된 삼위일체지능이론(triachic theory of intelligence)을 주장하였고, 가드너는 8개 지능으로 구성된 다중지능이론을 제안하였다. 그러나 길퍼드의 이론은 복잡성 때문에 교실 현장 적용이 어려웠고, 스턴버그의 이론은 지능을 너무 광범위하게 정의함으로써 인성 영역과 수행 영역 간의 변별에 대한 문제 때문에 일선 교실 현장에 널리 받아들여지지 못하였다. 다만, 교실 현장에서 설득력을 얻은 가드너의 다중지능이론만이 교실 현장을 깊숙이 파고들어 갔다.

3. 다중지능이론

비네가 처음 지능검사를 만든 이후 약 80여 년이 지난 1983년에, 하버드 대학교의 가드너 교수는 그의 저서 『정신의 구조: 다중지능이론(Frames of mind: The theory of multiple intelligences)』(Gardner, 1983)을 통하여 새로운 접근을 시도하였다. 그는 기존의 문화가 지능을 너무 좁게 해석한다는 것을 전제로, 책명에서 알 수 있듯이 일반지능과 같은 단일한 능력이 아니라 다수의 능력이 인간의 지능을 구성하고 있으며, 이러한 능력들의 중요성은 상대적으로 동일하다고 가정하였다. 지증지수 점수가 함축하는 의미보다 넓은 시각에서 인간의 잠재 능력을 탐구한 그는 지능을 "문화 속에서 가치가 부여된 문제를 해결하거나 결과물을 창출하는 능력"으로 정의하였다. 전통적인 지능지수 개념은 학교 내에서 특별한 가치가 부여된 지식이나 기능에 초점을 맞추고 있지만, 가드너의 정의는 이보다 훨씬 넓은 범위에 걸쳐 있다. '결과물을 창출'한다는 것은 하얀 화판에 개인의 감정을 자아내는 그림을 그리는 것도 될 수 있으며, 또는 어떤 집단이 특정 문제에 대해 아무런 합의점을 찾아내지 못할 때 그 집단을 잘 이끌어 합의점에 도달하는 것도 된다. '문제를 해결하거나 결과물을 창출한다.'는 것은 하나의 실용적인 접근으로서 실생활에서 어떤 능력을 사용한다는 것에 초점을 맞추고 있다.

[그림 1-2] 다중지능

1) 가드너가 제시한 여덟 가지 지능

가드너가 처음 제시한 인간의 능력은 음악지능(musical intelligence), 신체-운동지능(bodily-kinesthetic intelligence), 논리-수학지능(logical-mathematical intelligence), 언어지능(linguistic intelligence), 공간지능(spatial intelligence), 대인관계지능(interpersonal intelligence), 자기이해지능(intrapersonal intelligence)이었다. 그리고 아직은 초기 단계에 있는 다중지능이론이기에, 이외에 있을 수 있는 다른 지능도 결코 배제하지 않았다. 최근 여덟 번째 지능인 자연친화지능(naturalist intelligence)을 새롭게 목록에 첨가하였고, 아홉 번째인 실존지능(existential intelligence)을 제기하기도 했지만 아직 널리 인정되지는 않았다. 지금까지 널리 알려진 여덟 가지 다중지능을 자세히 살펴보면 다음과 같다.[1)]

첫째, 가드너는 음악지능에 대해서 바이올리니스트였던 예후디 메뉴인(Yehudi Menuhin)을 예로 들었다. 메뉴인은 세 살 때, 그의 부모와 함께 미국 샌프란시스코 오케스트라 음악회에 참석하였다. 루이스 퍼싱거(Louis Persinger)의 바이올린 연주에 감동을 받은 그는 자신의 생일 선물로 바이올린과 퍼싱거의 지도를 받게 해 줄 것을 부모님에게 요청했다. 그 요청은 받아들여졌고, 그가 열 살이 되던 해에 이미 국제적인 연주가가 되어 있었다.

메뉴인처럼 음악지능이 뛰어난 사람은 소리, 리듬, 진동과 같은 음의 세계에 민감하고, 사람의 목소리와 같은 언어적 형태의 소리뿐만 아니라 비언어적인 것에도 예민하다. 예를 들어, 발자국 소리만으로도 누가 오고 있는지를 알아내는 사람은 음악지능이 높다고 할 수 있다. 또한 음악의 형태를 잘 감지하고, 음악적 유형을 잘 구별할 뿐만 아니라 다른 음악 형태로 변형시키기도 한다. 이러한 아동은 메뉴인처럼 악기 연주와 작곡을 좋아한다. 단순히 음악이나 리듬에만 국한되는 것이 아니라 소리 전체를 다루기 때문에 청각-진동적인 지능(auditory/vibrational intelligence)이라고

1) 출처: 소개된 정보는 다음과 같은 자료를 토대로 쓰임. ① Armstrong, T. (1994). *Multiple intelligences in the classroom*. Alexandria, VA: ASCD. ② Gardner, H. (1983). *Frames of mind: The theory of multiple intelligences*. New York: Basic Books. ③ Gardner, H. (1993). *Multiple intelligences: The theory in practice*. New York: Basic Books. ④ Orlich, D. C., Harder, R. J., Callahan, R. C., Kauchak, D. P., & Gibson, H. W. (1994). *Teaching strategies: A guide to better instruction*. Lexington, MA: D. C. Heath and Company. ⑤ Snowman, J. & Biehler, R. (2000). *Psychology applied to teaching*. (9th ed.). Boston: Houghton Mifflin Company. ⑥ http://edweb.gsn.org/edref.mi.gardner.html

부르기도 한다.

둘째, 신체-운동지능은 가드너의 지능 중에서 가장 많은 논란이 되는 것으로서 개인마다 운동, 균형, 민첩성, 태도 등을 조절할 수 있는 능력이 다르다고 본다. 세계 각국의 우수한 운동선수들은 신체-운동지능에 강하며 이 지능은 선수가 되기 이전에 이미 타고난 것이라고 가드너는 주장한다. 유명 운동선수들은 어떻게 몸을 움직여야 하고 어떻게 반사적인 행동을 취해야 하는지에 대한 타고난 감각이 있다는 것이다.

신체-운동지능이 높은 사람은 생각이나 느낌을 글이나 그림보다는 몸동작으로 표현하는 능력이 뛰어나다. 이들은 율동을 쉽게 따라 하거나 무용과 같은 춤동작에 소질이 있다. 또 손으로 무언가를 다루는 능력이 뛰어나 손재주가 있다는 말을 많이 듣는다. 자동차 운전은 물론 스케이트나 자전거를 다른 사람보다 쉽게 배운다든지 나무를 잘 타고 오르는 능력이 있다. 즉, 몸의 균형감각과 촉각이 다른 사람들보다 발달되었다.

셋째, 논리-수학지능은 기존 지능의 핵심으로 간주되어 왔고, 유럽 학자들은 인지적 능력으로서 가장 중요시하였다. 또 다중지능이론에서도 가장 중심에 위치한다. 논리-수학지능은 논리적 문제나 방정식을 풀어 가는 정신적 과정에 관한 능력으로 때에 따라서는 언어를 사용하지 않는다. 논리-수학지능이 높은 사람은 논리적 과정에 대한 문제를 보통 사람들보다 훨씬 빠른 속도로 해결한다. 이들은 추론을 잘 이끌어 내며, 문제 파악에 있어서는 체계적이고 과학적인 방법을 동원한다. 또한 숫자에 강하고, 차량번호나 전화번호 등도 잘 기억하는 경우가 많다.

넷째, 언어지능은 단어의 소리, 리듬, 의미에 대한 감수성이나 언어의 여러 기능에서 민감성이 있는 능력이다. 오래전부터 사람들은 언어와 두뇌와의 관계에 대해 관심을 가져 왔다. 사람의 두뇌에 브로카 영역(Broca's area)이라고 부르는 부분이 손상되면, 비록 단어나 문장 인식 능력이 그대로 남아 있다 해도 자신을 표현하는 데 있어서 문법적으로 정확한 문장을 만드는 데 어려움을 겪는 것으로 알려졌다. 가드너는 유아나 청각장애인들도 자기 나름대로의 독특한 언어를 개발한다고 하였다.

언어지능이 높은 사람은 토론학습 시간에 두각을 나타내며, 유머나 말 잇기 게임, 낱말 맞추기 등을 잘한다. 이들은 다양한 단어를 잘 활용하여 말을 잘하는 달변가가 많으며, 똑같은 주제로 글을 써도 심금을 울리기도 하고, 웃음을 자아내기도 한다.

다섯째, 공간지능은 시공간적 세계를 정확하게 인지하는 능력과 건축가, 미술가, 발명가와 같이 3차원의 세계를 잘 변형시키는 능력으로서 색깔, 선, 모양, 형태, 공간 등 이들 사이의 관계에 대한 민감성과 관련이 있다. 신경과학에 의하면, 인간 두뇌의 우측반구가 공간지능에 관련되어 있으며, 공간지능은 시각 능력과 관계가 깊은 것으로 알려졌다.

공간지능이 높은 사람은 밤하늘의 별을 보고 방향을 잘 찾아내며, 처음 방문한 곳을 다시 찾아가는 데도 별 어려움을 느끼지 않는다. 또 시공간적 아이디어들을 도표, 지도, 그림 등으로 잘 나타내고, 시각적으로 표현하는 디자인, 그리기, 만들기 등을 좋아한다.

여섯째, 대인관계지능은 다른 사람들과 교류하고 이해하며, 그들의 행동을 해석하는 능력이다. 다른 사람들의 기분, 감정, 의향, 동기 등을 인식하고 구분할 수 있는 능력과 얼굴 표정, 음성, 몸짓 등에 대한 감수성, 대인관계에서 나타나는 여러 가지 다양한 신호, 단서, 암시 등을 변별하는 역량, 또 이들에 효율적으로 대처하는 능력이다.

대인관계지능이 뛰어난 사람은 친구를 많이 사귀고, 교우도(sociogram)에서 중앙에 위치한다. 유능한 정치인, 지도자 또는 성직자들은 대인관계지능이 우수한 사람들이 많다.

일곱째, 자기이해지능은 대인관계지능과 특성이 유사한데, 자기 자신을 이해하고 느낄 수 있는 인지적 능력을 말한다. '나는 누구인가?', '나는 어떤 감정을 가졌는가?', '왜 이렇게 행동하는가?'와 같이 자기 존재에 대해 이해하는 것이다. 화를 내거나 기쁨을 표현하는 무형의 것이나, 시 또는 그림으로 표현하는 유형의 것과 같이 어떤 형태로 나타나지 않는 한 자기이해지능은 인식하기가 힘든 부분도 있다.

자기이해지능이 높은 사람은 자기 존중감, 자기 향상(self-enhancement) 또한 자기가 처한 문제를 해결하는 데 적극적인 경향이 강하다. 하지만 자기이해지능이 낮은 사람들은(예를 들어, 자폐증을 앓는 사람) 자신을 주변 환경으로부터 독립된 존재로 인식하는 데 어려움을 겪는다.

여덟째, 자연친화지능은 다중지능이론의 목록에서 가장 최근에 포함된 것으로, 자연현상에 대한 유형을 규정하고 분류하는 능력을 말한다. 원시사회에서는 사람들이 자연의 먹을거리를 판단하는 데 자연친화지능에 의존하였다. 현대사회에서는 기후 형태의 변화에 대한 감수성이 높은 사람이 자연친화지능이 높다고 말할 수 있다.

자연친화지능이 높은 사람은 영화에 나오는 타잔처럼 자연친화적이고, 동물이나 식물 채집을 좋아하며, 이를 구별하고 분류하는 능력이 뛰어나다. 산에 가더라도 나뭇잎의 모양이나 크기, 지형 등에 관심이 많고, 이들을 종류별로 잘 분류하기도 한다.

가드너는 앞에서 제시한 여덟 가지 지능과 실존지능 외에도 더 많은 지능이 있을 수 있다고 주장하였다. 새롭게 제기될 수 있는 지능으로는 다음과 같은 것들이 있다(Armstrong, 1994).

- 영성
- 도덕적 감수성
- 성적 관심
- 유머
- 직관
- 창의성
- 요리 능력
- 후각 능력
- 타 지능을 분석하는 능력

2) 여덟 가지 학습양식에 따른 학습 활동

모든 학생들이 학습 활동에 적극적으로 참여할 수 있는 수업 설계가 이루어지면 모두가 성공적으로 학습 목표에 도달할 수 있다. 다중지능이론의 특성과 이론적 배경은 바로 이러한 측면에서 학생들의 특성에 맞는 수업 설계의 근거를 제시한다. 학생 개인별 학습양식에 맞추어 학습 활동을 제시한다면 모든 학생들에게 좋은 수업을 보장할 수 있을 것이다.

시청각 교육이 붐을 이루면서 세 가지 유형의 학습자들(청각적 학습자, 시각적 학습자, 촉각적 학습자)이 주로 교육자들의 입에 오르내렸다. 그런데 다중지능이론이 교실 현장에 도입되면서 여덟 가지 지능에 의한 여덟 가지 형태의 학습자들이 생겨난 것이다. 이들은 언어적 학습자, 논리-수학적 학습자, 공간적 학습자, 음악적 학습자, 신체-운동적 학습자, 대인관계적 학습자, 자기이해 학습자, 자연친화적 학습자로, 이들이 선호하여 학습에 심취할 수 있거나 이들이 수행했을 때 학습 효과를 거둘 수 있는 활동은 다음과 같다.

표 1-2 여덟 가지 유형의 학습자의 특기와 학습 활동

지 능	특 기	학습 활동
언어적 학습자	읽기, 쓰기, 이야기 들려주기, 날짜 기억하기, 어휘를 통해 생각하기 등	어휘 읽기 · 듣기 · 알아맞히기, 말하기, 작문, 토론, 논쟁 등
논리-수학적 학습자	수학, 추리, 논리, 문제해결, 유형화 등	유형 · 관계 분석, 분류, 유목화, 추상적 사고 등
공간적 학습자	읽기, 지도 · 도표 보기, 미로 그리기, 퍼즐 맞추기, 물체 상상하기, 영상화 등	그림이나 색깔을 통한 학습, 영상과 그림을 통한 시각화 등
음악적 학습자	노래하기, 소리 알아맞히기, 음율 · 리듬 기억하기 등	리듬, 화음, 노래, 음악과 멜로디 듣기 등
신체-운동적 학습자	운동, 춤, 연극, 물건 만들기, 연장 사용하기 등	접촉하기, 움직이기, 신체감각을 통한 지식 구성 등
대인관계적 학습자	타인 이해하기, 앞장서기, 조직하기, 대화하기, 분쟁 해결, 물건 팔기 등	참여하기, 비교하기, 관련시키기, 인터뷰하기, 협동학습 등
자기이해 학습자	자기이해, 자신의 장단점 파악, 목표 설정 등	개별학습 선호, 자신의 학습 속도에 따른 학습, 여유, 반성적 사고 등
자연친화적 학습자	조사, 분석, 관찰, 종합 등	관찰일기, 현장학습 등

언어적 학습자는 읽기, 쓰기, 말하기를 좋아한다. 이름이나 장소, 날짜, 기타 사소한 것들도 잘 기억한다. 이들은 말하기, 듣기 그리고 어휘를 통해 많은 것을 배운다.

논리-수학적 학습자는 실험하기를 좋아하고, 항상 뭔가 밝혀내려고 노력하며, 수와 관련된 내용에는 귀와 눈이 번뜩인다. 질문을 많이 하며, 어떤 유형과 관계를 밝혀내는 데 일가견이 있다. 수학에 흥미가 있고, 논리적으로 생각하며, 문제해결에 있어서도 근거와 원리에 따르려고 한다. 분류하기, 그룹 짓기 등 추상적인 유형이나 관계를 통해 가장 많이 배운다.

공간적 학습자는 그리기, 모형 만들기, 디자인, 만들기 등에서 다른 사람들에게 뒤지지 않는다. 다른 학생들에 비해 한 번 본 것을 비슷하게 그려 내거나, 쉽게 모형을 만들어 낸다. 그림 감상, 영화 보기, 기계 다루기 등을 좋아한다. 뭔가 상상하기를 잘하고, 변화를 쉽게 찾아내고, 미로 찾기와 낱말 맞추기, 지도나 도표 등을 잘 읽어 낸다. 시각화 또는 상상을 통한 학습 능력이 뛰어나고, 색깔이나 그림을 통해 많이 배운다.

음악적 학습자는 노래를 좋아하며, 흥얼거리기를 잘하고, 음악 감상과 악기 연주를 좋아한다. 노래를 한 번 듣고도 멜로디를 쉽게 익히며, 음높이나 리듬 등을 쉽게 구별한다. 리듬, 멜로디, 음악 등을 통하여 많이 배운다.

신체-운동적 학습자는 여기저기 잘 돌아다니며, 만져 보면서 이야기하고, 신체언어를 많이 활용한다. 이들은 스포츠, 댄스, 연극 그리고 손재주를 이용한 신체적 활동을 잘한다. 신체감각을 통한 지식 탐구, 공간과의 교류, 만지기, 움직이기 등을 통해 많은 것을 배운다.

대인관계적 학습자는 많은 친구들을 거느리고 있으며, 말을 잘하고, 그룹 활동에 잘 참여한다. 타인을 이해하는 능력이 뛰어나고 잘 이끌어 가며, 그룹을 조직하거나 그룹 사이에서 발생한 문제에 대해 중재, 조정 등을 잘한다. 다른 학습자들과 함께 공유하면서 배우고, 비교, 연계, 협동 및 대화를 통해 많은 것을 배운다.

자기이해 학습자는 혼자서 조용히 공부하기를 좋아하고 자신의 관심사 추구를 즐긴다. 자기 자신을 누구보다도 잘 알고, 자신의 감정이나 꿈에 초점을 맞추어 생활

한다. 본능적인 감각에 잘 따르고, 자신의 목표와 관심사를 끝까지 밀고 나가려 하며, 다른 사람을 모방하기보다는 자신의 생각대로 한다. 이들은 혼자서 공부를 잘하며, 개별화된 프로젝트나 자기 학습 속도에 맞는 수업, 자신만이 즐길 수 있는 공간이 제공되었을 때 학습 효과가 높다.

자연친화적 학습자는 지구 환경에 관심을 갖고 있으며, 환경을 변별하는 능력이 뛰어나고 특성을 분류 또는 활용하기를 좋아한다. 또한 주어진 자료를 통해 결론을 지으면서 많은 것을 배운다.

3) 다중지능이론의 핵심

다중지능이론의 특성과 이론적 배경을 고려해 볼 때, 다중지능의 핵심은 서너 가지로 정리될 수 있다(Armstrong, 1994). 첫째, 모든 개개인은 여덟 가지 지능을 모두 가지고 있다. 이 이론은 특정한 사람에게만 주어지는 한 가지 지능을 결정하기 위하여 제시된 이론은 아니다. 하나의 인지적 기능에 관한 이론으로서 모든 개개인이 정도의 차이는 있겠지만 여덟 가지 지능을 모두 갖고 있다고 보며, 이들 지능이 결합하여 독특한 성향을 가지는 한 사람을 형성한다는 것이다. 그래서 독일의 시인이자 과학자이며 철학가인 요한 볼프강 폰 괴테(Johann Wolfgang von Goethe)처럼 여덟 가지 지능이 모두 빼어 나게 우수할 수도 있고, 야구선수 박찬호처럼 한 가지 지능이 다른 지능보다 특히 우수할 수도 있다. 그렇다고 박찬호 선수가 신체-운동지능만 우수하다는 것은 아니다. 그는 타자의 심리를 잘 읽어 내는 대인관계지능이나, 위기에 처했을 때 자신을 이해하고 통제할 수 있는 자기이해지능, 더 나아가 자신이 던진 공의 속도와 더불어 타자가 방망이를 휘두르는 속도, 바람의 속도 등을 계산해 내는 논리-수학지능이 다른 사람들보다 뛰어날 수도 있다.

둘째, 모든 사람은 각각의 지능을 적절한 수준까지 개발할 수 있다. 가드너는 사실상 모든 사람들에게 적절한 여건(용기, 좋은 교육 내용, 좋은 교육방식)만 주어진다면, 비교적 높은 수준의 성취를 할 수 있다고 주장하였다. 가드너가 예로 든 것은 스즈키 재능교육 프로그램(Suzuki Talent Education Program)[2)]이다. 이 프로그램의 창시자이자 바이올리니스트, 교육자, 철학자, 인간주의자인 시니치 스즈키(Shinichi Suzuki)는 지난 반세기 동안 자국(自國)에서뿐만 아니라 세계적으로 음악교육에 많은 영향을 끼쳐 왔다. 특히 그는 '음악적 재능은 타고난 것이 아니라 계발될 수 있다.'는 믿음을 가졌고, 누구든지 적절하게 교육을 받으면 음악적 능력을 향상시킬 수 있다고 주장하였으며, 이를 실천함으로써 증명하였다. 특기 · 적성 교육의 성공을 보여 준 가장 시범적인 예라고 할 수 있다.

셋째, 여덟 가지 지능은 여러 가지 복잡한 방식으로 서로 교류하면서 작용한다. 예를 들어, 요리를 할 때 먼저 요리법을 읽어야 하고(언어지능), 이때 요리를 몇 단계로 나누고(논리-수학지능), 가족 개개인의 취향을 고려해야 하고(대인관계지능), 뿐만 아니라 자신만이 낼 수 있는 맛을 찾아내야 한다(자기이해지능). 다중지능이론은 각 지능의 특성을 살펴보고 이를 효율적으로 학습하는 방법을 모색하고자 하는 것이지 이들을 각각으로 분리하여 특출한 능력 하나만을 집중적으로 계발하자는 것은 아니다. 왜냐하면 여러 지능이 서로 협응(協應)하여 작용하기 때문이다.

넷째, 각 지능 영역 내에서도 그 지능을 향상시킬 수 있는 많은 방법이 있다는 것이다. 어떤 지능 영역에 있어서 지능적이라고 간주될 수 있는 한 가지 표준화된 특성은 없다. 어떤 사람은 읽지는 못하지만 이야기를 참 잘하거나 다양한 어휘를 갖고 있는 경우도 있다. 달리기는 잘 못하지만 기민한 행동을 요하는 작업은 잘하는 사람도 있다. 다중지능이론은 개개인이 가진 독특한 지능을 발휘할 수 있도록 다양하고 풍부한 방법을 추구할 뿐만 아니라 각 지능들 사이의 관계를 통한 지능 향상 방법을 추구한다.

---

2) 자세한 내용은 http://www.suzukiassociation.org/hist.htm을 참고하시오.

4. 다중지능이론과 학교교육

다중지능이론은 IQ 검사와 같은 단일 측정을 통한 지능 측정은 부적절하다고 말한다. 단일 측정치는 개인이 갖고 있는 다양한 능력을 정확하게 설명할 수 없기 때문이다. 특히 가드너는 지능을 연령과 다양한 계층에 대하여 같은 방법으로 진단할 수 없다고 주장한다. 도시에서 자란 아동에게 사용하는 방법과 농촌에서 자란 아동에게 적용하는 방법이 달라야 한다는 것이다. 즉, 개인의 나이, 성숙 정도, 문화적 배경 등에 따라 지적 능력을 분석하는 방법이 달라야 한다.

다중지능이론은 심리학 분야의 문제처럼 보이지만, 학교교육에 미친 영향이 매우 크다. 지금까지 학교에서는 일부 학생들은 강점을 갖고 있지만, 그 외의 학생들은 그렇지 못하다고 여겨 왔다. 따라서 능력별로 그룹 또는 반 편성을 해 왔다. 그러나 다중지능이론은 '모든 학생들은 강점을 지니고 있다.'는 사실을 인식시켜 주었다. 교사들은 교육과정에 초점을 맞추어 계획하고 가르쳐 왔으며, 교육과정에 학생들이 대처할 수 있도록 돕는 것에 초점을 맞추어 왔지만, 다중지능이론은 교육과정이 학생에게 적합하게 개발되는 학생 중심의 교육모형을 제시하였다. 언어적 수단에 의지하여 어떤 정보와 기능을 습득했는가를 학생들에게 기술하도록 하는 것이 아니라, 학생들이 자신의 강점을 통해 그들이 배운 것을 드러내 보이도록 하는 것이다.

다중지능이론은 학교교육의 새로운 패러다임을 제시하고 있다. 인터넷에 들어가 보면, 다중지능이론에 따른 교육과정을 운영하는 학교[3]가 점차 늘어나고 있다. 이들

3) 다중지능이론에 따른 교육과정을 운영하는 학교 사례

- Gardner School(http://www.gardnerschool.org/)
- Hemenway Elementary School(http:www.framingham.k12.ma.us/hemenway/)
- New City School(http://www.newcityschool.org/)
- New School of Northern Virginia(http://www.nsnva.pvt.k12.va.us/)
- Saint Augustine's School(http://www.staugustinesonline.com/)
- San Jose Elementary School(http://world.std.com/~mkjg/)
- Saltonstall School(http://salem.k12.ma.us/schools/saltonstall/)

학교는 다중지능이론이 함의하고 있는 여러 측면을 교육과정에 적용하고 있는데, 수업 설계, 통합 주제 단원, 학생들의 프로젝트, 포트폴리오적인 평가, 도제식 교육 등에서 많이 찾아볼 수 있다(Campbell, 1997).

1) 통합 주제 단원 중심의 교육과정 개발

다중지능이론을 적용하는 교육과정은 통합 주제 단원 중심의 교육이 이루어진다(Armstrong, 1994). 기존의 교육과정이 분과 중심의 처방적 교육과정이라면, 다중지능이론이 접목된 교육과정은 실생활과 관련된 주제 중심의 통합교육이라 할 수 있다. 분과교육은 단편적인 지식 중심의 교육으로 흐를 가능성이 높지만, 통합교육은 생활 주변에서 주제를 가져오기 때문에 실생활에 필요한 지식의 활성화를 기대할 수 있으며, 다각적인 방향에서 주제에 접근하기 때문에 사고의 폭이 넓어질 뿐만 아니라 고등 정신 능력의 향상을 기대할 수 있다. 교육과정이 기존의 교과서 중심에서 벗어나 박물관에서 기업체, 도제식 교육까지 가능하도록 개발되기 때문이다(Jordan, 1996).

2) 교사와 학생들의 강점에 초점을 맞춘 수업 설계

캠벨(Campbell, 1997)에 의하면 다중지능이론을 적용한다는 것은 교사 자신과 학생들의 강점에 초점을 맞추어 수업 설계를 하는 것이다. 만약 담임교사가 신체-운동지능이 높고 음악지능이 낮은 반면, 이웃 반 교사는 음악지능이 높고 신체-운동지능이 낮다면, 두 교사가 팀을 이루어 수업을 진행하는 식이다. 또 기존의 수업이 학생들의 약점 보완에 초점이 맞추어졌다면, 다중지능이론이 접목된 수업은 학생들의 강점에 초점이 맞추어진다(Hoerr, 2000b).

학생들의 강점에 초점을 맞추어 수업을 설계하는 것은 학생들이 직접 자신의 프로젝트를 선정하여 계획하고 시행하는 것에서 볼 수 있다. 흔히, 학습자 중심의 수업을 강조하면서도 학습 내용은 대부분 교사가 획일적으로 제시하는 것이 기존의 교육인 데 반하여 다중지능이론이 접목된 교육에서는 학생들에게 직접 학습 내용을 선택할 수 있는 권한을 준다.

3) 도제식 교육 장려

다중지능이론을 접목한 교육의 특징 중 하나는 도제식 교육이다. 도제식 교육은 주로 세 가지 영역에서 이루어지는데, 예능(미술, 음악, 기술), 학업, 체육(댄스, 스포츠) 영역에서 하루의 1/3의 시간을 보낸다. 주목해야 할 것은 이 다섯 가지 교육과정의 접근이 처방적(prescriptive) 교육이 아니라는 점이다. 즉, 우리나라 교육은 목표와 내용, 방법, 평가를 명시하지만, 다중지능이론을 접목한 교육은 인간의 능력을 보다 넓게 보기 때문에 무엇을 어떻게 가르칠 것인가를 규정하지 않는다. 그렇게 되었을 때 교사는 교육과정 개발에 관한 복합적인 정신적 모형을 창출할 수 있으며, 교사로서 더욱 성장할 수 있다. 상위 체계에서 요구하는 것이 많을수록 교사들의 자율성과 창의성은 떨어질 수밖에 없다. 다중지능이론은 이렇듯 수동적인 교사를 만드는 두꺼운 교육과정을 고시하는 우리의 교육 현실에 좋은 시사점이 될 수 있다.

4) 다양한 자료를 활용한 학습 평가

미국에서 다중지능이론의 대두로 기존의 지필검사 중심의 평가가 서서히 그리고 자연스럽게 수행평가로 변화된 것에 주목할 필요가 있다. 수행평가 본래의 개념은 교실 수업이 일어나는 상황과 유사한 실생활 상황에서 문제해결 능력을 평가하는 것이다(Slavin, 1994). 즉, '수행평가는 교실에서 배운 지식이나 기능을 실생활에서 실제적으로 수행해 내는 것'과 관련이 있다. 수행평가의 한 가지 예로 박사과정의 학생이 박사학위 논문을 써서 통과하는 과정을 들 수 있다. 박사학위 논문은 결과만을 보는 것이 아니라 주제 선정부터 자료 수집 및 분석과 해석 그리고 결론의 도출에 이르는 전 과정에서 지도교수의 지도와 함께 협력을 통해 만들어지는 과정이다. 수행평가는 바로 교실에서의 평가가 이러한 과정을 거쳐야 한다는 것을 보여 준다.

다중지능이론이 적용된 교육에서의 평가는 학생들로 하여금 자신이 배운 것이 무엇인지를 포트폴리오와 같은 학습 결과물을 통해서 보여 주도록 한다. 심지어 학생들은 교사가 정한 기준에 적합한 경우 학생 자신들이 고안한 방법으로 평가받을 수 있도록 한다(Campbell, 1997; Hoerr, 2000). 포트폴리오 위원회(portfolio committee)를 구성하여 포트폴리오에는 어떤 것들이 포함되어야 하며, 어떻게 만들어져야 하는지를 결정하고, 교사와 학생 그리고 학부모가 함께 포트폴리오를 보면서 학생의 학력 향상을 평가하는 포트폴리오 밤(portfolio night)을 운영하기도 한다. 이 외에도 향상보고서(progress reports, 대부분의 평가는 교사가 중요하다고 생각하는 것을 측정하기 때문에 향상보고서에는 주로 대인관계지능과 자기이해지능에 관련된 내용, 즉 태도, 자신감, 협동심, 다양성에 대한 이해, 동기 등의 요인에 대한 보고를 함), 프로파일(profiles, 학생 개개인이 성취한 지능 수준을 표로 정리한 것으로 학생별 지능 수준을 알 수 있음. 이 프로파일을 가정에 보냄으로써 부모들도 이 표를 보고 자녀들의 부족한 부분을 도와줄 수 있도록 함), 완전 이해(genuine understanding, 처음에는 지식과 기능에 치중하지만, 나중에는 이러한 것들을 주어진 상황에 활용하여 설명하고, 증거나 실례를 찾고 일반화하며, 적용하고, 비유를 들고, 새로운 방법으로 창출해 내는 다양한 사고를 할 수 있도록 함), 표준화 검사(standardized tests)와 같은 다양한 평가방법을 활용한다. 연구에 의하면 다중지능이론을 접목한 학교에서는 교사들 사이에 유대관계가 강화되고, 거의 모든 과목에서 학생들의 학력과 자신감이 향상되는 것으로 나타났다(Greenhawk, 1997).

5. 결 론

학교교육은 크게 내용적인 목적과 과정적인 목적으로 나뉜다. 그리고 다시 내용적인 목적은 학업적인 목적과 직업적인 목적으로, 과정적인 목적은 개인적인 목적과 사회·공민적인 목적으로 분류할 수 있다(Goodlad, 1983; Hwang, 1994; 황윤한, 2000). 우리가 흔히 말하는 전인교육은 이 네 가지 목적이 균형적으로 이루어질 때 가능하다. 지금까지의 우리 교육은 지나치게 학업적인 목적에만 치우쳐 왔기에 고등학교를 졸업하고도 자신에게 맞는 직장을 구하기가 쉽지 않을 뿐더러 대학을 졸업해도 마찬가지였다. 개인의 행복한 삶을 영위할 수 있는 틀을 학교교육을 통해 마련해 주어야 했음에도 불구하고 우리는 사회를 위해 자신을 희생하는 희생정신만 강조하여 왔다. 그러나 이제는 자신의 삶을 가꾸고 살찌울 수 있는 능력을 갖춘 인재를 키워 나가야 한다. 교육이 변해야 한다고 주장하면서도 왜 변해야 하는지는 단순히 사회적인 변화만을 이유로 삼고 있다. 그러나 좀 더 깊이 파고들어 가면 다중지능이론과 같은 원천적인 이론을 접할 수 있다.

여기서 중요한 것은 다중지능이론 그 자체보다는 그것이 시사하는 바다. 우리나라에서는 단순히 학생들의 학업 속도가 빠르다는 이유만으로 심화반을 만들고, 느리다는 이유로 보충반을 만들도록 하는 세7차 수준별 교육과정을 고시하여 현장 교사들로 하여금 시행하도록 강요하였다. 그러나 수준별 수업은 개별화 수업(differentiated instruction, 황윤한, 조영임, 2005)의 일종이다. 개별화의 당위성을 부르짖으면서 정작 교육 현장은 개별화를 할 수 있는 준비가 되지 못한 상태다. 선호하는 학습양식이나 강점 혹은 약점과 같은 학생 개개인의 특성을 살려 스스로 학습할 수 있는 힘을 길러 주어야 한다.

다행히 우리는 다중지능이론이 제시되기 전부터 도덕, 음악, 미술, 실과 같은 과목을 정규 교과에 포함하였다. 이는 읽기, 쓰기, 셈하기를 중심으로 교육과정이 이루어지고 있는 미국과는 매우 다른 양상이다. 다중지능이론이라는 측면에서 보면, 우리나라가 미국보다 훨씬 좋은 교육과정 구조를 갖고 있는 셈이다. 문제는 그러한 교육과정을 운영하면서도 다중지능이론이 시사하는 학습자 중심의 교육을 실행하지 못하는 것이다. 학생들의 다양한 학습양식과 그들의 강점을 살려 주는 교육보다는 획일화된 교육방법을 통해 학생들의 약점만 파고드는 교육을 해 왔다. 21세기의 성공적인 교육을 위해서는 다중지능이론이 시사한 전인적인 교육, 균형 잡힌 교육을 되새겨 봐야 할 것이다.

제2장

다중지능이론과 교육

1. 주제 중심 학습
2. 프로젝트
3. 프로젝트 스펙트럼
4. 이해를 위한 교육과정
5. 다중지능 평가

1. 주제 중심 학습

다중지능 교육은 주제 중심의 통합 교육과정으로 이루어진다. 주제 선정은 관심 주제에 대한 심층 연구를 가능하게 하는 것으로, 너무 광범위하거나 협소하게 선정하지 않는다. 주제는 모든 수업 활동에서 더 의미 있는 방법으로 실제와 연결될 수 있도록 해 주며, 특히 프로젝트 활동과 연계되어 전개된다. 주제 중심의 학습은 교사와 학생들로 하여금 교과와 프로젝트에서 자신의 강점 영역을 활용하도록 하며, 질 높은 작업이 가능하도록 학생들의 내적 동기를 고무시켜 준다. 여기서는 주제 중심의 통합 교육과정과 운영에 대해 살펴보고자 한다.

1) 주제 중심의 통합 교육과정

통합 교육과정이란 교과목이 분리되지 않는 교육과정의 조직을 의미한다. 교육에서 통합의 개념은 학문이나 경험 또는 학습 중 모든 것의 전체성에 관심을 두고 접근하는 경향을 의미한다(이기숙, 2000).

브레드캠프와 로제그란트(Bredekamp & Rosegrant, 1995)는 통합이란 교육과정을 보다 의미 있게 만들기 위해 유아들에게 자신이 경험한 범위 내에서 조직화할 수 있는 주제 또는 개념을 제공하는 것이라고 정의하고 있다.

통합은 교과목 통합, 교육과정 간의 통합, 유아의 경험과 흥미 그리고 욕구의 통합, 교과 간의 통합, 발달 영역 간의 통합, 활동의 통합, 다양한 연령집단의 통합, 기관과 가정과의 통합 등 학습자의 삶에 유의미한 경험을 갖게 하는 것이다(김진영 외, 2002).

(1) 통합 교육과정의 필요성

교육과정의 통합적 운영의 필요성을 인식론적 · 심리적 · 사회적 측면에서 살펴보면 다음과 같다(교육부, 1999).

인식론적 측면에서는 지식의 상호 의존성과 경험 간의 연계성을 파악하여 문제를 해결하고, 효율적으로 학습하는 방법을 배워 지식의 변화와 확장에 대처하기 위한 교육과정의 통합이 필요하다. 심리학적인 측면에서는 아동의 발달 특성에 따른 통합적 학습 경험과 조화로운 전인 발달과 학습자의 흥미 및 요구를 교육과정에 반영하고 인간 두뇌의 통합적 기능에 부합하도록 교육과정의 통합이 필요하다. 사회적 측면에서는 학습자로 하여금 개인주의적인 사고를 벗어나 타인과의 바람직한 관계를 형성하도록 도와주고 학교와 사회의 결속력을 높여 주며, 현대 사회가 당면하고 있는 문제를 공동으로 해결해 준다는 점에서 교육과정의 통합을 주장한다.

학습자가 각 교과의 주요 개념을 완전히 이해하고 응용하려면 각각의 개념이 상호 연관되어 제시되어야 한다.

(2) 통합교육의 방법

통합교육을 실행하는 데 있어서 가장 주의해야 할 점은 아무런 교육적 의도 없이 너무 많은 내용을 서로 연결하지 않아야 한다는 것이다(김진영, 2002). 실제로 하루 일과에서 소주제와 관련된 새 노래, 동화, 동극, 심지어는 간식 모양까지 소주제와 관련되었다고 해서 통합된 경험이라 할 수는 없다. 외부적 연결성만을 강조한 통합으로서, 단순한 사실과 단편적 경험만 학습자에게 제공한다면 진정한 학습은 이루어지지 않는다. 진정한 통합이 이루어지기 위해서는 좀 더 치밀하고 체계적인 계획과 일과가 일정한 구조를 가져야 한다.

① 통합의 모형

통합하는 방식에 통일된 모형은 없으며, 학자에 따라 의견이 다양하다. 김재복(2000)은 세 가지 교육과정의 통합 방식을 제시하였다. 독립된 교과 영역이 중심이 되어 다른 교과와 관련된 주제를 고려하는 다학문적 통합, 통합적인 주제가 중심이 되도록 관련 교과목의 내용을 구성하는 간학문적 통합, 교과의 구조를 고려하지 않고 학생에게 선택권을 주는 학습자 중심의 탈학문적 통합이다. 이러한 분류 방식은 통합에서 교과가 차지하는 중요성, 교과의 구조가 유지되는 정도에 따른 것이다. 제

이콥스(Jacobs, 1989)는 통합교육의 설계 모형을 여섯 개의 연속적인 형태, 즉 학문 기초, 학문 병렬, 다학문, 간학문적 단원, 통합일(integrated day), 완전 프로그램으로 제시하였다.

포가티(Fogarty, 1991)는 통합이 이루어지는 수준과 통합의 요인이라는 두 가지 차원을 고려하여 통합의 모형을 제시하고 있다. 통합이 이루어지는 수준에 따라서 학문 내의 통합된 모형, 여러 학문 간에 걸쳐 통합된 모형 그리고 학습자 간의 연계로 통합된 모형 등 세 단계로 구분하였다. 각 단계의 수준에서 다시 통합의 요인을 고려하면 열 가지 모형으로 세분화된다. 포가티 모형은 통합의 단계와 통합의 구성 요인을 모두 고려하였다는 점에서 매우 포괄적인 모형이라 할 수 있다.

통합 교육과정을 실제로 계획 · 수행하는 과정에서 통합은 학습자 외부와 내부의 두 가지 차원에서 이루어진다. 학습자의 외부에서 타인에 의해 미리 이루어질 수 있는데, 단일 교과 내에서 또는 여러 교과 간에 걸쳐 교육과정을 계획하는 과정에서 교육 내용의 특성, 계열성, 연관성을 기초로 통합시키는 경우다. 반면에 학습자 내부에서 이루어지는 경우는 학습자 자신 혹은 여러 학습자 간의 연계를 통해 이루어지며 통합 교육과정이 실행되는 과정에서 학습자가 자발적으로 교육 내용을 통합시킨다.

이상의 두 가지 중 학습자 내부에서 이루어지는 통합이 더 중요하다. 왜냐하면 외부에서 이루어지는 통합의 목적 역시 학습자 내부에서 통합이 일어날 수 있도록 도움을 주기 위한 것이기 때문이다. 아무리 잘 계획된 통합 교육과정이라 할지라도 학습자가 받아들이지 않는다면 아무런 효과를 볼 수 없다. 통합교육이란 계획 단계뿐 아니라 교육의 실행 단계에서도 이루어지므로 모든 과정에서 통합이 이루어지도록 끊임없는 지원이 필요하다.

② 통합 교육과정의 구성 방법

통합교육을 위한 교육과정의 구성 방법으로 교과를 통합하는 목적을 먼저 생각해 봐야 한다. 교과 통합의 목적이 학습이 효과적으로 이루어지도록 하는 것에 있다면 각 교과가 지닌 특성을 존중해야 하며, 통합된 각 교과목이 지닌 인식 방법과 지식의 표상 방법을 체득할 수 있는 충분한 기회와 시간을 보장해야 한다. 또한 교과 내용이 학습자의 삶, 경험과 일치됨으로써 발달을 지원하는 데 적절한 교육과정으로 구성해야 한다. 통합 교육과정의 효율적인 운영에는 교육과정을 계획하고 실행하는 모든 과정에서 다면적 통합이 이루어지도록 끊임없는 지원이 필요하다.

③ 통합 교육과정 운영을 위한 3단계

• 1단계: 통합을 위한 준비 단계

교육과정의 생활 영역(각 교과목)의 특성과 각 교과 내, 교과 간의 통합이 가능한 요소 및 학습자의 발달 특성을 파악하는 단계다.

교육 내용의 선정은 당시의 사회적 · 문화적 · 역사적 맥락에 따라 결정해야 한다. 각 교과와 내용 배열 등의 특성을 고려하여 결정해야 하므로 각 교과가 지닌 특성에 따라 내용을 선정하는 작업이 선행되어야 한다. 또한 1단계에서는 발달 특성을 고려해야 한다. 왜냐하면 교육 내용이 각 교과의 특성과 계열성에서 볼 때 적절하다고 하더라도 학습자의 삶이나 경험과 분리된 것이라면 유용하지 않으며 의미가 없기 때문이다. 각각의 개념이 학습자에게 완전히 이해되고 응용되려면 교육 내용은 학습자의 삶과 발달 특성에 상호 연관되어야 한다(김진영 외, 2002).

• 2단계: 통합 교육과정 계획 단계

1단계에서 충분히 파악된 각 교과의 특성과 교과의 내용, 계열성, 발달 특성 등을 기반으로 하여 통합적 교육과정을 어떻게 구성하고 실행할 것인지를 구체적으로 계획하는 단계다. 2단계에서는 적절한 통합 방법과 학습자에게 구체적으로 어떤 경험을 제공할 것인지를 결정하는 것이 가장 중요하다. 2단계에서 교사는 어떤 교육 내용을 제공하고 어떻게 가르칠 것인지를 결정한다. 우선 교육 내용을 선정하고, 그 내용을 학습자의 삶과 생활에 일치시키기 위해 어떤 방법이 유용한지 결정해야 한다. 즉, 주제 중심의 접근과 프로젝트 접근법 가운데 무엇이 유용한지를 살펴본다. 또한 구체적으로 어떤 교육 활동을 할 것인지 결정한다.

계획의 수립 단계에서는 월안, 주안, 일안을 개별적으로 세울 수도 있고, 주제에 따른 거미줄 모형으로 세분화하여 계획을 수립할 수도 있다(김진영 외, 2002).

• 3단계: 통합 교육과정 실행 단계

3단계는 학습자가 경험하는 활동과 경험 속에서 통합이 잘 이루어지도록 지지하고 도움을 주는 단계이므로 교사의 전문적인 역할이 매우 중요하다. 교사가 계획한 대로 교육과정에서 통합이 잘 이루어지도록 지원을 해야 하나 무조건 계획대로 통합을 시행하는 것보다는 학습자의 내부 혹은 학습자 간의 상호작용에서 일어나는 통합이 더욱 중요하다. 계획된 통합보다 현장에서 학습자 간의 통합에 의해 학습이 좀 더 잘 이루어지겠다는 판단이 서면, 학습자 간의 통합이 이루어지도록 지원한다. 교사가 최선을 다해 통합 교육과정을 계획했다 하더라도 학습자가 의미 있게 받아들이지 못한다면 교육 효과를 기대하기 힘들다.

통합교육의 목적인 효과적인 학습을 달성하기 위해 교사는 실행 단계에서 전문적인 지원과 노력을 제공해야 한다. 교사는 새로운 정보를 제공하고 함께 탐색하고 질문하는 등 유아와 함께 끊임없이 탐구하는 상호작용이 필요하다.

2) 주제 중심의 교육 활동

주제, 단원, 프로젝트 등이 비슷한 용어로 사용되고 있지만 실제로 이들 간에 차이가 있으며, 그것은 학습 내용과 활동 방법을 결정하는 데 있어서 학습자의 주도권이 얼마나 보장되는가에 대한 차이로 볼 수 있다.

주제 중심은 주제 중심의 통합적인 접근으로 설명하고, 과거에 사용하던 단원 중심의 교육과 비슷한 의미로 이해된다. 주제 중심에 대한 이해를 돕기 위하여 단원 중심의 교육과 비교하여 알아보고자 한다.

(1) 주제 선정 기준과 수업 전개과정

주제 중심 교육 활동은 교육부고시 제6차 유치원 교육과정에 이어 제7차 유치원 교육과정에서 '주제 중심의 통합적 접근'에서의 활동을 의미한다.

① 주제 중심의 정의

주제 중심의 접근은 먼저 주제를 정하고 미리 주제망과 수업 계획을 구조적으로 구성한 후 그대로 실행하는 것이다. 주제 중심은 하나의 주제를 중심으로 교육과정을 통합적으로 재구성함을 의미한다. 주제 접근을 주제 중심과 비교한다면, 주제 접근은 도달해야 할 목표에 접근하면서 프로젝트 접근법과 같이 주제를 중심으로 하는 통합적인 접근이다. 그리고 주제 중심은 교육부고시 국가 수준의 제7차 유치원 교육과정에서 제시하는 주제 중심의 유아교육과정의 통합적 구성과 비슷한 것으로 본다.

② 주제 선정 기준

우리나라 국가 수준의 유치원 교육과정에서 생활 주제를 선정하는 방법은 교사가 사전 계획하는 방법과 유아의 흥미를 주제나 생활 주제로 선정하는 방법 등이 있다(김혜선, 1996). 주제 선정 기준에서 우리나라 제7차 유치원 교육과정의 주제 선정 방법을 살펴보면 유아의 흥미를 주제로 범주화하여 생활 주제를 선정하는 것을 알 수 있다. 제7차 유치원 교육과정에서 하위 주제를 선정하는 과정은 〈표 2-1〉과 같이 생활 주제에 따라 주제별 주제, 소주제를 미리 상세하게 계획 · 수립하여 제시하고 있다(교과부, 2009).

표 2-1 생활 주제와 주제(제7차 유치원 교육과정)

생활 주제	주 제	생활 주제	주 제
유치원과 친구	• 유치원의 환경 • 유치원에서의 하루 • 유치원에서의 친구 • 우리 유치원의 역사	나와 가족	• 나의 몸과 마음 • 소중한 나 • 가족의 구조와 문화 • 소중한 가족
우리 동네	• 우리 동네 모습 • 우리 동네 생활 • 우리 동네 이웃 • 우리 동네 문화	동식물과 자연	• 동물과 자연 • 식물과 자연

건강과 안전	• 즐거운 운동과 휴식 • 깨끗한 나와 환경 • 맛있는 음식과 건강 • 안전한 놀이와 생활	생활 도구	• 다양한 생활 도구 • 생활 도구로서의 미디어 • 생활 도구를 움직이는 힘
교통기관	• 여러 가지 교통기관 • 교통기관의 구조 • 고마운 교통기관 • 교통 통신과 교통 생활	우리나라	• 우리나라 사람들의 생활 • 우리나라의 놀이 • 우리나라의 역사 • 우리나라의 자랑거리
세계 여러 나라	• 세계 여러나라 사람들의 생활 • 세계 여러 나라의 문화유산 • 세계 여러 나라와의 교류 • 세계의 자연환경과 사회 현상	환경과 생활	• 물과 우리 생활 • 흙과 우리 생활 • 바람과 우리 생활 • 빛과 우리 생활 • 소리와 우리 생활
봄 · 여름 · 가을 · 겨울	• 봄 • 여름 • 가을 • 겨울		

③ 단원 접근

'주제'라는 용어는 『유아교육백과사전』(Williams & Fromberg, 1992)에서 프로젝트 · 주제 · 단원을 같은 의미로 사용하고, 주제 · 이슈 · 문제 · 토픽 · 경험을 검증하기 위해 방법론적으로 주의 깊게 적용된 지식의 관점이자 교육과정 접근으로 제시하였다(Jacobs, 1989; Williams & Fromberg, 1992에서 재인용).

단원(units)은 유아가 좀 더 알아야 하는 중요하다고 생각되는 특정 주제에 대하여 교사들이 미리 준비한 단원에 대한 내용을 활동으로 제공한다. 교사는 유아가 습득할 개념과 지식에 대한 분명한 계획을 가지고 있으나 주제와 마찬가지로 유아의 주도적 역할이 미미하다고 여겨진다(홍순정, 이기숙, 2004).

단원이란 하나의 주제를 중심으로 하든지 하나의 개념이나 기술을 중심으로 하든지, 관련된 여러 가지 활동이 통합적으로 연결되어 있는 기본 학습 단위라고 할 수 있으며, 이러한 단원은 다시 소단원을 포함하기도 한다. 각 단원의 지도 목표는 비교적 구체화한 것으로 경험 내용과 활동도 구체화되고 순시대로 제시된다. 유아교육과정에서 의도하는 목표, 가치, 교육 내용 등은 교육 장면에서 전개될 수 있는 단

표 2-2 월별 단원과 생활 활동 주제(예)

월	단 원	생활 활동 주제
3	1. 즐거운 유치원	나와 유치원, 유치원의 여러 방, 유치원 생활, 유치원의 놀잇감
	2. 나와 친구	나의 모습, 나와 친구들과 다른 점, 친구 사귀기
4	3. 우리 가족	우리 가족, 우리 가족이 하는 일, 우리 집 행사
	4. 서로 돕기	우리를 도와주는 사람들, 내가 도울 수 있는 일, 내가 도움을 받을 때, 여러 입장에 있는 친구들
	5. 봄	봄 날씨의 변화, 식물의 변화, 사람들의 특별한 봄 활동
5	6. 우리 동네	내가 살고 있는 동네, 우리를 도와주는 기관과 역할, 여러 가지 작업
	7. 음식	여러 가지 음식의 종류, 음식 만들기, 음식 골고루 먹기, 여러 가지 음식의 맛
	8. 여자와 남자	여자와 남자의 다른 점, 내가 만일 여자(남자)라면, 여자와 남자는 같은 일을 할 수 있다.
6	9. 여러 가지 교통기관	교통기관의 종류와 특징, 교통기관의 역할, 교통규칙, 교통놀이
	10. 기계와 도구	기계와 도구의 종류, 우리 생활에 도움을 주는 도구들, 우리에게 필요한 도구들
	11. 안전한 생활	재미있고 안전한 놀이, 우리 집 찾기, 교통질서 지키기, 물놀이, 불조심
7	12. 동물	집짐승과 들짐승, 곤충과 새들의 생활, 물속의 동물, 동물을 사랑하는 마음
	13. 여름	여름의 변화, 여름의 생활, 건강 및 여름방학
9	14. 운동경기	운동경기의 종류, 운동규칙, 우리에게 알맞은 운동
	15. 명절과 행사	추석, 유치원 행사, 감사의 마음, 국경일
10	16. 우리나라	우리나라를 나타내는 것들, 우리나라의 고유 문화, 우리나라의 위인들, 우리나라의 발전
	17. 가을	날씨의 변화, 식물의 변화, 가을의 아름다움
11	18. 보도기관	보도기관에서 하는 일, 신문, 텔레비전, 라디오
	19. 세계여행, 나라	세계 여러 나라 사람들, 우리나라와 무엇이 다를까, 민속놀이, 세계여행
	20. 우주	낮과 밤, 지구와 우주
12	21. 겨울	겨울의 변화, 겨울의 생활, 이웃사람, 겨울방학 준비
2	22. 초등학교에 가려면	초등학교 생활, 유치원 생활 돌아보기

원의 형태로 체계화되어 제시된다. 단원 내용의 구성과 전개는 유아들에게 구체적이고 친숙한 내용부터 점차 추상적이고 확장된 환경에 관한 것으로 확산된다. 이에 아동 자신에 대한 내용, 자아개념 등에서 시작하여 가족, 지역사회, 우리나라, 세계 등으로 전개된다.

이렇게 구성된 단원들은 서로 연속성을 가지면서 아동의 발달단계와 주어진 사회적 · 교육적 상황에 따라 전개된다. 그러나 단원 선정의 구체적인 모습은 대상 아동이나 교육환경, 프로그램의 특성에 따라 달라질 수 있다(홍순정, 이기숙, 2004).

④ 수업 전개과정

주제 중심의 수업 전개과정에서는 교사가 미리 선정한 생활 주제에 따라 준비된 환경에서 자신이 흥미롭게 느끼는 활동에 참여하며, 교사가 개개인의 발달단계 및 교과 영역을 고려하여 계획한 집단 활동에 수준별로 나뉘어 참여한다. 이처럼 수업 중심 접근법에서는 교사가 대부분의 활동을 계획하여 진행한다.

교육 활동이 이루어지게 된 동기를 볼 때, 수업 중심의 접근법에서는 생활 주제와 연관하여 다루어야 할 내용과 유아 발달단계에 따른 활동을 교사가 영역별로 준비하며, 유아는 여러 영역의 활동에 참여하면서 생활 주제에서 알아야 할 새로운 개념을 습득하고 발달단계에 적합한 기술을 단계적으로 배운다.

주제 중심 수업을 전개과정에 대한 예를 통해 살펴보자. '배'에 대한 주제를 진행하는 과정에서 교사는 조형 활동으로 배 만들기, 과학 활동으로 뜨는 것과 가라앉는 것의 실험을 준비하고, 언어 활동에서는 배에 관련된 동화 듣기, 배에 대한 새로운 지식을 배울 수 있는 독서하기, 배의 종류와 역할에 대한 이야기 나누기 활동을 계획한다. 교사는 음률 활동으로 배에 관한 노래 부르기, '배 젓기'를 신체로 표현하기 등의 활동들을 계획하고 유아는 각 영역의 활동에 참여한다.

(2) 주제 중심의 교육과정 운영 형태

① 용어 변화: 주제 중심과 단원 접근법

단원 접근법으로 진행되는 우리나라 제5차 유치원 교육과정에서 '단원'이라는 용어 대신 '생활 주제'라는 용어를 사용하고, 하위개념으로 '주제'와 '소주제'라는 용어를 사용한 것에서 그 변화를 찾아볼 수 있다. 활동을 범주화한 것을 '생활 주제'로 명칭을 바꾸었고, 프로젝트 접근법에서는 '토픽'이나 '테마', '연구 주제'로 칭하였다. 제6차 유치원 교육과정의 활동 자료집에 생활 주제, 주제, 소주제 전개 방법을 제시하고, 교사가 생활 주제, 주제, 소주제를 미리 정한 다음 단계별로 제시할 수도 있고, 유아들이 흥미를 느끼는 내용을 시발점으로 소주제를 선정하고 이를 다시 생활 주제, 주제로 범주화한 후 교육 활동을 계획하거나 전개할 수도 있다고 하였다. 이러한 변화는 이전의 단원 중심의 교육 활동 전개가 유아의 흥미에 기초하기보다는 교사 주도적이고 구조화된 경험의 제공으로 치우친 문제를 해결하고 보다 아동 중심적인 통합적 교육과정의 운영을 유도하기 위한 시도라고 본다.

② 통합적 교육과정의 운영 형태: 주제 중심의 교육 활동과 단원 접근법

통합적 교육과정의 운영 형태로 주제 중심과 단원 중심의 두 가지를 들 수 있다. 즉, 교과를 개념과 활동보다 하위에 놓는 형태와 교과 접근으로 단순히 교과 영역들을 연결·운영하는 형태다.

주제 중심의 내용 구성은 폭넓은 주제를 중심으로 이에 관계된 활동을 통해 각 교과 영역 또는 흥미 영역의 활동을 통합적인 형태로 지도할 수 있도록 구성된다. 주제 중심, 토픽 중심, 단원 중심 등으로 불리는 유형은 유아교육 프로그램에서 가장 보편적으로 사용된다. 여기에는 교과 구분은 없으며, 교육 경험 내용에서 흥미로운 주제를 설정하고 순서를 정하여 유아들의 흥미를 중심으로 융통성 있는 활동이 전개된다(홍순정, 이기숙, 2004).

'단원'은 유아의 현재 주변 활동을 반영하는 것으로 구성하고 유아들이 자주 접하고 친숙한 내용에 중점을 둔다. 단원 중심 교육의 장점으로는 통합적 지도를 전제로 하고 있으며 운영상의 융통성이 허용된다는 점을 들 수 있다. 그러나 예측된 학습 결과를 확신할 수 없다는 점, 자료나 교사 경험의 제한으로 다양한 주제를 선정하지 못한다는 단점이 있다.

3) 유아교육의 통합적 교육과정

유치원 교육과정에서의 통합적 운영은 교수 · 학습 방법의 기본 원리다. 현재 유아교육 과정의 통합적 접근 방법은 '통합적 교육과정', '의미 있는 교육과정', '통합적 단원' 등 다양한 이름으로 불리고 있다. 이들의 공통점은 유아의 전인적 성장을 교육 목표로 하고 유아의 경험을 통합할 수 있는 교육 내용을 선정하며 교사와 유아 모두 학습에 적극적이고 능동적으로 참여하는 것이다.

유아들은 자신이 흥미를 느끼는 주제를 여러 발달 영역의 지식으로 통합적으로 접근할 때 개념을 더 잘 이해할 수 있으므로 주제와 활동을 통합적으로 계획하여 거미줄 모형으로 구성하는 것이 바람직하다. 이러한 통합적 접근은 여러 개념을 전개할 때 논리적으로 계획하는 데 도움을 준다.

(1) 통합의 개념

유아교육에서 통합의 개념은 유아들에게 자신이 경험한 범위 내에서 조직화할 수 있는 주제 또는 개념을 제공하는 것이며, 통합의 일차 목적은 유아들에게 교육과정을 보다 의미 있게 만들어 주는 것이다(Bredeamp & Rosegrant, 1985). NAEYC의 「발달에 적합한 유아교육 프로그램의 실제」에 제시된 교육 내용 지침에서는 유아의 지식과 이해, 과정과 기술, 성향과 태도의 발달을 조장하기 위해 특별한 주제나 학습 경험을 중심으로 전통적인 교과 영역을 통합할 것을 강조하고 있다.

유아교육에서 통합의 개념은 "유아의 전인적인 발달과 효율적인 학습을 위하여 유아의 경험, 흥미 및 요구와 교육 내용을 통합하고 유아와 유아 주변의 인적 · 물적 환경을 통합하며, 교과목을 통합적으로 재조직하여 가르치는 방법"으로 정의하고 있다(교육부, 1999). 또한 아동 중심주의 철학에 기초하며 전인적인 인격체로 성장할 수 있도록 유아들에게 보다 의미 있는 교육과정을 제공하는 것이다.

(2) 유아교육 과정의 통합적 접근법

유아교육 과정의 통합적인 접근법으로 주제를 통한 교육과정을 들 수 있다(Brown & Precious, 1991; Elkind, 1988; Gatzke, 1991; Krogh, 1990; NAEYC, 1991; Spodek, 1991). 통합 교육과정에 대한 의사결정을 할 때는 두 가지 문제를 생각해야 한다(Bredekamp & Rosegrant, 1995). 하나는 '어떤 것이 통합될 수 있는 것인가'이고, 다른 하나는 '무엇이 분리되어야 하는가'다.

통합이 이루어지는 방식에 대한 관점은 다양하며(Clark & Peterson, 1986; Drake, 1993; Fogarty, 1991; Jacobs, 1989; Kovalik, 1994), 다양한 관점에서 이루어진 통합의 유형은 구분하기 어렵다. 통합의 방식은 그 자체를 바람직한 것과 그렇지 않은 것으로 나누기보다는 여건과 상황에 따라 적절성과 유용성이 다르게 나타난다. 통합 교육과정 모형의 여러 가지 유형 중 하나로 주제 중심의 통합 교육과정이 자주 사용된다(홍순정, 이기숙 2004).

주제를 교육과정의 접근으로 제시한 관점을 살펴보면, 크로그(Krogh)는 '통합적 교육과정', 개츠크(Gatzke)는 '의미 있는 교육과정', 브라운(Brown)은 '통합적 단원', 캐츠(Katz)는 '프로젝트 접근법'이라는 표현을 사용하고 있는 것으로 보아 통합 교육과정을 여러 학문 분야에 걸쳐 학습과 동격으로 설명하는 것을 알 수 있다. 즉, 유아의 발달을 위해 의미 있는 학습 경험을 유아가 흥미 있어 하는 주제, 단원 또는 프로젝트를 중심으로 조직하는 것과 유아와 교사의 적극적인 역할을 강조하는 것으로 볼 수 있다.

(3) 주제 중심의 통합적 운영의 실제

교육과정의 통합적 운영은 다학문적 통합, 간학문적 통합, 초학문적 통합(Drake, 1993; Miller, 1996), 교과 수준의 통합, 간학문적 수준의 통합 및 주제 중심의 통합(Skibeck, 1972)으로 분류한다. 포가티(1991) 모형 중 연관 통합 모형과 거미줄 모형은 유치원 교육과정의 통합성을 잘 나타내 준다고 할 수 있는데, 생활 주제, 환경 구성, 자유 선택 활동 및 집단 활동 등에서 이루어지는 통합적 운영은 다음과 같다.

① 연관 통합 모형

연관 통합 모형은 단일 교과 영역 내에서 교과 내용의 주제, 개념, 학습, 아이디어들이 서로 연관되는 것이다. 제6차 유치원 교육과정에서 유아들의 생활, 경험, 흥미, 요구 등을 반영하여 선정한 생활 주제와 그에 따른 주제는 개념과 학습 내용 간에 내적 연관을 가지고 있다. 예를 들면, '나와 유치원', '가족과 이웃', '우리나라와 다른 나라', '지구와 환경' 등의 생활 주제들은 공통적으로 '관계', '환경', '협동', '질서'와 같은 주요 개념을 내포한다. 즉, 생활 주제 '동물'에서 같은 수준의 동위적인 주제로 '애완동물', '농장 동물', '동물원 동물', '그 밖의 궁금한 동물'을 선정하였는데, 이들 주제는 '생김새', '감각기관', '성장과 변화', '생활 습성', '보호'와 같은 주요 개념을 포함하고 있다.

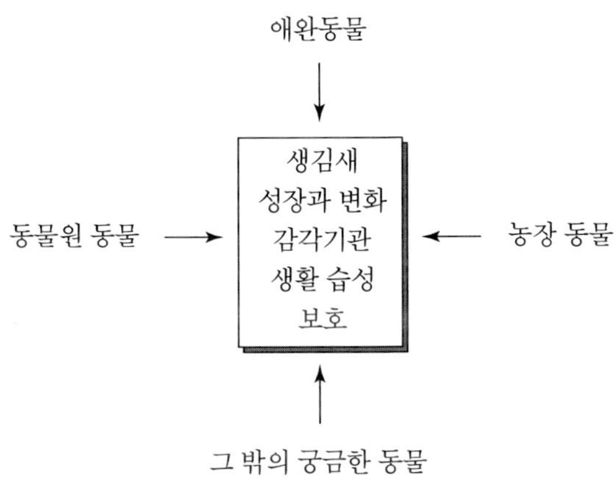

[그림 2-1] '동물' 주제의 공통 개념을 연관 짓는 연관 통합 모형

② 거미줄 모형: 주제 중심의 통합적 운영

주제 중심의 통합적 운영은 거미줄 모형의 간학문적 통합으로서 하나의 주제를 중심으로 교과의 다양한 학습 내용을 통합적으로 재구성하는 것을 말한다. 주제를 중심으로 구성된 거미줄은 전체를 관망할 수 있는 광범위한 시야를 제공하여 다양한 활동과 아이디어가 어떻게 관련되는지를 쉽게 이해할 수 있다. 이 방식은 신중한

주제와 관련하여 어떤 차원이나 수준에서 동위적인 하위 주제나 개념을 추출할 수 있는지, 그리고 여러 영역의 지식을 풍부하게 포함하는지가 중요하다(교육부, 1999).

- 학습환경 구성　유치원의 교실환경은 통합적 학습을 위하여 다양한 흥미 영역으로 구성되어 있다. 언어 영역, 수놀이 영역, 과학 영역, 음률 영역, 조형 영역, 조작놀이 영역, 컴퓨터 영역, 쌓기 놀이 영역 등에는 주제와 관련이 있는 각종 교재 · 교구가 제시되어 있다.

- 자유 선택 활동 시간　자유 선택 활동 시간에 유아들은 특정 주제를 중심으로 각 영역에 제시된 다양한 교재 · 교구를 가지고 활동한다. 통합 교육과정의 교수전략은 개별 학습자가 독특한 방법으로 학습할 수 있도록 다양한 활동을 제공한다.

- 집단 활동 시간　집단 활동 시간에도 유아들은 특정 주제를 중심으로 다양한 활동을 통합적으로 해 볼 수 있다. 거미줄형 통합은 여러 교과로부터 주제의 개념 및 주제를 학습할 수 있는 다양하고 풍부한 활동을 추출하여 재구성되는 통합적 유아교육과정의 특성을 보여 준다.

2. 프로젝트

다중지능이론에 근거한 교육과정의 중요한 특성 중의 하나가 주제를 중심으로 한 학생들의 프로젝트 개발이다. 학생들이 주도적으로 주제와 관련된 프로젝트를 선정 · 계획 · 시행함으로써 자신들이 구체적으로 어느 지능 영역 활동에 관심을 갖고 있는지를 성찰할 수 있으며, 교사 또한 학생들의 다중지능 강점 영역을 확인할 수 있다.

프로젝트 접근은 이미 기존 학교교육 현장에서 폭넓게 활용되고 있다. 초등교육에서는 '프로젝트 수업' 및 '프로젝트 학습'으로, 유아교육에서는 '프로젝트 접근법'으로 불리며 학습 활동을 개발 · 전개하고 있다. 여기서는 프로젝트 진행과정을 좀 더 단계적으로 접근한 유아교육 과정에서의 프로젝트 접근법을 소개하고자 한다.

1) 프로젝트 접근법의 교육 목적과 목표

프로젝트 접근법은 한 명, 소집단 혹은 학급 전체가 흥미 있는 주제에 참여하여 또래와 교사 혹은 부모와 자원 인사 등 주변 사람들과 함께 지속적으로 탐구하고 문제를 해결해 나가는 교수-학습 방법이다. 그리고 교육의 주목적은 유아에게 주변 세계에 대한 이해를 증진시키고 꾸준히 학습하고자 하는 성향을 강하게 키워 주는 것이다. 이는 일찍이 프로젝트 접근법을 소개한 듀이(Dewey)의 교육관에 기초하고 있다.

듀이는 학교교육이 지식 전달 위주의 전통적인 교과 중심의 교육에서 탈피하여 학교와 사회가 직결되는 생활 중심의 교육, 즉 유아들이 실생활과 밀접하게 관련된 경험을 하여 사회생활을 보다 의미 있게 영위해 나갈 수 있어야 한다고 주장하였다.

프로젝트 접근법을 통해 성취하고자 하는 세부 목표는 다음과 같다.

첫째, 새로운 기술을 익힌다. 프로젝트를 수행하는 가운데 요구되는 지적 · 사회적 의사소통 및 신체적 발달에 필요한 기술을 새로 익히도록 한다. 유아들은 아직 토론에 익숙하지 않겠지만 계획과 실행할 프로젝트에 대해 이야기하면서 총체적인 언어 능력을 발달시키고 조사과정에서 관찰과 질문 기술을 적용하여 이를 강화한다. 표현 기술 역시 주제와 관련된 익숙한 사건과 장소에 대한 표상을 그림으로 표현하면서 발달시킨다.

둘째, 프로젝트 활동은 학습에 초점을 맞추기 때문에 관찰력, 호기심, 모험심, 지구력 등을 발전시킨다. 교사와 유아의 모든 유치원 생활에서의 경험이 일상생활, 사회생활의 행동, 태도, 습관 등에 영향을 미치게 된다.

셋째, 긍정적 감정을 발달시킨다. 교사와 유아 모두 교실 상담을 하나의 공동사회로 경험함으로써 소속감, 협동심, 인정감, 자신감과 같은 긍정적인 감정을 형성한다. 교사는 프로젝트 활동에 기여할 수 있는 여러 가지 방법으로 유아 각자가 집단에 속해 있다는 느낌을 가질 수 있도록 도와준다. 유아가 상대방의 기여를 인정하면서 교사나 동료에게 의견을 구하는 등 다양한 경험을 통해서 감정이 발달한다.

넷째, 새로운 지식을 습득한다. 유아들뿐만 아니라 교사도 다양한 연구과제를 탐구하는 과정에서 도전받고 성장하게 된다.

2) 프로젝트 접근법의 운영

(1) 주제 선정

프로젝트 접근법에서 주제의 선정은 유아의 흥미를 기반으로 하되, 교사의 가치판단을 적용하여야 한다. 교사 나름대로 유아의 흥미 중 주제로 선정할 만한 가치있는 것을 판단할 수 있어야 한다.

교사는 프로젝트 접근법에서 주제를 선정하는 데 다음과 같은 기준을 우선적으로 고려해야 한다(Katz & Chard, 2000).

- 많은 유아들이 참여할 수 있을 만큼 친숙하며 흥미를 끌 수 있는 주제인가?
- 심층적으로 연구되고 이해할 만한 가치가 있는 것인가?
- 다양한 표상 활동이 가능한 주제인가(역할놀이, 그림 그리기, 만들기 등)?
- 주제가 현실적이며, 유아들이 직접적으로 탐구할 수 있는 것인가(단, 위험요소는 배제)? 즉, 유아들이 수집하고 실험하고 조작하고 그림으로 그릴 수 있는가?
- 부모와의 의사소통을 촉진시킬 수 있는가?

(2) 프로젝트에 적합한 주제의 유형(Katz & Chard, 1989)

- 아동 자신에 관한 주제: 음식, 아기, 장난감, 게임, 버스, 학교
- 지역사회에 관한 주제: 사람, 병원, 상점, 공사장, 운송, 서비스, 급수시설, 생선가게
- 지역 행사와 함께 일어나는 사건: 지역 축제, 국경일, 월드컵, 올림픽, 유명인사 방문

- 장소에 관한 주제: 길, 언덕, 이웃
- 시간에 관한 주제: 시계, 달력, 공휴일, 역사적 사건, 축제
- 자연현상에 관한 주제: 비, 물, 바람, 공기, 나무, 공룡, 동물
- 내용이 자유로운 개념: 모양, 색깔, 대칭
- 일반 지식에 관한 주제: 사막, 운송차량, 발명, 강, 우주
- 그 외의 것들: 모자, 인형, 시사적인 것 등

(3) 프로젝트의 실행

프로젝트의 실행은 계획 및 시작, 진행, 마무리의 3단계로 되어 있다.

① 1단계: 계획 및 시작

교사는 유아들이 주제에 대해 얼마나 알고 있는지, 그 주제와 관련하여 어떤 경험을 하였는지, 알고 싶은 것은 무엇인지 등 유아들의 주제에 대한 지식, 경험, 아이디어 및 생각 등을 그림, 쓰기, 극화, 말, 조형 활동 등 여러 가지 표현 방법을 통해서 파악하고 의견을 수렴하여 다양한 활동으로 구체화한다.

② 2단계: 진행

교사는 유아들이 새로운 직접 경험을 할 수 있도록 준비하고 필요한 자원과 환경을 제공한다. 또한 유아들 스스로 새로운 사실을 알아 가고 사고를 진전시키는 데 적절한 개입을 제공하며 유아들의 이야기나 활동 내용을 꼼꼼히 기록하는 역할을 담당한다. 유아들은 자신의 문젯거리를 해결하기 위해 실제로 조사를 실시하며 준비된 질문 사항들에 대한 답을 찾는가 하면 새로운 질문을 제기하고 그에 대한 설명을 찾는다. 이 과정에서 유아들은 자신이 알아낸 사실과 정보 및 원리 등을 읽고, 쓰고, 그림을 그리고, 계산하고, 자료를 수집하면서 경험을 통해 발견한 여러 가지 현상과 그에 대한 자신의 반응에 대하여 설명하기도 한다. 이렇게 유아들이 프로젝트와 관련하여 수행한 활동 결과물은 교사가 유아들의 관심과 발달단계, 다음 프로젝트의 진행을 예견하는 등의 중요한 기록물로 이용되며, 진행과정에 따라 교실의 벽면이나 선반에 전시하여 유아들이 참고할 수 있도록 한다.

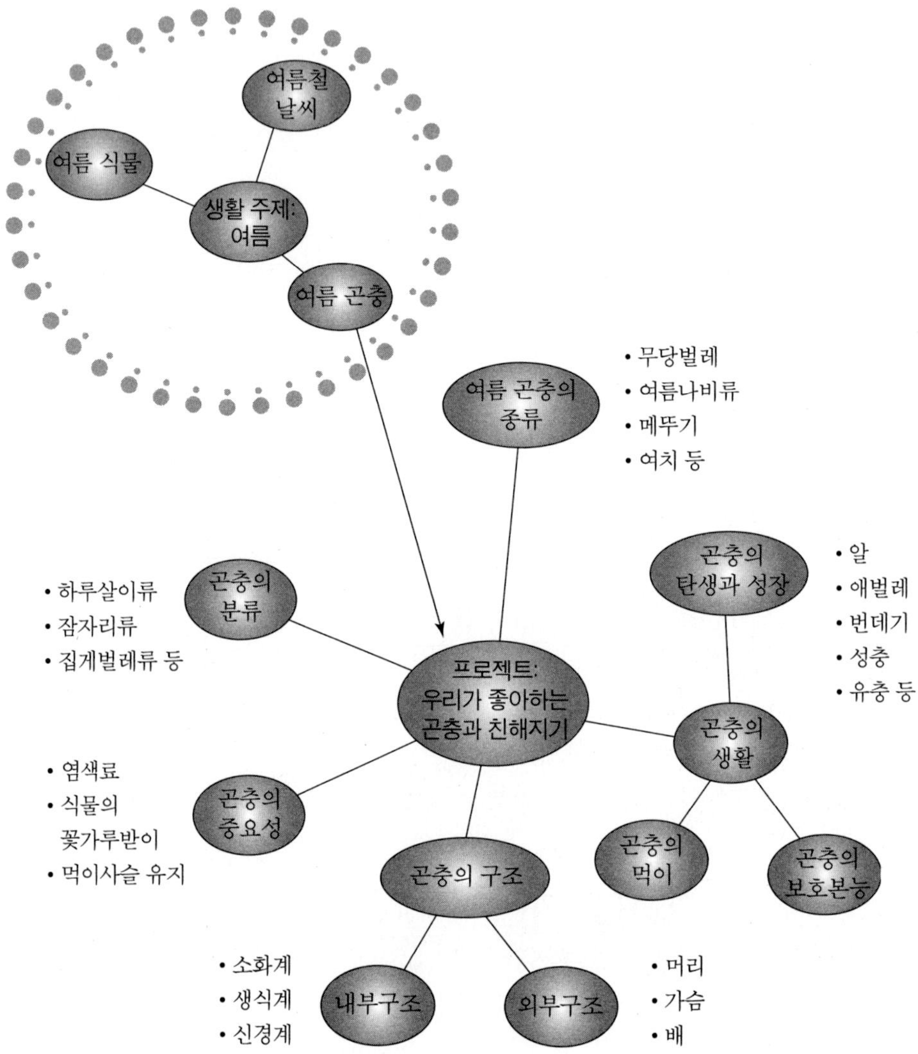
여름철 날씨
여름 식물
생활 주제: 여름
여름 곤충
여름 곤충의 종류
• 무당벌레
• 여름나비류
• 메뚜기
• 여치 등
곤충의 분류
• 하루살이류
• 잠자리류
• 집게벌레류 등
곤충의 탄생과 성장
• 알
• 애벌레
• 번데기
• 성충
• 유충 등
프로젝트: 우리가 좋아하는 곤충과 친해지기
곤충의 생활
• 염색료
• 식물의 꽃가루받이
• 먹이사슬 유지
곤충의 중요성
곤충의 구조
곤충의 먹이
곤충의 보호본능
• 소화계
• 생식계
• 신경계
내부구조
외부구조
• 머리
• 가슴
• 배

[그림 2-2] 주제 조직망(예)

곤충에 대해 궁금한 것을 조사하고, 조사한 내용에 대해 서로 공유하기

유아들이 조사하고자 하는 곤충을 구성하고, 곤충에 대한 지식을 습득하기

③ 3단계: 마무리

다른 학급의 교사와 유아들, 원장선생님, 학부모 및 기타 관심 있는 사람들이 함께 프로젝트에 참여할 수 있는 기회를 제공한다. 프로젝트의 전시는 기존의 학습 발표회 같은 형식적인 행사가 아니라 유아들 자신이 수행한 프로젝트의 진행과정을 사람들에게 전달하는 데 역점을 둔다. 교사와 유아들은 프로젝트를 수행하는 동안 만들어진 결과물을 교실의 벽이나 선반에 전시하며 초대 준비를 한다. 또한 자신이 알아내고 이해한 새로운 정보를 보다 상상력이 풍부한 예술 및 극화 활동, 개인적인 이야기, 동시 등으로 표현한다. 유아들은 사람들을 초대하여 그동안 수행한 프로젝트 활동(학습 결과물과 성취물)에서 연구하고 학습한 것들을 전시회 및 발표회를 통해서 '무엇을 배웠고, 어떻게 배웠으며, 어떠한 절차를 밟았는가'를 설명한다.

부모님을 초대하여 구성한 곤충 소개하기

유아반 동생들을 초대하여 구성한 곤충 소개하기

(4) 프로젝트 활동

① 조사 활동

유아들은 다양한 조사 활동을 통해서 정보와 아이디어를 얻는다. 조사는 능동적

누에 기르기와 고치 튼 실 뽑기

책을 이용하여 궁금한 것에 대해 조사하기

이고 수동적인 방법 모두 가능하다. 능동적인 방법으로는 관찰, 읽기, 그림 보기, 실험하기, 느껴 보기 등 프로젝트에 관계된 사건과 항목들을 검사하고 관찰하는 것이다.

② 구성 활동

유치원 프로젝트에서 유아들이 자신의 지식을 표상하는 활동 중에는 목공놀이, 색칠하기, 그림 그리기, 자르기, 붙이기, 소도구 만들기 등이 있다. 유아들이 점차 섬세한 조작을 할 수 있는 기술이 좋아질수록 구조물은 좀 더 세밀해지고 정교해진다. 또한 구성의 질은 그들이 연구하는 프로젝트가 발전될수록 향상되며, 유아들이 만들고자 하는 것의 속성에 대해 더 많이 알수록 모형은 좀 더 정교해진다. 극화 활동을 통한 언어 활동, 즉 대화와 토론을 통한 유아 개개인의 사회적 협상과 협동을 함으로써 그룹 구성에 도움이 된다. 수학적이고 과학적인 개념 역시 구성 활동에서 획득할 수 있다.

유아들이 알아보았던 곤충의 생김새 구성하기

유아들이 만든 곤충의 전시를 위해 전시장 구성하기

③ 극놀이

극놀이란 프로젝트 주제와 연관이 있는 역할을 해 보는 것을 말한다. 유아가 어릴수록 극놀이를 통한 프로젝트를 많이 수행한다. 극놀이는 유아로 하여금 이미 알고 있는 것을 새로 얻은 정보와 통합하도록 도와준다. 또한 새로 얻은 지식을 대본에 적절히 적용할 수 있다. 극놀이에는 충고, 교환, 다음 단계의 제안, 순서 기다리기, 거래, 협상, 갈등 해결 그리고 타협 등이 포함된다.

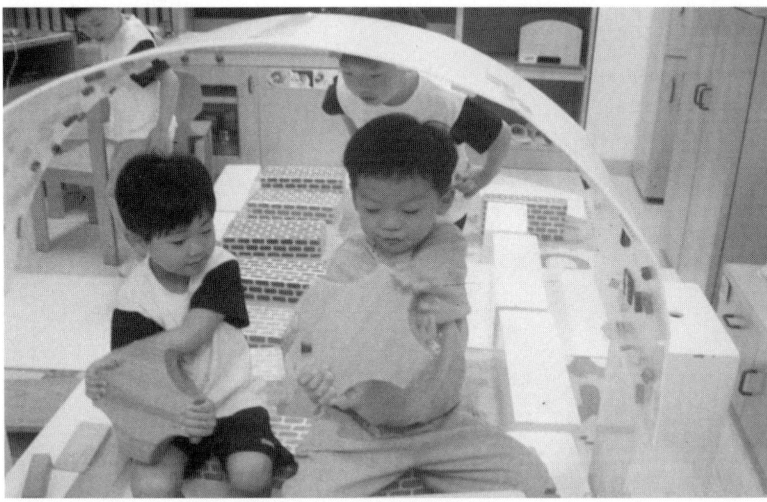

유아들이 구성한 비행기에서 극놀이하는 모습

④ 집단 토의

교사는 첫째 유아들이 흥미롭거나 도전적인 사건에 직면했을 때, 둘째 해결이 어려운 복잡한 문제에 봉착했을 때 토론에 참여할 기회를 제공해야 한다. 토의는 유아들이 상대방의 입장과 관점을 이해할 수 있는 수준이 되었을 때만 가능하다. 그러므로 교사는 유아들의 수준을 고려하여 토론과정의 참여 여부를 결정해야 한다. 교사는 유아들과의 대화를 통하여 이들이 자신의 경험을 묘사하고 자신의 생각, 관심 및 의문 사항들을 체계적으로 정리할 수 있도록 돕는다. 또한 유아들이 서로의 생각을 나누고 상호 주관적인 논쟁까지 허용하는 분위기로 이끈다.

유아들과 곤충 전시 방법에 대해 토의하기

⑤ 현장 활동

현장 활동은 대부분의 프로젝트에서 중요한 역할을 담당한다. 프로젝트의 실제 상황에서 유아들의 현장 경험은 전통적으로 해 오던 단순한 현장 견학과는 그 내용이 다르다. 프로젝트 활동에서는 현장 활동 이전에 이미 해당 주제에 관하여 조사를 실시한다(1단계). 따라서 유아들이 현장학습을 가는 목적이 분명하다. 현장학습에

곤충에 대해서 조사하기 위해 '자연사 박물관' 견학하기

서는 유아들이 알고자 하는 부분을 충분히 알아내고 활동 결과를 정리 및 보강할 수 있도록 한다. 그리고 프로젝트의 진전을 위해 교실에 돌아와서 해야 할 중요한 일을 계획한다(2단계).

⑥ 표 현

유아들은 토의 주제와 관련된 개인적 지식을 정리하고, 각자의 지식과 견해의 차이점에 대해 논의한다. 그리고 앞으로 조사해야 할 질문 사항을 작성한다. 유아들의 표현은 언어적인 표현 이외에도 다양한 방법이 있으므로, 교사는 유아들이 다양한 표현을 할 수 있도록 배려해야 한다. 유아들은 그림 그리기, 글쓰기, 수학적 기호 사용하기, 연극 등 다양한 표현을 통하여 점점 기초적 지식체계를 습득한다. 유아들은 이처럼 다양한 표현기법을 사용하여 자신의 사고를 재조직하여 해석 · 정리할 수 있게 된다.

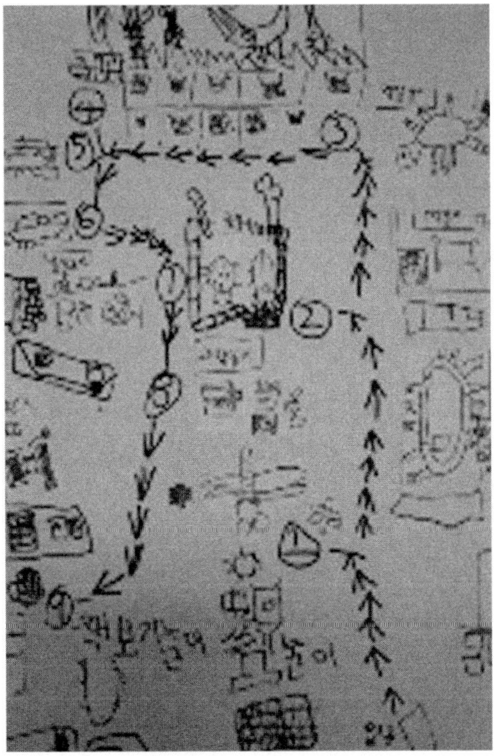

그림과 기호를 활용한 유아들의 지도 표현 모습

⑦ 전 시

유아들의 활동에 관한 내용을 벽면이나 게시판에 전시함으로써 다른 친구들과 함께 각각의 활동이나 아이디어 자원을 상호 공유할 수 있다. 또한 토의와 전시 방법을 사용하여 교사는 유아들의 연구 진행 정도를 파악할 수 있다. 유아들과 교사는 전시를 함으로써 외부로부터 온 손님들에게 프로젝트에서 이루어진 연구에 대해 이야기할 수 있는 기회를 갖는다.

유아들이 구성한 곤충 결과물을 전시한 교실 전경

3) 프로젝트의 수업 방법

프로젝트가 선정된 뒤 전개과정에는 학급 구성원들의 다양한 성향(유아의 발달단계, 집단 구성, 남녀 비율, 부모의 다양한 직업, 담임교사의 관심 등), 유치원의 특별한 사건, 그해의 유치원 행사 등이 영향을 미친다. 특히 유아의 흥미, 유아들의 새로운 발견, 교사의 계획적인 개입, 부모의 지원 및 참여, 우연한 사건들이 전개 방향을 결정짓는 중요한 요인으로 작용한다.

프로젝트를 진행하는 과정은 유치원의 철학에 따라, 한 학급의 수업을 프로젝트로 진행하는 경우, 특별한 시간에만 진행하는 경우, 진행하고 있는 교육과정과 병행하는 경우 등이 있다. 교육과정을 상호 보완적으로 진행할 경우 주제 중심의 통합 교육과정이 이루어지면서 프로젝트는 계획적이거나 또는 우연하게 함께 진행된다(명지전문대학 부속 명지유치원 편, 2004). 김혜선(1996)의 연구에 의하면 유치원 교육과정에 프로젝트 접근을 함께 적용하는 경우를, 생활 주제의 하위 주제를 프로젝트로 선정하여 진행하는 경우, 한 흥미 영역의 활동이 심화되어 프로젝트로 진행하는 경우, 생활 주제와 관련 없이 프로젝트를 수업과 병행하는 경우로 구분하였다.

(1) 생활 주제의 하위 주제 및 소주제를 프로젝트로 진행하는 경우

교사가 기존의 교육과정에서 다루었던 하위 주제를 프로젝트의 전개 가능성 여부를 판단하여 진행한다(〈표 2-3〉 참조).

표 2-3 생활 주제의 하위 주제를 프로젝트로 진행한 경우(예)

생활 주제	하위 주제(프로젝트)	진행 기간
봄	봄의 식물(우리 주변의 들풀과 친해지기)	4주간
나와 가족	집에서 쓰는 물건(편리한 물건! 별난 물건!)	4주간
여름	여름 벌레(내가 알고 싶은 곤충)	7주간
우리나라	전통놀이(짚으로 생활에 필요한 물건을 만들자)	6주간
가을	가을의 변화/가을 열매(자연물로 놀잇감을 만들자)	5주간

(2) 한 흥미 영역의 활동이 심화되어 프로젝트로 진행하는 경우

몇몇 유아들에 의해 작은 프로젝트로 시작된 뒤 점차 많은 유아들로 흥미가 확대되면서 며칠간의 짧은 생활 주제로 선정하여 진행한다. 사례로 생활 주제 '나와 가족'이 진행되면서 집에서 사용하던 물건 중 자전거를 개조하면서 시작된 '편리한 물건! 별난 물건!'의 프로젝트로 진행되어 4주간의 생활 주제로 진행된 활동 내용을 〈표 2-4〉에 소개하였다.

표 2-4 생활 주제와 프로젝트 '편리한 물건! 별난 물건!'의 활동(예)

월	일	요일	생활 주제	소주제	흥미 영역에서의 활동과 프로젝트 활동
6	4	월	나와 가족	우리 집에서 사용하는 물건 I	• 조형 - 자전거 개조하기(더 편리한 자전거 만들기)
6	5	화			• 조형: 편리한 자전거에 필요한 소품 만들기 - 개조한 자전거의 문제점 보완하기 - 자전거 시승하여 개조한 자전거의 성능 실험하기
6	6	수		현충일 (휴원)	
6	7	목		견학 - 별난 박물관	• 별난 박물관 작품 관람하기
6	8	금		우리 집에서 사용하는 물건 II - 더 편리한 물건	• 이야기 나누기 - 별난 박물관 견학 회상하기
6	11	월			• 과학 및 토의 - 우리 집의 물건들 중 편리하게 변화된 물건 알아보기 및 비교 · 관찰하기
6	12	화			• 토의 - 더 편리한 물건 아이디어 모으기
6	13	수			• 조형 - 더 편리한 물건 설계하기
6	14	목			• 조형 - 친구들과 함께 편리한 물건 만들기 - 필요한 재료 찾기 - 설계도에 따라 물건 제작하기 • 이야기 나누기 - 우리가 설계한 편리한 물건 소개하기

월	일	요일	주제	소주제	활동
6	14	목			• 조형 - 우리가 만든 물건 보수하기 - 보완할 부분 찾기 - 부족한 부분 보완하기
6	15	금			
6	18	월		우리 집에서 사용하는 물건 III - 우리가 생각한 편리한 물건! 별난 물건!	• 토의 - 발명대회 출품작 의논하기 • 조형 - 발명대회에 출품할 물건의 설계도 그리기
6	19	화			• 토의 - 발명품 전시 방법 의논하기
6	20	수	편리한 물건! 별난 물건!	초대 준비	• 토의 - 초대 준비 • 조형 - 포스터 만들기 초대장 만들기 • 전시 장소 꾸미기
6	21	목		초대의 날 I - 부모님	• 부모님 초대하기 - 별난 박물관에 초대합니다
6	22	금		초대의 날 II - 다른 반 동생들	• 동생들에게 박물관 안내하기 • 이야기 나누기 - 부모님을 초대하고 나서
6	25	월		우리가 만든 편리한 물건! 별난 물건!	• 토의 - 발명교실 선생님께 물어볼 내용 의논하기
6	26	화			• 견학 - 발명교실: 여러 가지 발명품 관람하기 - 발명교실 선생님과 인터뷰하기
6	27	수			
6	28	목		발명대회 출품	• 조형 - 발명품 출품작 안내자료 만들기
6	29	금			• 컴퓨터 - 인터넷으로 발명대회 접수하기 • 별난 박물관 정리하기

(3) 생활 주제와 관련 없이 프로젝트를 수업과 병행하는 경우

이 경우도 한 홍미 영역에서 유아들의 홍미로부터 시작된다. 이때 프로젝트는 진행되고 있는 생활 주제와 관련없이 병행되며 또 다른 프로젝트와 함께 진행될 수도 있다. '우리들의 쉼터를 만들자' 가 생활 주제 '가을' 이 진행되는 4주 동안 계속 병행하여 이루어진 예를 〈표 2-5〉에 소개하였다.

표 2-5 생활 주제와 프로젝트 '우리들의 쉼터를 만들자' 의 전개

월	일	요일	생활 주제	소주제	프로젝트 활동	영역
10	13~15	월 화 수	가을	가을의 변화 I - 날씨의 변화	• 방학 중 에어컨 공사로 삼각당이 넓어지게 되었음 • 유아들이 집에서 '가을'에 관련된 책을 가져와 친구들에게 읽어 주기 시작함 - 책을 이용하여 도서관 놀이하기 - 도서관 놀이의 문제점 의논하기	독서 영역
10	16	목		가을의 변화 II - 사람들의 생활의 변화	• 책을 읽을 수 있는 넓은 장소 결정하기 - 삼각당에서 돗자리 펴고 책 읽기	
10	17~20	금 월			• 책을 읽을 때 필요한 것들 만들기 - 낡은 책상 리폼하기 - 재활용(페트병) 의자 만들기	조형 영역
10	21	화			• 삼각당에서 책을 보며 쉴 때의 좋은 점 이야기 나누기	
10	22	수			• 우리 주변에 쉴 수 있는 다양한 공간 조사하기 및 견학하기(공원, 약수터, 청계천 등)	동네
10	23	목			• 우리들의 쉼터(삼각당)에 필요한 것 의논하기	
10	24	금		가을의 변화 III - 식물의 변화	• 쉼터(삼각당)를 꾸미기 위한 재료 찾기 - 우리 주변에 사용하지 않는 재활용품 찾기	동네
10	25~26	토 일		나뭇잎의 변화	• '서울 디자인 올림픽 2008' 견학하기 - 부모님과 함께 재활용품 디자인 조사하기	
10	27	월			• 친구들 앞에서 재활용품 디자인에 대해 발표하기	
10	28	화			• 교사와 함께 '생활 속 다양한 디자인' 이야기 나누기	
10	29	수		가을에 거둔 열매	• 재활용품을 이용하여 쉼터에 꾸밀 방법 디자인하기(가을 열매 이용)	조형 영역

10	30～31	목 금		가을에 거둔 열매와 식물을 이용한 작품	• 역할 분담하여 디자인한 것 만들기(바람개비, 의자와 파라솔, 분수대 등)	실외 놀이
11	3～4	월 화		가을에 거둔 열매와 식물을 이용한 놀이	• 어린이들이 만든 쉼터(삼각당)에서 놀이하기 – 책 읽기 – 놀이하기(나뭇잎 놀이, 열매 마라카스)	실외 놀이
11	5	수		우리들의 쉼터에 부모님 초대하기	• 부모님 초대하여 어린이들이 만든 쉼터(삼각당) 소개하기 – 부모님에게 대접할 대추차(가을 열매를 이용한 요리) 만들기 – 부모님과 함께 삼각당 꾸미기	조형 영역 실외 놀이

이와 같이 교사가 계획한 수업은 유아들의 흥미로부터 시작된 여러 프로젝트에 의해 융통성 있게 재조식된다. 교사는 자신이 계획한 교육과정과 프로젝트가 교실에서 어떻게 조화를 이룰 것인지, 교사의 수에 따라 몇 개의 프로젝트를 선택할 것인지, 다음 날의 활동을 계획하는 과정에서 교사가 준비한 활동과 더불어 프로젝트는 어떻게 진행할 것인지, 준비해야 할 것은 무엇인지 등을 함께 계획한다. 이를 위해 교사가 일주일 전에 계획한 주 교육계획안 이외에도 프로젝트가 진행되는 과정을 기록하는 일은 프로젝트 접근법에서뿐 아니라 유아교육 과정을 운영하는 데 있어서 기본 역할이다. 또한 교사가 수업에 참여하는 유아들의 흥미와 발달 수준을 파악함으로써 다음 날의 수업을 계획하는 데 도움을 받고 유아의 발달과정을 파악할 수 있도록 한다. 이 모든 활동의 기록에서 교사는 교육적인 의미를 찾고 보다 충실한 교육 내용과 질을 높이기 위해 전문적인 역할을 담당한다.

프로젝트는 작게는 유아 혼자서, 많게는 학급 전체가 참여하게 된다. 교사는 이 모든 프로젝트를 존중하고 진행과정에 프로젝트의 핵심 활동이 포함될 수 있도록 배려해야 하며, 일 년 동안의 수업에서 학급의 모든 유아들을 2～3개 이상의 프로젝트에 참여시키는 것도 잊지 말아야 한다. 또한 생활 주제로 계획된 수업과 더불어 진행되는 프로젝트는 부모에게도 가정통신문을 통해 그 과정을 수업계획안과 함께 소개하여 교육적 의미를 설명한다.

3. 프로젝트 스펙트럼

다중지능이론에 기초한 평가는 종래의 평가와 비교할 때 몇 가지 차이점이 있다. 첫째, 문제해결을 위해 풍부한 자료와 도구를 사용하거나 면접을 실시한다. 둘째, 검사의 결과가 종래의 단순한 숫자를 전 집단에 비교하여 순위를 매기는 방법이 아니라 개인이 소유한 지적 소유물에 관한 전체적인 평가로서 장점과 단점을 비교하면서 앞으로의 학습에 관한 선택을 제안한다. 셋째, 학부모와 교사뿐만 아니라 유아에게 집이나 학교 또는 지역사회에서 할 수 있는 적절한 활동의 기회를 주고, 그 수행 능력을 평가한다. 이러한 정보가 주어지면 유아들은 자신의 단점을 보완하고 장점을 강화하여 학습 혹은 취미를 만족스럽게 수행할 수 있다. 지능을 평가하는 데 있어서 가장 중요한 것은 평가하고자 하는 지능을 내포하는 문제해결 능력이나 그와 관련된 창작물을 만들어 내는 능력을 평가해야 한다는 점이다. 그러나 개인이 여러 가지 지능을 가지고 있을 경우에는 어떤 것을 더 선호하는지 파악하는 것이 중요하다. 이를 위해서 유아에게 여러 가지 지능으로 이루어진 자료를 준 후 어떤 것에 가장 흥미를 보이고 깊이 빠져드는지를 관찰하는 방법이 있다. 이러한 다중지능이론에 기초한 평가에는 프로젝트 스펙트럼과 한국적 유아용 수행평가 도구가 있다.

1) 프로젝트 스펙트럼의 의미와 목적

프로젝트 스펙트럼(Project Spectrum, 1989)이란 1984년 이래 미국 하버드 프로젝트 제로(Harvard Project Zero) 연구팀의 가드너(Gardner)와 크레체프스키(Krechevsky), 터프츠 대학의 펠드먼(Feldman)이 9년 동안 3차에 걸쳐 개발한 수행평가 모형으로, 다중지능이론에 기초한 수행평가나 상황에 기초한 교육 활동을 통해 유아 및 초등학교 저학년의 지능을 평가하는 도구다.

프로젝트 스펙트럼의 목적은 유아의 지능 프로파일과 작업 유형을 확인하여 유아가

지닌 인지 능력의 강점과 흥미를 찾아서 개발하는 것이다(Krechevsky, 1994). 평가 방식은 유아에게 특정 형태의 시험을 치르게 하는 것이 아닌 유아가 다양한 영역에 참가할 수 있도록 기회를 제공하는 것으로서, 유아기 발달이론에 기초한 평가와 교육 실제를 보여 주는 데 적합하다고 본다(김명희, 신화식, 주은희, 2001). 즉, 유아의 능력 있는 분야를 판별해 내고 그 분야의 발달을 촉진하는 데 그 목적이 있다. 프로젝트 스펙트럼은 지금까지 중요시하지 않았던 음악, 미술, 신체-운동 등의 능력을 개별 유아의 작업 유형을 통해 평가함으로써 개인의 강점을 찾는 혁신적인 방법이다.

2) 프로젝트 스펙트럼의 특징

프로젝트 스펙트럼은 맥락 속에서 활동을 추진한다. 이것은 유치원 교육과정을 대체하기 위한 방법이 아닌 유아와 교사를 돕는 수단으로, 교사의 교수법과 유아의 학습에 이전과 다른 획기적이고도 중요한 변화를 초래한다. 프로젝트 스펙트럼이 기존의 평가 방식과 구별되는 특징은 다음과 같다. 첫째, 개입 방법에 있어서 적응에 곤란을 겪는 유아의 경우도 적어도 한 분야에서는 능력을 가지고 있다. 둘째, 개입 내용은 오직 학업과 관련된 도움을 주기보다는 다방면에서 배우는 것을 포함한다. 셋째, 기술적 관점에서 프로젝트 스펙트럼은 단지 평가에만 초점을 두기보다는 유아가 능력을 향상할 수 있도록 지원한다(신화식, 주은희, 이경선, 소현아, 2001; Krechevsky & Gardner, 1990; Project Spectrum, 1989). 즉, 유아의 인식 능력이 교육 기회와 내용에 중대한 영향을 받는다(Feldman, 1980; Gardner, 1983)는 관점으로 실생활의 과제를 수행하게 함으로써 다양한 지능 영역을 소개한다.

또한 다양한 지능 영역에서 유아의 강점과 흥미 영역을 지원하고 구체화할 수 있도록 체계적으로 구성되어 있다. 그 방법으로 형식적인 평가와 비형식적인 관찰법을 함께 적용한다. 유아에게 하나 혹은 여러 지능 영역에 내재되어 있던 잠재력을 발견하고 그 지능 영역에 대한 지속적인 향상을 도모하여 강점 영역을 확장하고 발달시킬 수 있는 활동을 제시함으로써 유아의 강점을 길러 준다. 그리고 유아의 강점 영역과 다른 지능 영역의 교량(bridging) 역할을 하여 유아가 강점 영역에서 겪은 성공 경험이 새로운 다른 지능 영역에 도전할 수 있는 힘이 되도록 용기를 불어넣는다. 이러한 특별한 학습 방법은 유아가 새롭게 도전하는 영역에 몰두할 수 있는 매개 역할을 하기도 한다(김명희, 신화식, 2001; Chen, Isberg, & Krechevsky, 1999). 예를 들어, 특별한 리듬감이 있어 음악지능이 높은 유아는 음악을 통해 언어지능을 강화하는 교량 전략을 사용한다. 그 결과 하나의 지능 영역에서 강점을 보일 뿐 아니라 다른 영역의 지능까지도 동반 상승하는 효과를 얻을 수 있다.

3) 프로젝트 스펙트럼의 개발과 효과

가드너와 크레체프스키, 펠드먼이 공동 개발한 프로젝트 스펙트럼의 제1차 개발은 1984년부터 1988년까지 20명의 유아를 대상으로 진행되었으며, 그 목적은 유아용 인지 능력 평가도구의 개발이었다. 7개의 지능 영역별로 창의적인 움직임, 이야기하기, 가설 검증, 조합, 계산과 분석, 수와 기초적 논리, 사회적 분석, 그리기, 노래하기, 음악 지각 등의 10개 활동과 스탠퍼드-비네(Stanford-Binet) 지능검사로 유아를 평가하였다. 제2차 개발은 1988년부터 1989년까지 유아 8명과 초등학교 1학년생 7명을 대상으로 이루어졌으며, 학습에 어려움을 겪는 유아의 인지 능력에서 상대적인 강점을 찾으려는 목적에서 실행되었다. 여기서는 언어지능 영역, 논리-수학지능 영역, 동작지능 영역, 미술지능 영역, 음악지능 영역, 기계 영역, 사회적 분석 영역 등 7개 활동을 평가하였다. 제3차 개발은 1990년부터 1992년까지 초등학교 1학년생을 대상으로 어려움을 겪는 유아의 강점을 찾고 개발함으로써 학습 수행 능력이 향상될 수 있는지에 초점을 두었다. 개발된 지능 영역별 프로젝트 스펙트럼 활동을 정리하면 〈표 2-6〉과 같다.

프로젝트 스펙트럼의 효과를 과학적 측면에서 살펴보면, 유아 초기의 개인차에 대한 신뢰성 있는 측정이 가능하다는 점과 유아의 능력에 대한 조기 발견의 예언적 가치를 통해 조기교육에 공헌하였다는 점이다. 또한 실용적 측면에서 보면, 부모와 교사가 유아의 융통성 있고 신축성 있는 인지 능력에 대한 정보 획득이 가능하다는 점이다(Gardner, 1993). 프로젝트 스펙트럼을 적용한 후에는 이와 같이 그 효과를 과학적 측면과 실용적

표 2-6 지능 영역별 프로젝트 스펙트럼 활동

지 능	스펙트럼 활동	수행평가 도구(개수)
신체-운동	• 창의적인 움직임 활동 춤과 움직임에 관한 활동(리듬에 대한 민감성, 표현력, 신체 제어, 동작 아이디어 생성, 음악에 대한 반응성 등 평가) • 장애물 훈련 활동 멀리뛰기, 평행봉, 장애물 넘기, 허들 뛰기 등의 활동(협동심, 시간 조절, 균형 잡기 등의 운동 기술 평가)	2
언 어	• 이야기판 활동 이야기판을 통하여 이야기를 자유롭게 지어내는 활동(이야기 구조의 성질, 이야기의 일치성, 이야기체 목소리의 사용, 대화 사용, 시제 사용, 효과적 표현, 어휘 수준, 문장 구조 활용 평가) • 리포터 활동 영화 소개, 뉴스 진행 등의 말하기 활동(이야기 구조의 성질, 어휘 선택 및 문장 구조, 이야기의 일치성, 표현력 등의 말하기 기술 평가)	2
논리-수학	• 공룡게임 활동 작은 공룡들이 큰 공룡의 입속에 들어가지 않게 하기 위한 주사위 게임(움직임의 방향, 수 세기, 주사위 선택, 동작 선택, 수 세기 기술, 개념 이해, 규칙 준수, 게임진략 이해 능력 평가) • 버스게임 활동 버스 카드판과 버스 정류장, 버스를 타고 내리는 사람들을 통하여 정류장의 수를 정하고, 버스 승객의 인원을 기억하는 활동(기수법 만들기와 암산 능력 평가)	2
자연친화	• 발견하기 활동 동물을 기르거나 식물을 돌보는 것, 다양한 자연물을 고찰하고 관찰하는 활동(자연현상 관찰하기, 자연현상 이해하기, 분류하기, 정보를 알아내고 기록하기 등의 평가) • 보물찾기게임 활동 보물의 위치 선정 방법 이해 및 예견 활동(암호 풀기, 파란색의 의미, 말로 규칙 표현하기, 분류 상자의 적절한 활용 등의 평가) • 물에 뜨는 것과 가라앉는 것 활동 물에 뜨는 것과 가라앉는 것을 예측하고 분류하는 활동(예측하기, 실험하기, 관찰하기 등의 평가) • 조립하기 활동 두 개의 음식 분쇄기를 분해하고 조립하는 활동(관찰하기, 문제 해결하기, 운동 기술 활용하기, 공간 이해 및 구성하기 등의 평가)	4
자기이해 · 대인관계	• 모형 교실 활동 자신이 속한 교실에서의 경험과 사건을 분석하고 이해하는 유아의 능력을 평가하는 활동(자기 자신에 대한 이해, 다른 사람에 대한 이해, 사회적 역할 이해 평가) • 또래 상호작용 체크리스트 교사가 체크리스트를 통하여 유아를 평가하는 활동(또래집단에서 차지하는 유아의 위치 평가)	2
공 간	• 포트폴리오 활동 일 년 동안의 각자 미술작업 파일 모으기 활동(표현 수준, 탐구 수준, 예술 수준 등 평가) • 그리기 활동 세 가지 그리기 활동과 3차원적 조형물 만들기 활동(표현 수준, 탐구 수준, 예술 수준 등 평가)	2
음 악	• 노래 부르기 활동 자신이 좋아하는 노래와 수업시간에 배운 노래를 부르는 활동(리듬, 음률의 고저 등 2개 하위 영역) • 음악 인식하기 활동 세 가지의 비슷한 선율을 듣고 그것을 구별하는 활동(몬테소리 음감벨을 활용하여 올바른 선율과 올바르지 않은 선율을 구분하여 평가)	2
계		16

측면으로 분류하여 정확히 파악하는 것이 후속 연구의 촉진에도 도움이 된다.

4) 한국적 유아용 수행평가 도구

(1) 한국적 유아용 수행평가 도구의 의미와 목적

한국적 유아용 수행평가 도구(Korean Project Spectrum: KPS)는 프로젝트 스펙트럼에 포함되는 동작지능 영역, 언어지능 영역, 수학지능 영역, 과학지능 영역, 사회지능 영역, 미술지능 영역, 음악지능 영역 등 일곱 가지 지능 영역의 15개 활동 중에서 연구 기간 동안의 교육 활동과 연계하여 평가할 수 있는 것으로 우리나라 상황에 맞게 수정 · 보완 · 개발한 평가도구다. 이 평가도구는 12개 평가 활동으로 구성되어 있으며, 1999년 11월에서 2000년 10월까지 약 11개월간에 걸쳐 연구 · 개발되었다.

KPS의 목적은 유아 인지 능력의 강점과 흥미를 찾아내어 개발하고자 하는 프로젝트 스펙트럼을 우리나라 실정에 맞게 수정 · 보완하여 다중지능이론에 기초한 수행평가 도구를 개발 · 적용하는 것이다. 따라서 평가 방식이 프로젝트 스펙트럼과 유사하고, 유아를 표준화되고 객관화된 검사에 따라 등급화하기보다 유아의 활동을 다양한 영역에서 평가하는 수행평가 방식이다. 즉, 상황에 기초한 교육 활동을 통해 유아를 평가한다.

(2) 한국적 유아용 수행평가 도구의 개발과정

김명희, 신화식, 주은희(2001)와 신화식, 주은희, 이경선, 소현아(2001)는 우리나라 상황에 맞는 프로젝트 스펙트럼의 교수-학습 평가도구를 개발하기 위하여 프로젝트 스펙트럼을 수정 · 보완하면서 3차에 걸쳐 현장에 적용하였다. 영역별로 실시한 활동의 개발과정은 다음과 같다.

신체-운동지능에 대해 기존의 프로젝트 스펙트럼에서는 특별한 활동 방안이 따로 없었다. 그리하여 KPS에서는 유치원의 교육 계획안에 따라 다른 영역의 활동과 통합된 평가 루브릭을 개발하였다. 평가 루브릭으로 선정된 활동은 팝콘 활동, 동물 표현 활동, 스카프 춤추기 활동으로 전문가에 의해 개발되었다.

언어지능에서는 이야기판 활동을 실시하였다. 이는 기존의 이야기판 활동을 기초로 국어 전문가를 통해 수정 · 보완하였다. 우리나라 상황에 맞도록 기존의 이야기판보다 사람 · 동물 모형을 더 많이 추가하여 유아에게 제시하였는데, 제시문에는 유아의 이름과 구성물의 배경 등을 변경하여 우리나라 상황에 적합하도록 하였다. 그 후 김명희, 김태경, 신화식, 장경희, 전은진(2008)은 언어지능으로 유아의 표현언어 평가척도를 개발하였다.

논리-수학지능에서는 프로젝트 스펙트럼의 공룡게임을 거북게임으로 변용 · 개발하여 사용하였다. 1차 적용 시 엄마 공룡이 아기 공룡을 잡아먹는다는 게임 내용이 유아에게 두려움을 조장하여 2차 적용 시에는 유치원에서 키우고 있는 거북에서 착안하여 아기 거북이 엄마 거북의 머리 위에 올라탄다는 내용으로 실시해 보았다. 그 결과 유아는 거북이 등장한다는 것과 아기 거북이 엄마 거북의 머리 위에 올라탄다는 것을 즐거워하며 게임에 참여하였다. 이에 따라 거북게임으로 변용하기로 하였으며 공룡게임에서 + 방향을 오른쪽에서 왼쪽으로 진행하는 것이 우리나라 정서에 맞지 않는다는 판단으로 왼쪽에서 오른쪽으로 진행 방향을 수정하였다.

자연친화지능에서는 프로젝트 스펙트럼의 보물찾기게임을 개미찾기게임으로 개발하여 사용하였다. 게임의 내용은 기본적으로 그대로 사용하되 보물 대신 개미로 대치하여 땅속에서 개미를 찾는 내용으로 변용하였다. 그 후 신화식(2005b)은 자연친화지능의 한국적 수행평가 도구로 동물 · 식물 · 광물 분류판 활동을 추가 개발하였다. 또한 신화식, 양옥승, 김명희(2009)는 자연친화지능 평가도구로 자연물 탐구하기와 뜨고 가라앉기 활동을 개발하였다.

공간지능에서는 프로젝트 스펙트럼의 두 가지 활동 범주를 포함하는 미술 포트폴리오 중 그리기 활동인 동물 그리기, 인물 그리기, 상상의 동물 그리기 활동을 실시하였다. 1 · 2차 적용 결과 조형 활동은 본 루브릭의 평가에서 제외하기로 하였고, 후에 미술 전문가에게 도움을 받아 루브릭을 좀 더 보완하여 조형 활동을 평가하였다.

음악지능에서는 프로젝트 스펙트럼의 노래 부르기 활동을 전문가가 평가 루브릭 수정과정을 거쳐 실시하였다.

이렇게 개발된 프로그램을 3차의 적용과정을 통해 수정 · 보완하여 최종적으로 한국적 유아용 수행평가 도구를 개발하였으며 우리나라에서의 프로젝트 스펙트럼의 적용 가능성 또한 확인하였다.

(3) 한국적 유아용 수행평가 도구의 구성

프로젝트 스펙트럼을 우리나라 유치원에 실제 적용하여 실행할 수 있도록 언어지능, 논리-수학지능, 신체-운동지능, 공간지능, 음악지능, 대인관계지능, 자기이해지능, 자연친화지능의 여덟 가지 지능 영역으로 구분한 활동과 그에 따른 평가 루브

표 2-7 지능 영역별 하위 놀이 활동

지 능	센 터	하위 영역	수행평가 도구(개수)
신체-운동	동 작	• 창의적인 움직임 활동 팝콘, 동물 표현, 스카프 춤추기 활동(리듬에 대한 민감성, 표현력, 신체 제어, 동작 아이디어 생성, 음악에 대한 반응성 등 5개 하위 영역)	1
언 어	언 어	• 이야기판 활동 이야기 구조의 성질, 이야기의 일치성, 이야기체 목소리의 사용, 대화 사용, 시제 사용, 효과적 표현, 어휘 수준, 문장 구조 등 8개 하위 영역 • 표현언어 평가척도 발음의 정확성, 발음의 유창성, 문장의 구조와 길이 등 11개 하위 영역	2
논리-수학	수 학	• 거북게임 활동 움직임의 방향, 수 세기, 주사위의 선택, 동작의 선택, 수 주사위의 선택 등 5개 하위 영역	1
자연친화	과 학	• 개미찾기게임 활동 암호 풀기, 파란색의 의미, 말로 규칙 표현하기, 분류 상자의 적절한 이동 등 4개 하위 영역 • 동물·식물·광물 분류판 활동 자연에 대한 이해 수준, 분류의 정확성, 명칭의 사용 등 3개 하위 영역 • 자연물 탐구하기 활동 정밀 관찰, 상관관계 확인, 가설 정립 등 6개 하위 영역 • 뜨고 가라앉기 활동 예측, 분류, 자유실험 등 4개 하위 영역	4
자기이해·대인관계	사 회	• 모형 교실 활동 자기 자신에 대한 이해, 다른 사람에 대한 이해, 사회적 역할 이해 등 3개 하위 영역 • 또래 상호작용 체크리스트 또래집단에서 차지하는 유아의 위치 평가	2
공 간	미 술	• 동물 그리기, 인물 그리기, 상상의 동물 그리기 활동 표현 수준, 탐구 수준, 예술 수준 등 3개 하위 영역	3
음 악	음 악	• 노래 부르기 활동 리듬, 음률의 고저 등 2개 하위 영역	1
계			14

릭을 제시하였다(김명희, 신화식, 2001). 이는 한국적 유아용 수행평가 도구로서 여덟 가지 지능 영역을 바탕으로 하여 7개 평가 루브릭으로 개발되었으며, 이것을 사용하여 각 지능 영역의 수행평가가 이루어진다. 지능 영역별 하위 놀이 활동을 정리하면 〈표 2-7〉과 같다.

한국적 유아용 수행평가 도구의 실제는 이 책의 실제편에서 소개하도록 한다. 유아 평가는 유아의 전인적인 성장과 발달을 돕는다는 교육 목표를 가진다. 유아교육의 질적 발달을 위해 유아의 발달 상황을 분석하고, 기록하며, 보고하는 것이 유아를 위한 프로그램 개발에 가장 중요하다. 특히 다중지능이론에 기초한 교육과정이 운영되기 때문에 평가 영역은 더욱 중요한 의미를 갖는다. 따라서 다중지능이론에 기초한 수행평가와 질문지 외에도 부모와 교사를 대상으로 하여 유아의 다양한 지능을 알아보는 유아 다중지능 질문지와 작업 유형 등의 지속적인 평가를 통해 유아 평가를 실시한다.

5) 한국적 유아 다중지능 질문지

MAIDAS는 가드너의 다중지능이론에 기초하여 유아의 다양한 흥미를 알아보기 위해 쉬어러(Shearer, 2000)가 제작한 설문지를 우리나라 상황에 맞게 수정 · 보완하여 적용한 한국적 유아 다중지능 질문지(MIDAS-MYC, 신화식, 양옥승, 이경옥, 황혜경, 김승옥, 2004)로 학기 초에 가정으로 발송된다. 회수된 설문 내용은 수행평가 결과와 함께 유아의 지능 프로파일과 작업 유형을 확인하는 데 도움이 된다.

한국적 다중지능 설문지는 총 93문항이며 다중지능의 여덟 가지 영역(언어지능, 논리 수학지능, 자기이해지능, 대인관계지능, 신체-운동지능, 음악지능, 공간 지능, 자연친화지능)을 골고루 평가할 수 있도록 문항이 배분되어 있다. 영역별 평가 문항 수는 음악지능이 11문항, 신체-운동지능이 10문항, 논리-수학지능이 10문항, 언어지능이 13문항, 대인관계지능이 13문항, 자기이해지능이 14문항, 자연친화지능이 13문항이다. 그 내용은 유아의 관찰된 행동에 대해 '전혀 그렇지 않다', '거의 그렇지 않다', '그저 그렇다', '대부분 그렇다', '매우 그렇다'의 척도로 구분되어 있다(〈표 2-8〉 참조).

표 2-8 부모용 유아 다중지능 설문지

부모용 유아 다중지능 설문지

안녕하십니까?
본 설문지는 하워드 가드너(Howard Gardner)의 다중지능이론에 기초하여 유아의 다양한 흥미를 알아보기 위한 것입니다. 여러 가지로 바쁘시겠지만 성심 성의껏 작성해 주시면 감사하겠습니다. 본 설문지는 10~15분가량 소요되며 맞거나 틀린 답이 없으므로 편안한 마음으로 사실 그대로 응답해 주시기 바랍니다. 귀중한 시간을 내주셔서 감사합니다.

○○○

---

*응답 요령

- 모든 문항에 빠짐없이 응답해 주시기 바랍니다. 한 문항이라도 빠지면 귀중한 시간을 내시어 응답하신 자료를 사용할 수 없기 때문입니다.
- 각 문장을 잘 읽고 그 보기 내용이 자녀에 대한 설명으로 알맞다고 생각되면 해당란에 표해 주시기 바랍니다.
- 자녀의 아버지와 어머니 각각의 응답이 필요하므로 서로 의논 없이 응답해 주시기 바랍니다.
- 두 가지 이상을 묻는 질문에서는 한 가지만 해당되어도 그에 따라 답하시면 됩니다.
  예) 14. 무용, 수영, 스케이트 등을 하고 싶어 합니까?

위의 질문에서 무용만 하고 싶어 해도 [매우 그렇다] 에 ✓ 표시를 해 주시기 바랍니다.

- 작성하신 설문지는 자녀를 통해 ○○○로 보내 주시면 감사하겠습니다.

★ 질문지 작성에 앞서 다음 사항에 응답해 주시기 바랍니다.

• 반: ____________
• 생년월일: ______ 년 _____ 월 _____ 일
• 유아 이름: __________ (남, 여)
• 자녀와의 관계(○로 표시): (부, 모)
• 부모의 학력: 부________ 모________
• 부모의 직업: 부________ 모________
• 형제관계: ______ 남 ______ 녀 ______ 째
• 동거 가족 수: _________ 명

	전혀 그렇지 않다	거의 그렇지 않다	그저 그렇다	대부분 그렇다	매우 그렇다
1. 악기나 음을 만들어 내는 사물(병, 프라이팬 등)을 사용합니까?					
2. 노래를 잘 부릅니까?					
3. 주변 사람으로부터 자녀가 음악적 재능이 있다는 말을 들은 적이 있습니까?					
4. 혼자서 손뼉을 치거나 발 구르기, 콧노래, 노래 부르기를 자주 합니까?					
5. 놀면서 재미 삼아 노랫가락을 만듭니까?					
6. 손뼉을 치거나 발을 구를 때 박자를 잘 맞출 수 있습니까?					
7. 음악 활동(예: 노래 부르기, 음악 감상)을 즐깁니까?					
8. 음악 레슨을 받거나 악기 연주하는 것을 즐깁니까?					
9. 음악에 맞춰 손뼉을 치거나 몸을 움직이는 것을 좋아합니까?					
10. 테이프, 라디오, 텔레비전 등에서 나오는 음악이나 사람을 따라 노래 부르기를 잘합니까?					
11. 악기 연주를 할 수 있습니까?					
12. 한 발로 뛰기, 두 발 모아 뛰기, 말처럼 뛰기 등을 잘할 수 있습니까?					
13. 구르기나 밧줄 잡고 오르기를 잘합니까?					
14. 무용, 수영, 스케이트 등을 하고 싶어 합니까?					

	전혀 그렇지 않다	거의 그렇지 않다	그저 그렇다	대부분 그렇다	매우 그렇다
15. 블록놀이, 구슬 끼우기, 신발끈 매기 등 작은 사물을 조작할 수 있습니까?					
16. 가위질, 단추 끼우기, 똑딱단추 채우기 등을 잘합니까?					
17. 탤런트, 친구, 교사처럼 흉내를 내기 위해 얼굴이나 몸을 사용합니까?					
18. 박자에 맞춰 춤을 추거나 율동을 잘합니까?					
19. 한 발로 서 있거나 구부러진 길을 걸을 때 균형을 잘 잡을 수 있습니까?					
20. 운동이나 신체 활동(예: 미끄럼 타기, 그네 타기, 계단 오르기)을 잘합니까?					
21. 새로운 춤이나 축구, 응원, 자전거 타기 등 일상적인 놀이를 해 본 적이 있습니까?					
22. 숫자와 수 세기를 쉽게 배웁니까?					
23. 뺄셈을 할 수 있습니까?					
24. 수 세기와 같은 기본적인 수학을 할 때 집중해서 할 수 있습니까?					
25. 사물의 길이나 무게를 재는 활동이나 실험 등 과학 활동에 잘 참여합니까?					
26. 논리적 사고나 사물의 유사점/차이점 구분을 잘합니까?					
27. 사물이 '왜', '어떻게' 작동하는지에 대해 관심을 갖고 이해하려고 노력합니까?					
28. 공룡, 동물 종류, 캐릭터 등에 대해 알고 싶어 하고 수집하려고 합니까?					
29. 어떤 것을 조직하고 분류할 수 있습니까?					

	전혀 그렇지 않다	거의 그렇지 않다	그저 그렇다	대부분 그렇다	매우 그렇다
30. 피자, 과자, 사탕 등을 똑같이 나눌 수 있습니까?					
31. 그림, 포스터 또는 색칠을 해서 방을 장식하기 좋아합니까?					
32. 종이나 사물에 그림을 그려서 장식한 적이 있습니까?					
33. 자르고 붙이기, 만들기, 종이접기 등과 같은 만들기 활동을 자주 합니까?					
34. 장난감(레고 블록, 모형, 소꿉놀이 세트 등)을 조립하고 분해하는 활동을 잘합니까?					
35. 그리기나 만들기를 할 때, 디자인을 직접 창안합니까?					
36. 그림을 그리거나 색칠하기 등을 좋아하고 주의 깊게 합니까?					
37. 상상이나 공상을 자주 합니까?					
38. 구슬, 공기놀이, 잡기놀이와 같은 게임에 참여합니까?					
39. 책에서 본 그림이나 사진을 만들고 싶어 합니까?					
40. 만들기를 잘합니까?					
41. 새로운 글자를 배울 때, 쉽게 배웁니까?					
42. 운율이 있는 말이나 동시, 노래를 잘 기억합니까?					
43. 자신이 좋아하는 영화, 책, TV 프로그램에 대해 이야기합니까?					
44. 글자의 소리를 구별하고 글자에 맞는 소리를 낼 수 있습니까?(예: 밤과 반이 다름)					

	전혀 그렇지 않다	거의 그렇지 않다	그저 그렇다	대부분 그렇다	매우 그렇다
45. 이야기나 운율이 있는 문장, 노랫말을 자주 만듭니까?					
46. 다른 사람에게 자신이 원하는 것을 말할 수 있습니까?					
47. 어른들의 언어적 지시를 잘 이해합니까?					
48. 어휘가 풍부하고 새로운 단어를 빨리 배웁니까?					
49. 형, 언니, 어른들이 사용하는 어려운 단어에 관심을 갖고 사용하려고 시도합니까?					
50. 쓰기에 관심을 보입니까?					
51. 다른 사람의 말을 받아 적거나 편지 쓰기를 잘할 수 있습니까?					
52. 자신이 생각하고 느끼는 것을 표현하기 위해 단어를 쉽게 찾을 수 있습니까?					
53. 짧은 동화나 시를 창작해 본 적이 있습니까?					
54. 다른 사람에게 도움을 주려고 한 적이 있습니까?					
55. 다른 친구들이 말싸움을 할 때, 해결하는 데 도움을 줍니까?					
56. 친구들과 놀 때, 놀이를 주도한 적이 있습니까?					
57. 또래들과 같이 놀거나 친한 친구를 사귑니까?					
58. 다른 친구나 어른들의 기분을 잘 이해합니까?					
59. 친구나 형제와 문제가 생기면 다투지 않고 잘 해결합니까?					
60. 새 친구를 잘 사귑니까?					

	전혀 그렇지 않다	거의 그렇지 않다	그저 그렇다	대부분 그렇다	매우 그렇다
61. 자신이 하고 싶은 일을 하기 위해 다른 사람의 도움을 받습니까?					
62. 또래집단과 잘 어울리거나 차례 지키기를 잘합니까?					
63. 친구가 새로운 것을 배우거나 문제를 풀 때 자발적으로 도와준 적이 있습니까?					
64. 다른 사람의 기대를 잘 이해합니까?					
65. 다른 사람에게 어떻게 행동하거나 말해야 하는지 압니까?					
66. 다른 사람의 기분을 쉽게 알아차립니까?					
67. 도전적인 활동을 신뢰합니까?					
68. 자신의 기분이나 감정을 잘 조절할 수 있습니까?					
69. 놀이하던 것을 바꾸거나 하고자 하는 놀이를 쉽게 시작합니까?					
70. 다른 사람이 실수를 지적하기 전에 스스로 실수를 고칩니까?					
71. 나이에 비해 관심이 있거나 좋아하는 것에 대해 집중을 잘합니까?					
72. 혼자서도 자기 일을 잘합니까?					
73. 하던 것을 끝까지 하는 편입니까?					
74. 크면 무엇을 하고 싶은지 말한 적이 있습니까?					
75. 무엇을 할 때 쉽게 결정을 내릴 수 있습니까?					
76. 기분이 상해 있을 때 스스로를 격려하는 방법을 찾을 수 있습니까?					
77. 스스로 결정을 하거나 계획을 세울 수 있습니까?					

	전혀 그렇지 않다	거의 그렇지 않다	그저 그렇다	대부분 그렇다	매우 그렇다
78. 혼자서도 바쁘고, 행복하고, 즐겁게 지냅니까?					
79. 혼자서도 과제를 준비하고 계획해서 완성할 수 있습니까?					
80. 자신의 기술과 능력을 잘 알고 있습니까?					
81. 애완동물을 길러 본 적이 있습니까?					
82. 애완동물에게 관심을 갖고 먹이와 물을 충분히 주어야 함을 알고 있습니까?					
83. 애완동물을 잘 다룹니까?					
84. 의사나 동물 사육사가 되고 싶다고 한 적이 있습니까?					
85. 동물의 종류나 애완동물의 번식의 차이에 대해 쉽게 말합니까?					
86. 자연에 대해 호기심이 있어 주변 동물을 찾거나, 식물 혹은 곤충을 수집하곤 합니까?					
87. 자연보호, 환경보호, 동물 보호에 대해 말한 적이 있습니까?					
88. 식물에 관심을 갖고 키워 본 적이 있습니까?					
89. 식물의 종류를 구별할 수 있습니까?					
90. 인체나 기계 등의 기능(예: 어떻게 작동하는지)에 대해 호기심이 있습니까?					
91. 낚시, 캠핑, 등산 등 자연 활동에 참여하는 것을 좋아합니까?					
92. 자연이나 동물에 관해 그림을 그리거나, 이야기를 하거나, 글을 쓴 적이 있습니까?					
93. 자연 속에서 시간을 보냅니까?					

6) 작업 유형

작업 유형은 각 지능 영역에 따른 수행평가 활동 시 유아의 접근 태도다. 작업 유형에 대한 체크리스트(신화식, 2003; 신화식, 김명희, 2006)는 총 18항목이며 내용은 '쉽게 활동에 참여한다/마지못해 활동에 참여한다', '자신만만하다/주저한다', '명랑하다/진지하다' 등으로 해당되는 유형에 표시하거나 개별 관찰지에 기록하도록 되어 있다(〈표 2-9〉참조). 각 내용에 따른 평가는 유아를 위한 활동을 계획하거나 재조명하는 데 도움이 된다.

표 2-9 작업 유형 체크리스트

유아명 ______________ 관찰자 ______________
활동명 ______________ 관찰일 ______________

관찰하는 동안 어떤 작업 유형이 눈에 띄는지 표시하세요. 확실할 때만 표시하세요. 즉, 다음의 쌍 중에 반드시 하나를 체크할 필요는 없습니다. 가능하다면 코멘트와 일화를 기록하세요. 유아가 활동에 어떻게 접근하는지를 가장 잘 묘사하는 일반적인 문구를 사용하세요. 매우 특출한 작업 유형에는 별표로 표시하세요.

1. 기꺼이 활동에 참여한다. _____
   마지못해 활동에 참여한다. _____
2. 자신만만하다. _____
   주저한다. _____
3. 명랑하다. _____
   진지하다. _____
4. 집중한다. _____
   산만하다. _____
5. 꾸준히 끝까지 한다. _____
   중도에 좌절한다. _____
6. 충동적이다. _____
   숙고한다. _____

7. 작업을 천천히 하는 경향이 있다. ______
   작업을 빨리하는 경향이 있다. ______

8. 이야기한다. ______
   조용하다. ______

9. 시각적 ____ 청각적 ____ 신체적 ____ 자극(신호)에 반응한다. ______
10. 계획성 있는 접근방법을 보여 준다. ______
11. 활동에 자신의 강점을 발휘한다. ______
12. 활동 영역에서 재미를 찾는다. ______
13. 교재 · 교구를 예상 밖의 방법으로 사용한다. ______
14. 성취한 것에 대해 자부심을 보인다. ______
15. 세부적인 것에 주의한다. 즉, 주의 깊다. ______
16. 재료에 호기심을 갖는다. ______
17. 정답에 관심을 갖는다. ______
18. 교사와의 상호작용에 집중한다. ______

표 2-10 작업 유형의 항목별 정의

1. 기꺼이 활동에 참여한다.
   유아는 열성적으로 책임감 있게 활동에 참여한다. 활동의 형식과 내용에 참여하고 적응한다. 유아가 스스로 활동을 시작한다면 기록한다. 교사가 활동에 대해 설명하기 전에 스스로 하는 유아들도 있다.

   마지못해 활동에 참여한다.
   유아는 활동에 저항하는 태도를 보인다. 구슬려야만 활동에 참여하거나 교사가 그 활동의 형식을 재구성해야만 참여한다. 활동의 목표를 빗나가 자신만의 방식을 고집한다.

2. 자신만만하다.
   유아는 교재를 다루는 데 여유가 있다. 유아는 움직이고, 답이나 자신의 의견에 대해 확신에 차서 말할 준비가 되어 있다(주의: 자신만만함은 실제 성공 또는 능력과 상관없이 높을 수 있다).

   주저한다.
   유아는 작업하기를 꺼려 한다. 설명을 해 주었는데도 불구하고 교재를 다루는 방법에 확신을 가지지 못한다. 대답을 하지 않으려 하거나 교사로부터 인정과 확인을 받으려고 한다. 유아는 '내가 잘못하는 것이 아닐까?' 라고 생각하면서 신중을 기한다(예: 거북게임에서 움직일 때마다 맞는지를 확인하기 위해 교사를 쳐다본다).

3. 명랑하다.

유아는 교재 사용과 활동을 기쁘게 한다. 쉽게 교재를 사용하고, 종종 자발적으로 비평을 하기도 하며, 신나게 활동한다.

진지하다.

활동에 대한 유아의 접근은 정직하고 실제적이다. 유아는 아무 생각 없이 게임하지 않으며, 노는 것이 아니라 공부하는 자세로 교재를 사용한다. 유아는 진지하게 작업과 교재를 사용함으로써 기쁨을 느낀다.

4. 집중한다.

유아는 활동이나 교재의 사용에 집중하는 모습을 보인다. 유아는 산만한 환경에서도 작업에 열중한다(이는 단순한 흥미 이상의 것으로 일반적이지 않은 집중을 나타낸다. 뚜렷한 목적을 갖는 것이다).

산만하다.

유아는 교실에서 벌어지는 여러 활동을 적절히 선별하지 못한다. 유아는 어떤 작업을 시작했다가 바로 그 작업을 그만둔다(예: 이야기판 활동을 하면서도 다른 영역의 유아들이 노는 것을 계속 쳐다본다).

5. 꾸준히 끝까지 한다.

활동을 끈기 있게 끝까지 한다. 침착하게 도전하고 어려움에도 불구하고 계속한다. 유아는 어떤 특별한 어려움이 있든 없든 끝까지 한다.

중도에 좌절한다.

유아는 활동의 어려운 부분을 극복하거나 도전하지 못한다. 쉽게 문제의 답을 찾기 위해 교사를 찾거나 바라본다. 작업을 계속하는 것 자체를 꺼려 하는 태도를 보일 수 있다.

6. 충동적이다.

유아의 작업은 연속성이 부족하다. 너무 빠르게 작업해서 부주의하다(예: 개미찾기게임에서, 유아는 예측(예상)하기도 전에 개미를 찾기 위해 뚜껑을 치워 버린다).

숙고한다.

유아는 자신의 작업에 대해 긍정적 또는 부정적인 시각에서 비평하고 평가한다. 유아는 결과가 처음 가졌던 기대와 일치하는지를 평가하기 위해 실제 작업하면서 했던 과정을 하나하나 되짚어본다(예: 노래 부르기를 한 다음, 유아는 "이거 엉망이네, 나는 정확하게 못하겠어.", "잘 못했는데, 다시 한 번 할게"라고 말한다).

7. 작업을 천천히 하는 경향이 있다.

작업을 준비하고 실행하는 데 많은 시간을 필요로 하거나, 시간이 많이 걸린다. 천천히 하지만 주어진 활동을 질서 정연하게 작업한다.

작업을 빨리하는 경향이 있다.
대부분의 유아들보다 빠르게 작업한다. 작업을 즉각적으로 시작하고 다음 작업을 한다.

8. 이야기한다.
활동을 할 때 교사와 이야기를 한다. 처음 말하는 내용은 그 활동과 관련되기도 하고 그렇지 않을 수도 있다(활동과 관련 없는 이야기를 할지라도 이것이 활동을 기피하기 위한 것은 아니다).

조용하다.
작업을 하면서 거의 말을 하지 않는다. 그 작업에 필요할 때만 말을 한다(말의 부족이 항상 불편함이나 주저하기 때문만은 아니다).

9. 시각적 · 청각적 · 신체적 자극(신호)에 반응한다.
유아는 시각적 자극(교재를 주의 깊게 바라보는 것)을 통해 작업을 시작하는 경향을 보여 준다. 청각적 자극(설명이나 음악을 듣는 것) 혹은 신체적 자극(교재를 느끼거나 이해를 돕기 위해 움직임을 이용하는 것)을 통해 작업을 시작하는 경향을 보여 준다.

10. 계획성 있는 접근 방법을 보여 준다.
유아는 교재나 정보의 전략적인 사용을 보여 준다. 유아는 목적을 말하고 그것을 이루기 위한 과정을 진행한다. 종종 자신의 진도를 설명하기도 한다(예: 이야기판을 준비하는 동안 무슨 이야기를 할 것인지를 설명한다거나 게임이나 활동의 목적이 무엇이고 그것을 위해 미리 준비하는 태도를 보여 준다).

11. 활동에 자신의 강점을 발휘한다.
유아는 주어진 활동을 해석하고 참여하는 데 자신의 재능을 효과적으로 활용한다(예: 유아는 주사위놀이에서 자신의 손재간을 이용한다. 교실 모형 활동에서 친구들에 관한 이야기 활동으로 변형한다).

12. 활동 영역에서 재미를 찾는다.
활동 영역에서 재미있는 요소를 발견한다. 엉뚱하고 아이러니한 예상 밖의 것을 발견하기 위해 활동에서 벗어날 수 있다(예: 이야기판 활동 중에 서로 도망가는 경비원에 관한 익살스러운 이야기를 한다. 교실 모형 활동에서는 "우린 이것에 비하면 거인 같아."와 같이 웃으며 말한다).

13. 교재 · 교구를 예상 밖의 방법으로 사용한다.
독특하고 새로운 창의적인 방법으로 교재를 활용하고 활동한다. 교재 · 교구의 예상 밖의 사용이 유아의 작업과정이나 결과물에 어떻게 영향을 주는지 기록한다(예: 이야기판 활동 중 상자를 배로 사용한다).

14. 성취한 것에 대해 자부심을 보인다.
유아는 교재 · 교구 사용이나 활동으로부터 달성된 성과에 대하여 기쁨을 나타낸다(예: 개미 찾기게임의 암호를 풀 때마다 흥분하고 찾을 때마다 박수를 친다).

15. 세부적인 것에 주의한다. 즉, 주의 깊다.
유아는 교재나 활동의 미세한 부분을 알아차린다(예: 종 아래 붙은 스티커에 대해 이야기하고, 없어진 것을 알아차린다).

16. 재료에 호기심을 갖는다.
유아는 이것이 무엇이고 왜 그렇게, 어떻게 만들어지는지에 관해 많은 질문을 한다(예: 이야기판 활동을 할 때, 유아는 동굴이 어떻게 만들어지고 나무는 어디서 온 것인지 등을 물어본다).

17. 정답에 관심을 갖는다.
자신이 한 일이 맞았는지를 교사에게 종종 질문한다. 다른 아이들이 맞았는지도 질문할 수 있다. 맞았을 때는 좋아하지만, 틀렸을 때는 기분 나빠 한다.

18. 교사와의 상호작용에 집중한다.
유아는 활동할 때에 교사와 함께 있는 것에 더욱 흥미를 느낀다. 대화나 눈맞춤, 교사 무릎에 앉기 등을 통해 교사와의 상호작용을 지속적으로 추구한다. 활동할 때조차 교사와의 상호작용을 유지하기 위해 애쓴다.

---

4. 이해를 위한 교육과정

이해를 위해 학습하는 것은 스케이트에 대해 배우는 것보다는 실제로 스케이트를 타기 위해 배우는 것과 같다. 이해를 위한 교수 모형은 다중지능 교육의 틀 안에서 사고력을 기르기 위한 모형이다. 다중지능 교육은 실제로 학습자의 이해를 불러오는 활동을 중심으로 일어나며, 다양한 지능을 가진 학습자들이 여러 가지 방법으로 지식을 습득할 수 있도록 돕는 방법이다. 가드너가 제안한 여덟 가지 지능을 기초로 교육과정을 구성하고, 이 지능을 향상시키기 위한 교육과정과 교수-학습 방법을 개발하기 위해서 이해를 위한 교수 모형을 파악해야 한다. 서로 다른 지능을 가진 개인들에게 맞는 독특하고 각자의 특별한 방법을 통해 창의적인 인간을 지향하는 교육 관점을 기반으로 학습자의 이해력을 높이고 그들의 행복을 추구하고자 한다. 따라서 여기서는 다중지능을 계발하기 위한 교육과정의 개발과 교수-학습 방법의 구체적인 측면을 찾기 위한 기초를 마련하고 개개인의 학습자가 가진 특별한 이해력을 발굴하기 위해 '이해를 위한 교수 모형'에 대해 살펴보고자 한다.

1) 이해를 위한 교수 모형

(1) 이해란 무엇인가

'학습자가 이해한다고 할 때, 그들이 무엇을 달성할 수 있는가?'에 대한 의문은 교육의 근본적인 질문이라고 할 수 있다. 학습자의 이해력이란 논리적 · 비판적 · 창의적 사고 등 다양한 사고를 할 수 있고, 자신이 가진 지식을 활용하여 융통성 있게 행동할 수 있는 능력을 말한다(김명희, 2001). 어떤 주제에 대해 이해하기 위해서는 융통성 있는 행동 수행 능력이 요구된다. 즉, 이해를 위한 학습은 융통성 있는 행동의 학습이다. 주어진 시간 내에 한 사람의 이해도를 측정하려면, 그에게 자신이 이해한 내용을 이용할 수 있는 작업(예: 설명하기, 문제 풀기, 주장하기, 작품 만들기)을 제시한다. 이러한 활동은 현재 학습자들의 이해 수준을 보여 주고, 이해도를 심화시킨다. 특정한 과제를 해결하는 과정 속에서 그들이 이해한 것을 이용할 때 이해가 더욱 깊어지는 것이다. 우리는 융통성 있는 행동 평가 준거를 통해 이해를 인지한다. 이해는 자신이 알고 있는 것을 생각하고 융통성 있는 행동으로 이어질 때 이루어진다. 이와 대조적으로 학습자가 기계적으로 상례적인 사고와 행동에서 벗어나지 못하면 잘 이해하지 못했다는 증거다.

어떤 주제를 이해하는 수준은 그 주제를 유연하게 사용할 수 있는 정도를 뜻한다. 다시 말해, 이해란 지식과 기계적 기술 차원을 넘어선 방법으로 주제를 설명하고, 정당화하고, 추정하고, 연관하고, 적용하는 능력이다. 이해란 자신이 알고 있는 것으로 사고하고 적용하며 행동할 수 있는가에 따라 결정된다. 유연한 행동 수행 능력이 바로 이해인 것이다.

이해력을 증진시키는 것은 지속적인 과정이다. 이는 이해에 대한 직관적 개념과는 반대의 의미다. 일상생활에서나 대화와 토론과정 속에서 질문에 대한 반응을 보고 이해의 정도를 평가할 수 있다. 문제에 맞고 틀리게 대답하는 것, 표준화된 수학 문제를 푸는 것 등의 수행은 중요하나 이것으로 이해 여부를 단정지을 수는 없다. 수행 능력은 포괄적인 것을 내포하지만 이해를 위한 수행은 자신이 새롭게 배운 것을 사용할 줄 아는 것이다.

(2) 이해를 위한 교수

이해를 위한 교수 모형(Teaching for Understanding: TfU)은 기억과 반복학습의 토대가 되는 행동주의적이고 기초적인 기능 습득 중심의 학교교육에 대한 비판으로부터 출발하였다. 여기에서 '이해(understanding)'의 의미는 '학습자가 아는 것을 자유자재로 유연하게 사고하고 행동하는 수행 능력'이다. 최근 행동주의적 학습관에 입각한 기초 기술 습득 중심의 교육의 한계를 파악하고 교육과정에 대한 좀 더 신중하고 비판적인 활동이 시작되었다. 이는 상세한 교육과정의 정책 개발보다는 좀 더 개방적인 교육과정 평가 지침의 틀을 제공하는 것이 더 중요하다고 본 것이다. TfU에 대한 많은 관심의 반영으로 1988년부터 1995년까지 8년여의 연구 기간 동안 미국 하버드 대학교의 교육대학원 산하연구소는 다음의 네 가지 질문을 구성하고 그 해답을 찾기 위해 현장의 교사와 협조하여 연구를 수행하였다. ① 가치 있는 이해를 위한 주제는 무엇인가? ② 학습자가 이해해야 하는 내용은 무엇인가? ③ 학습자의 이해를 촉진시키는 방법은 무엇인가? ④ 학습자가 이해한 내용을 알 수 있는 방법은 무엇인가? 이 네 가지 질문에 대해 하버드 대학교 연구팀은 생성적 주제(generative topics), 이해의 목적(understanding goals), 이해의 수행(understanding performances), 지속적인 평가(ongoing assessment)라는 4개의 개념으로 이해력을 촉진시킬 수 있는 교수법을 개발하였다. 이를 조직도로 표현하면 [그림 2-3]과 같다.

각 단계는 학습자의 개인차에 따라 순환적으로 사용될 수 있다. 맨 위 칸을 차지하는 영역 부분에는 언어, 논리-수학, 음악, 공간, 신체, 대인관계, 자기이해, 자연친화 등의 영역을 구분하여 기록한다. 예를 들어, 언어의 말하기 영역이라고 기록할 수 있다. 이해의 목적란에는 학습자가 영역에서 이해해야 할 개념이나 과정 기법에

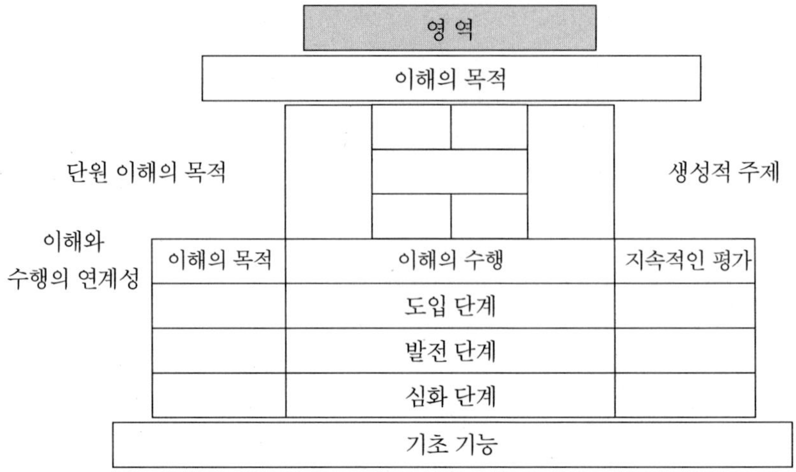

[그림 2-3] 이해를 위한 교수 모형 구조

대해 기술한다. 예를 들어, 말하기 영역에서 '학습자는 자신의 생각을 상대방에게 말할 수 있다.' 라는 이해의 목적이 있을 수 있다. 생성적 주제는 교사와 학습자가 함께 정한 주제다. 예를 들어, 기쁨, 슬픔, 화남, 무서움에 대해 표현할 수 있도록 '마음' 이라는 생성적 주제를 선정할 수 있다. 이해와 수행의 연계성에서 우선 이해의 목적은 주제 프로젝트를 진행하면서 학습자가 이해하기를 바라는 것이 무엇인지 생각해 보고 그것에 대한 개념, 과정 그리고 기법을 보여 줄 수 있는 목적을 선정한다. 즉, 학습자의 행동을 보고 관찰되는 것이 아니라 '이해한다' 혹은 '판단된다' 등의 추상적인 단어로 진술되는 목적을 정리하는 것이다. 3~4주 정도의 기간 동안 학습자가 얻을 수 있는 것을 서너 가지의 목적으로 진술할 수 있다. 이해의 수행에서는 주제 프로젝트를 마칠 때 도달해야 하는 목표에 맞춰 학습자가 새로운 방식으로 새로운 환경에서 지식을 사용할 수 있도록 여러 가지 자료와 활동을 조사하고 선별하는 것이다. 어떤 활동이 가장 적절하고 적합한지 폭넓은 이해를 위해 다양한 수행 활동을 계획하는 것이다. 학습자는 여러 가지 활동을 통해 그들의 지식을 재구성하거나 확장할 수 있으며 추론과 새로운 것에 대한 적용도 생각해 볼 수 있다. 따라서 충분한 자료 조사와 수업 활동 연구는 본격적인 수업 활동이 시작되기 전에 다양한 학습자의 수준을 고려하여 활동을 적용하기 위해 반드시 필요한 단계다. 마지막으로 지속적인 평가는 주제 프로젝트를 진행하는 중에 교실 전체를 파악하도록 돕고 과정 속에서 수행평가를 지향한다. 이해를 위한 교수 모형은 전체적인 목표가 이미 정해진 상태에서 활동을 선정하고 진행해 나가기 때문에 학습자의 능력을 정확하게 평가하기 위해서 교사가 미리 활동별로 어떤 내용에 중점을 두어 체계적으로 평가할 것인지를 결정해야 한다. 완전한 준거는 학습자와 협의하에 수업 전에 만들어지거나 학습자의 프로젝트 결과물에 따라 최종 준거가 확립된다. 따라서 잠정적으로 어떠한 준거를 사용할 것인지를 설정해 두어야 한다. 이해의 목적, 이해의 수행, 지속적인 평가는 활동의 도입 단계, 발전 단계, 심화 단계, 즉 결과 단계에서 나타난다.

이 모형은 이해의 영역으로 지식, 방법, 목적, 형식 측면에서 특성들을 제시하고 각 영역에서 유연하게 사고하고 행동하는 능력이 곧 이해한 것에 대한 표현이라고 보았다. 따라서 이해를 위한 교수 모형은 생성적 주제, 이해의 목적, 이해의 수행, 지속적인 평가의 개념 아래 학습자의 이해 정도를 확인해 나가는 개방적인 교육과정이자 평가 지침의 틀을 제시한다.

2) 이해를 위한 교수 모형의 구성요소

(1) 생성적 주제

어떤 학습 자료로 가르쳐야 하는지 결정하는 것은 교사가 직면하는 도전 중 하나다. 학습자는 배울 것이 많지만 그것을 배우는 유아교육기관에서의 시간은 한정되어 있다. 유아교육과정에 무엇을 포함할 것인지, 어떤 교수-학습 자료가 가장 효과적인지에 대해 교사는 어떤 결정을 하게 되는가? 이해를 위한 교수법에서의 대답은 '생성적 주제'다.

생성적 주제는 하나 이상의 원리나 영역을 포함하고 있으며 학습자의 발달 수준을 고려하여 교사와 학습자의 흥미를 유발하는 주제다. 주제를 선정할 때는 학습자의 경험과 연계된 아이디어 웹(web)을 구성하여 작성한다. 즉, 학습자의 발달에 있어 효과적인 이해를 지원하는 데 충분한 심도, 중요성, 연계성, 다양함을 제공해 주는 주제, 이슈, 개념, 아이디어 등을 말한다(김명희, 2001). 전형적으로 생성적 주제는 좀 더 많은 핵심 영역이나 원리를 포함하고 있으며, 학습자와 교사에게 흥미를 제공하여 학습자의 접근을 용이하게 한다. 이러한 생성적 주제의 예로 생물학에서는 '비가 많이 내리는 삼림지대', '공룡' 등이, 수학에서는 '0의 개념', '패턴', '수의 크기' 등이, 그리고 문학에서는 '독서', '유머' 등을 들 수 있다(Tina Blythe & Associates, 1998).

(2) 이해의 목적

이해의 목적은 한 단원의 교육과정에서 가장 중요한 내용을 표현하는 문장이나 질문을 말한다.

우리는 가고 싶은 곳에 대해 신중하게 생각하고, 출발할 때 목적지를 생각한다. 목적지를 알고 출발하는 것은 과정을 판단하는 데 도움을 준다. 즉, 쉬기 위해 멈추어야 할 때와 계속 가야 할 때 그리고 여행 일정을 수정해야 할 때를 결정할 수 있도록 해 준다. 마찬가지로 각 단원을 시작할 때 학습자는 생성적 주제의 '범위'를 조사하기 위해 여행을 떠나는 것과 같다. 조사할 수 있는 흥미로운 분야를 학습자에게 풍부하게 제공하고, 학습자가 흥미에 따라 선택할 수 있도록 한다. 학습자의 호기심을 자극하는 것에 대해 조사할 시간을 주고, 평소에 쉽게 놓쳤던 중요한 장소에 학습자가 갈 수 있도록 돕는다. 교사가 가르치는 다양한 교육 영역에서 전문가와 교사의 개인적인 경험, 이전 수업에서 했던 작업은 학습자가 여행을 할 때 쉴 수 있는 가장 좋은 장소와 가장 흥미로운 부분과 그 경치를 지도에 그릴 수 있도록 도와준다. 여행은 독립적인 조사를 위해 떠날 수도 있지만 학습자가 도달하고자 하는 목적지를 안내하면서 떠나는 여행도 있다.

이해를 위한 교수 모형 구조(teaching for understanding framework)에서 이러한 목적지는 이해의 목적으로 불린다. 그것은 학습자가 이해하기 바라는 기술, 과정 그리고 개념이며, 학습자가 도달하고자 하는 것을 서술함으로써 요지를 만들어 가는 것이다. 이해를 위한 두 가지 목적의 내용은 다음과 같다. 첫째, 이해를 위한 목적의 단원 목표는 학습자가 특성한 생성적 주제로 학습하면서 얻고자 하는 것을 말한다. 둘째, 이해를 위한 목적의 과정 목표는 학습자가 학기 동안 교사와 함께 학습하면서 얻고자 하는 것을 말하며, 아치형 목적으로 알려져 있다. 아치형 목적은 생성적 주제와 연결되어야 한다. 즉, 모든 수업과정이 생성적 주제의 맥락에서 진술되어야 한다. 또한 단원 목표는 아치형 목적을 좀 더 구체화시킨 양식이다. 즉, 특정 기간 동안 학습자들이 이해하고자 하는 개념, 과정, 기법 등을 확인하는 것이 목적이다.

(3) 이해의 수행

이해의 수행은 새로운 학습 내용의 목표에 대한 이해력을 발달시키거나 증명하는 활동을 말한다.

전문적인 운전자에게 계속해서 운전 지도를 받고 강사에게 피드백을 받는다 하더라도 다양한 상황에서 직접 운전을 해 보는 실습훈련 없이는 완전한 운전을 배울 수 없듯이 유아교육기관의 학습자에게도 이와 같은 경험이 필요하다. 학습자는 대집단 활동이나 책을 통해 단편적인 지식을 배우지만 숙련가의 안내에 따라 다양한 환경에서 그 지식을 활용할 기회가 없다면 학습자는 그 이해를 더 이상 발달시키지 못한다. 이해의 수행은 학습자에게 이러한 기회를 주는 활동이며, 이를 위해서 목적과 밀접히 관련된 수행 활동을 선정해야 한다. 목적과 관련된 수행 활동을 통해 학습자 자신이 이해한 내용을 관찰할 수 있어야 하며, 그것을 공식적인 방법으로 증명해야 한다. 학습자는 새로운 방법이나 상황에 직면하여 자신의 지식을 사용하고 실행에 옮김으로써 사전 지식을 재형상화하고, 확장하며, 추론하고, 적용하며, 재정립한다(김명희, 2001). 또한 이해의 수행 성과는 학습자가 스스로 이해한 내용을 증명해 줄 뿐 아니라 새롭게 수립하는 데 도움을 준다.

(4) 지속적인 평가

지속적인 평가는 수행과정 개선을 목적으로, 활동에 대해 계속적인 피드백을 제공하는 과정을 말한다(김명희, 2001). 학습자가 학습한 것을 공정하고 정확하게 어떻게 평가할 수 있느냐는 모든 교사들에게 고민거리다. 이것이 학습에 있어서 현실적인 기여를 하는 것이다. 단순한 평가(evaluating)보다 이해를 확장하는 평가(assessment)는 주제 프로젝트가 끝날 때 실시하는 시험보다 더 많고 의미 있는 것을 평가한다. 학습자가 현재 이해하고 있는 것에 대해 그리고 어떻게 연계성 있는 교수-학습을 진행해 나가는지에 대해, 교사와 학습자에게 알려 줄 필요가 있다. 지속적인 평가는 수업의 전반에 걸쳐 반성과 성찰의 기회를 제공한다. 평가의 준거는 수행 활동 초기에 분명하고 명확하게 제시되어야 하고, 단원의 이해를 위한 목적과 밀접하게 관련되어야 한다. 또한 교실에 있는 모든 사람들이 알고 이해하는 것, 즉 학습자들도 명확히 아는 공식적인 성격을 지녀야 한다. 이때 평가는 빈번하게 이루어져야 하며 다양한 평가방법으로 접근해야 하는데, 이를 위해서는 관련성 있고 분명한 준거가 개발되어야 한다.

TfU를 계획하기 위한 준거를 구체적으로 제시하면 〈표 2-11〉과 같다.

표 2-11 TfU를 계획하기 위한 준거

교사의 TfU 수업 설계를 위한 질문

상위 이해의 목표 또는 아치형 목적
- 학습자가 수업에서 배워야 할 가장 중요하다고 생각하는 것을 포착하였는가?
- 질문과 진술의 형식('학습자는 ……를 이해할 것이다.' 또는 '학습자는 ……를 감상할 것이다.')을 구문화하였는가?
- 생성적 주제와 이해의 목적이 밀접하게 연관되었는가?

생성적 주제
- 하나 이상의 교과 또는 학문 영역을 포괄하고 있는가?
- 학습자에게 흥미를 유발하거나 학습에 대한 동기를 부여하고 있는가?
- 교사 자신도 흥미와 가르칠 의욕을 갖게 되는가?
- 학습자에게 학교 밖의 생활과 같이 다른 수업에도 연결되도록 기회를 제공하는가?
- 주제를 형성하기 위한 자원과 소재를 학습자들이 스스로 찾을 수 있는가?

단원 수준 이해의 목적
- 아치형 목적과 밀접하게 연관되어 있는가?
- 생성적 주제의 핵심적인 관점인가?
- 학습자가 생성적 주제에 관해 이해해야 할 가장 중요한 것을 포착하고 있는가?

• 질문과 진술의 형식을 취하고 있는가?

이해의 수행
• 이해의 목적에 명시된 이해를 학습자에게 증명하도록 하였는가?
• 학습자에게 새로운 상황에 적용해 보도록 하였는가?
• 학습자에게 이해의 범위를 정하고 표현해 보도록 하였는가?
• 학습자가 단원의 처음부터 끝까지 몰두할 수 있도록 이해의 수행이 계열화되어 있는가?
• 학습자로 하여금 자신의 이해를 다양한 방법으로 표현하도록 하였는가?
• 학습자가 이해의 목적에 대한 성취 정도를 표현할 수 있는 학습 경험을 제시하였는가?

지속적인 평가
• 명백하고 공식적인 준거를 가지고 있는가?
• 이해의 목적에 밀접히 연관된 준거를 사용하는가?
• 단원의 내용을 학습하는 동안 즉각적으로 피드백을 제공하는가?
• 학습자가 얼마나 잘하고 있는지, 어떻게 하면 더 잘할 수 있는지에 관한 피드백을 제공하는가?
• 다양한 관점의 기회를 제공하는가?
 – 학습자를 평가하는 교사, 서로를 평가하는 학습자, 자신을 평가하는 학습자
• 공식적 · 비공식적 피드백을 적절히 혼합하여 제공하는가?

---

3) 이해의 영역

이해의 학문적 특성을 존중하면서 체계적으로 다양한 영역에서 유효하게 적용할 수 있는 방법을 설명하기 위해 이해의 조직도는 지식, 방법, 목적, 형식의 네 가지 영역을 강조한다.

(1) 지 식

지식 영역은 학습자가 주제에 대한 개념이나 관점의 구조를 어느 정도 수준으로 잘 조직화하는지를 보는 것이다. 즉, 상세한 설명, 개략적인 설명 그리고 예시와 일반화 사이에서 유연성을 가지면서 이유를 설명할 수 있는 정도를 평가한다. 학습자는 주제에 대해 여러 가지 질문을 시작으로 주제를 이해하며, 다양한 정보를 가지고 사실과 개념 사이의 관계를 명확하게 함으로써 지식을 만들어 나간다(Gardner, 1993b).

지식은 특정 분야의 학식 있는 사람들의 공동체에서 공개적으로 논의된 기준에

따라 주의 깊은 연구과정을 통해 얻어지는 것이다. 지식 영역의 기준은 다음과 같다. 첫째, 직관적인 믿음의 변형으로 어떤 분야에서 정의된 이론과 개념이 학습자의 직관적인 믿음을 변형시켰음이 드러나는 학습자의 성과를 말한다. 둘째, 논리적이고 풍부한 개념적 틀로 상세한 설명과 개략적인 설명 그리고 예시와 일반화 사이에서 유연성을 가지면서 조직화된 풍부한 개념적 틀 범위에서 이유를 설명할 수 있는 정도를 말한다.

(2) 방 법

방법 영역은 과거나 자연, 사회에 대한 지식처럼 개인에게 저장되는 것은 단순한 정보와 대조된다는 것을 인식하는 것이다.

방법 영역의 기준은 다음과 같다. 첫째, 건전한 회의론으로 책, 다른 사람의 의견, 매체 자료에서 도출된 개인적 믿음과 지식에 대해 건전한 회의를 보여 줄 수 있는 정도를 말한다. 둘째, 일정 분야에서의 지식 확립으로 신뢰성 있는 지식을 얻기 위해 특정 분야에서 전문가가 사용하듯 전략, 방법, 기법, 과정을 사용하는 정도를 말한다. 셋째, 해당 분야의 지식을 유용화하는 것으로 진실성, 우수성 등 신뢰할 만한 주장과 체계적인 방법론을 사용하고, 이성적인 논의를 제공하며, 조리 있는 설명을 하고, 대화를 통해 의미를 결정하는 것과 같은 공공의 협의를 거친 기준에 의존하는지의 여부를 말한다.

(3) 목 적

목적 영역은 지식이 세상을 설명하고 재해석하며 운영하기 위한 도구라고 보는 것이다. 이 영역은 지식의 확립을 이끌어 온 목적과 관심을 인식하는 학습자의 능력을 평가하고, 다양한 상황에서 그들이 지식을 사용하는 능력을 평가하며 발생하는 결과를 평가한다.

목적 영역의 중요성은 첫째, 사람들이 세상을 재해석하고 변형시키기 위해 개념적 도구의 형태 또는 조직도의 형태로서 지식을 사용하는 이유에 대해서 알아보는 것에 있다. 둘째, 지식적 확립을 이끌어 내는 필수적인 질문을 탐구함으로써, 교사와 학습자는 어떤 주제가 학교에서 공부할 만한 가치가 있는지에 대해 심사숙고하는 데 있다.

목적 영역의 기준은 다음과 같다. 첫째, 어떤 분야에서 연구를 가능하게 하는 기본적인 질문, 목적, 관심 사항을 볼 수 있는 정도, 둘째 배운 내용을 사용할 때 사용 가능한 다양성을 인지하는 정도와 지식을 사용한 결과를 고려하는 정도, 셋째 알고 있는 내용을 사용하기 위해 소유권과 자율성을 증명할 수 있는 정도와 배운 내용과 관련하여 자신의 입장을 발전시킬 수 있는 정도를 말한다.

(4) 형 식

형식 영역은 수행의 측면에 대한 표현 영역이다. 이해의 수행 측면은 이해가 수행되는 형식에 특별한 주의를 기울여야 한다. 이해에 대한 완성적인 표현은 지식을 표현하기 위해 다양한 상징체계를 효과적이고 창의적으로 사용하는 것이기 때문이다. 이에 따라 형식 영역은 수행의 장르(예: 수필 쓰기, 음악 연주, 발표하기, 연산 설명)와 형태의 내용을 표현하기 위한 학습자의 상징체계(예: 시각적, 언어적, 수학적, 운동감각적) 사용을 평가한다.

학습자의 이해는 수필 쓰기, 발표하기, 노래 만들기, 대화에 참여하기와 같은 다양한 수행 활동을 통해 명백해질 수 있다. 각각의 수행 형태와 장르는 규칙이나 기준에 따라서 학습자가 알고 있는 것을 사용하도록 도와준다. 예를 들면, 노래는 미적으로 호소하는 방식으로 작곡과 서정시를 사용할 수 있다.

학습자가 다른 사람에게 자신의 이해를 수행하는 것은 청중과 맥락을 고려해야만 가능하다. 학습자가 초보 수준의 수행을 한다면 해당 분야의 숙련자의 수행과 비교될 수밖에 없다. 초보 수준의 학습자는 청중을 인식하고 편하게 하는 유연성이 부족하고, 자기 중심적인 방법으로 의사소통을 하기 때문이다.

형식 영역의 기준은 다음과 같다. 첫째, 수행 분야에 대한 숙련으로 보고서 작성, 발표 또는 연주 준비 시 전문적인 지식을 보여 주는 정도를 말한다. 둘째, 상징체계의 효과적인 사용으로 지식을 효과적이고 창조적인 방법(예: 유추, 은유, 표현의 변화, 구체화, 움직임)으로 표현하기 위해 여러 상징체계를 사용할 수 있는 정도를 말한다.

셋째, 청중과 맥락에 대한 고려로 수행과정이 청중의 관심, 필요성, 연령, 전문지식 또는 문화적 배경을 고려하면서 청중을 자각하고 있다는 것을 보여 주는 정도, 의사 체계의 맥락을 인지하고 있다는 것을 보여 주는 정도를 말한다.

TfU에서 제시하는 이해의 영역과 그 특성은 〈표 2-12〉와 같다.

표 2-12 이해의 네 가지 영역과 그 특성

지식	방법	목적	형식
• 직관적 믿음 증명하기 직관적인 믿음을 변형시킨 영역에서 이론과 개념의 근거를 보여 줄 수 있다. • 일관성 있고 풍부한 개념적 웹 예시와 일반화, 자세한 것과 대략적인 것을 융통성 있게 사용하여 풍부한 개념적인 웹을 조직화하면서 그 이유를 설명할 수 있다.	• 건전한 회의론 지식을 어떻게 획득했는지의 방법(실험, 도전, 시도, 매체, 교과서, 다른 사람의 의견 등), 믿음에 대한 의문을 어떻게 표현하고 제시하는지의 방법적인 부분이다. • 해당 영역에서 지식 세우기 지식을 형성하는 과정에서 전략, 방법, 기법을 사용하는 것, 진행하는 과정을 말한다. • 해당 영역에서 지식 타당화하기 체계적인 방법, 논쟁의 증명, 일관성 있는 설명, 토의를 통한 의미협상과 같은 공적인 준거를 바탕으로 믿을 만한 주장을 제시한다.	• 지식을 배우는 목적 알기 해당 영역에서의 이득과 배우는 목적, 주요한 의문 사항을 안다. • 지식의 다중적 사용 배운 것을 여러 가지로 사용할 수 있다. 이렇게 지식을 사용하는 것의 중요성을 알 수 있다. • 지식 소유권과 자율성 지식을 사용하는 자율성과 그것을 내 것으로 만드는 지식 소유권이 있다. 배운 것에 대한 자신의 입장을 발전시킨다.	• 수행 분야에 대한 숙련 수행 분야에 대해 완벽하게 표현할 수 있다(리포트 쓰기, 발표하기, 표현을 위한 준비 등). • 상징체계의 효율적인 사용 지식을 표현하기 위해 다양한 상징체계를 효율적이고 창의적으로 사용할 수 있다(은유, 유사, 색, 형태, 움직임 등). • 청중과 맥락에 대한 고려 청중을 고려한 발표와 수행을 한다. 해당 수업 현장을 잘 인지하여 발표한다(상황의 인식).

4) 이해를 위한 교수 모형의 평가 방법

좋은 평가는 주제 프로젝트 혹은 학기 말에 한 학습자와 다른 학습자를 비교하는 것이 아니라 학습과정을 위한 핵심적인 안내를 할 수 있어야 한다. 지속적 평가는 정기적으로 교사나 학습자가 이해했는지를 확인한다. 매시간 학습자는 무엇인가를 수행하고, 이해한 것을 증명해야 한다. TfU는 학습자와 교사들에게 정기적으로 반성하게 하고, 비교를 위한 준거를 개발하도록 한다. 지식, 방법, 목적, 형식의 네 가지 영역에 따라 이해를 평가함으로써, 학습자와 교사에게 앞으로의 방향과 진행을 알 수 있도록 한다.

(1) 지속적인 평가과정의 주요 구성요소

지속적인 평가과정의 주요 구성요소는 준거 만들기와 피드백 제공하기다. 교사는 항상 자문하는 시간을 가져야 한다. 다음과 같은 질문을 하면서 반성을 위한 시간을 갖도록 한다.

- 학습자는 이해를 하기 위한 시간을 가지는가?
- 교사는 정기적으로 예측을 위한 반성의 기회를 가지는가?
- 교사는 일상의 과정으로서 반성을 하는가?

명확한 준거는 교사 또는 모델의 협동적 동료, 개인이나 집단의 반성을 통해 만들어지며 이해의 목적과 밀접한 관련이 있어야 한다.

- 과제에서 비교하고자 하는 것은 무엇인가?
- 어떻게 학습자가 준거를 명확히 알도록 하는가?
- 학습자는 무엇이 유익한 활동인지 이해하는가?
- 학습자가 준거 개발에 참여하는가?

과제에 대한 피드백의 기회는 수행을 하는 동안 시작부터 끝까지 지속적이고 정기적으로 제공되어야 한다. 가치 있는 피드백은 교사, 동료, 학부모, 외부 전문가, 학생 등 수많은 사람들로부터 제공되며 계획적으로 또는 비공식적이거나 자연 발생적으로 이루어질 수 있다.

(2) 이해의 수준

TfU 수행과정은 새로운 상황에서 지식을 사용할 수 있는 능력으로서 이해를 정의하고 있다. TfU 구조는 지식이 산물을 만들어 내고, 발표를 하고, 문제를 해결하고, 판단을 하며, 일상생활을 변형시키기 위한 적절한 도구가 된다. 이해에 대한 이해는 누구나 어느 정도는 하고 있으므로 언제, 어떻게 유용하게 사용할 수 있는가를 아는 것이 중요하다. 이해의 수준(levels of understanding)은 다음의 네 가지로 나눌 수 있다.

- **수준 1** 직관적인 지식에 근거를 둔다. 직접적으로 이용 가능한 정보를 이해하고자 하는 과정이다. 학습자는 수행에 있어서 기관에서 배운 것과 일상생활에서의 관련성을 보지 못하며 지식 확립의 목적과 용도를 고려하지 못한다. 수준 1의 학습자는 지식에 대한 인식이 부족하다. 수준 1에서 이해의 수행은 지식이 다른 사람들에게 표현되고 의사가 전달되는 방식이 능숙하지 못하고, 상상력은 풍부할 수 있으나 과정 설명에서 적절하게 풀어 나가지 못하는 경향이 있다. 그러한 설명의 부족이 나타나는 이유와 기초는 여전히 풀리지 않은 채 남아 있다. 어떠한 주제의 중요성에 대한 부가 설명이 이 수준의 학습자에게는 무관한 것처럼 보일 수 있다. 수준 1의 학습자의 설명은 조리 없고 자기 중심적인 모습으로 나타날 수 있다.
- **수준 2** 시험과 학교교육의 관습 및 메커니즘에 주로 근거를 둔다. 수행은 학문적인 개념과 생각을 단순하고 연관성 없이 연결하고, 때로는 연습을 통해 이끌어 내기도 한다. 학습자는 지식의 표현과 의사소통 형태뿐 아니라 지식의 특성

과 목적을 기계적인 단계적 과정으로 묘사한다. 이러한 과정의 확인은 학문 분야에서 개발되고 이성적으로 의견 일치된 기준보다는 외적인 권위에 의존한다. 이 수준에서는 주제에 따른 개념을 혼합하면서 교과서를 흉내 낸다. 이러한 서술의 신뢰도를 고치도록 요구하면, 학습자는 그들의 교사 평가, 성적 또는 교과서를 의심 없이 사용한다. 이 수준의 수필은 서론, 본론, 결론의 구조를 따르고 있으나 독창성이 없는 표준 단계로서 여전히 연산적으로 수행한다. 이해의 수행은 기말 점수와 시험 성적에 대한 영향을 고려하여 나타난다.

- 수준 3 학문적 지식과 생각의 방법에 근거를 둔다. 학습자는 학문적 개념과 생각을 유연하게 사용한다. 지식 수립은 복잡하게 나타나며 그 분야의 전문가에 의해 전형적으로 사용되는 과정과 기준을 따른다. 학문적 지식과 일상생활 간의 관계를 강조하며, 이 지식을 사용할 기회와 결과를 연구한다. 이 수준의 수행은 유연하고 적절한 지식의 표현과 의사 전달을 보여 준다.

- 수준 4 통합적이고 창조적이며 비평적이다. 이 수준의 학습자는 학문에서 지식이 수립되고 유용화되는 기준을 연구 목적과 연관시키면서 영역 간 유연한 이동이 가능하다. 지식의 수립은 종종 상충되는 조직도와 세계관에 의해, 그리고 다양한 분야의 전문가 집단에서 공공의 논의를 거친 결과로 나타나기 때문에 복잡하게 보일 수 있다. 학습자는 자신의 주위 세상에 대해 재해석하고 행동하기 위해 지식을 사용한다. 이 수준의 학습자는 지식을 창조적인 방법으로 표현하고 의사소통할 수 있다. 이 수준의 수행은 학문적 이해를 보여 주는 것을 넘어서 비판적 인식을 반영할 수 있다.

지식과 이해의 개념은 보통 학문이나 수학, 역사와 같은 수준으로 정리 · 확인된 사실의 집합으로 제시되고, 학습자는 이러한 사실을 학교교육에서의 학문적 지식에 대한 광범위한 관점과 비교할 수 있다.

이해의 수준은 무경험 단계(naive), 초심자 단계(novice), 견습생 단계(apprentice), 마스터 단계(master)로 나뉘며, 각 단계는 1～4점으로 구분할 수 있다. 그러나 1점,

2점, 3점, 4점으로 정확하게 구별되기보다는 낮은 3점, 높은 3점 등으로 단계에 걸쳐서 함께 나타날 수 있다. 세부적인 내용은 〈표 2-13〉에 제시하였다.

표 2-13 이해 수준과 특징

수 준	1(무경험)	2(초심자)	3(견습생)	4(마스터)
특징	참여 이전의 단계로 순진무구하며 경험이 없음	기계적 의식의 단계로 주어진 과제를 할 수 있는 기술은 있지만 정보를 사용하여 해결하지는 않음	도제공의 단계로 상황 안에서 아이디어를 가지고 고민함	독립적이며 반성적 사고와 창조적 생각을 가진 단계로 완전한 전문가는 아니지만 흥미로운 것을 찾아 탐구에 참여함
현재 상태	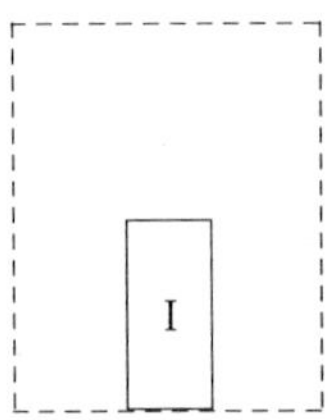	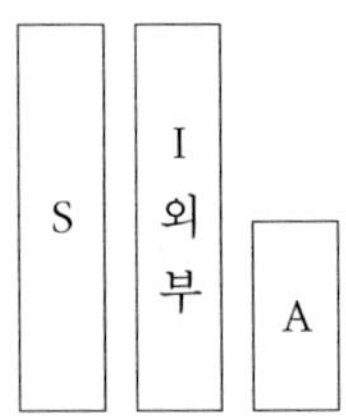	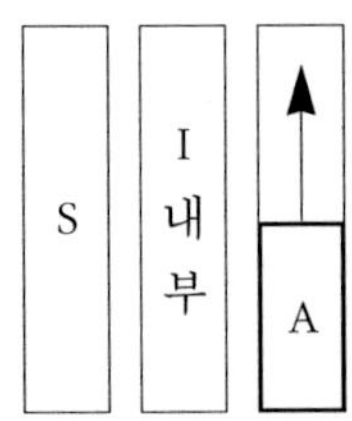	
비계 설정	I를 갖도록 집중하는 것이 중요하다. 학습자가 정말 좋아하는 것이 무엇인지, 이것이 왜 재미있는지부터 시작해야 한다.	기술은 있으나 스스로 어떤 의미가 있는지를 깨닫도록 힘써야 한다. 잘할 수 있다는 것을 알려 주고, 자신의 의견을 말하고 내면의 열정을 불살라 만족할 수 있도록 도와야 한다.	학습자 자신이 원해서 할 수 있는 단계다. I를 이미 가지고 있으므로 A를 높이기 위해 비계 설정을 한다. 잘하고 재미있게 하지만 스스로 달성하기 힘든 상황이므로 다양한 맥락을 제공해야 한다.	완전한 전문가는 아니지만 흥미로운 것을 찾고 스스로 탐구 활동에 참여한다. 모든 것이 높은 수준의 상태다.

＊ I: 기질(inclination), S: 기술(skill), A: 민첩성(alertness)

수준 1의 무경험 단계는 활동에 참여한 경험이 없는 상태로 순진무구하고, 기질의 일부분만을 가지고 있다. 무경험 단계에 있는 학습자에게는 자신에 대한 이해를 돕기 위해 자신이 정말 좋아하는 것이 무엇이고, 재미있어 하는 것이 무엇인지 자신의 기질을 파악하도록 돕는 것이 중요하다. 수준 2는 초심자 단계로 기계적으로 과제를 의식하고 수행 기술을 갖추고 있는 상태다. 하지만 주어진 과제나 문제를 해결하는 데 정보를 사용하지는 못한다. 기술은 가지고 있으나 기질에 대해서는 외부의 영향을 받는다. 또한 민첩성이 부족하다. 이 단계에서는 학습자가 자신에게 의미 있는 활동이 무엇인지 깨달을 수 있도록 교사가 도와주고 잘할 수 있는 것을 격려해 주어야 한다. 학습자가 자신의 의견을 말하고 스스로 만족감을 얻고, 열정을 찾도록 안내해 준다. 수준 3은 견습생 단계다. 어느 한 분야의 도제공으로서 주어진 상황에서 아이디어를 산출하여 문제를 해결하기 위해 고민하는 단계다. 좋은 기술을 가지고 있으며 기질 또한 내부에서 비롯된 것이다. 민첩성이 성장할 수 있는 단계로 학습자 스스로 목표 의식을 가지고 실행할 수 있다. 이미 내부에서 비롯된 기질을 가지고 있으므로 민첩성을 높이기 위해 교사는 올바른 비계 설정을 해야 한다. 학습자가 잘하고 재미있게 하지만 스스로 달성하기 힘든 상황이므로 다양한 방법으로 접근할 수 있도록 환경을 제공해 준다. 수준 4는 마스터 단계다. 완전한 전문가는 아니지만 독립적이며 반성적 사고와 창조적 생각을 가지고 흥미로운 것을 스스로 찾아 탐구할 수 있다. 기술과 기질, 민첩성 모두 충만한 상태다.

주제(topic)가 원리(principal)를 이해하는 데 어떻게 도움을 주는지는 [그림 2-4]에 나타나 있다.

주제와 원리는 중앙의 작은 원과 이를 둘러싸고 있는 큰 원으로 구성된다. 우선 작은 원은 '핵심적인 주제'를 의미한다. 교사와 학습자가 함께 흥미를 가지고 있는 주제를 선정하게 되는데, 이것이 하나의 생활 주제다. 이 작은 원을 둘러싸고 있는 큰 원은 '여러 가지 원리'를 의미하는데, 이를 사용하여 하나의 핵심적인 주제에 접근해 나간다. 즉, 한 가지 원리만으로 어떠한 주제를 이해하기 어려우므로 다양한 영역과 분야의 원리를 사용하여 주제를 이해해 나가는 것이다. 〈표 2-14〉는 '핵심적인 주제'와 '여러 가지 원리'를 사용한 예다.

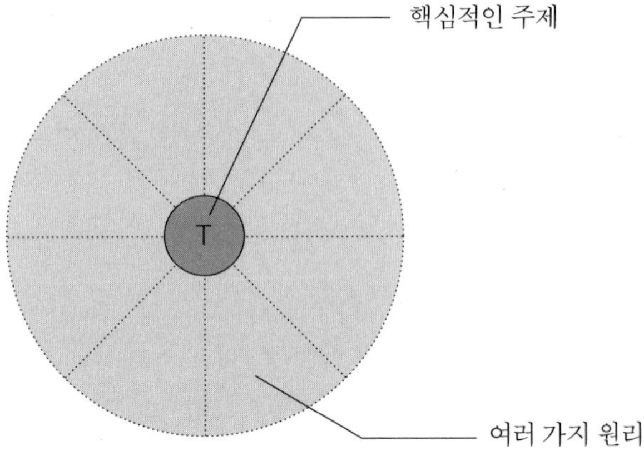

[그림 2-4] 주제와 다양한 원리

핵심적인 주제에 대해 학습자가 흥미를 가지고 개인의 도입 전략을 사용하여 스스로 할 수 있도록 하는 것이 다중지능이론이므로 반드시 과학적으로 접근하지 않아도 된다. 시작점, 즉 도입은 음률, 신체 표현, 이야기 등 다양한 방법으로 할 수 있다. 〈표 2-14〉의 예에서 교사는 "우리는 과학자니까 직접 견학을 하거나 해 볼 수 있다."라는 것을 계속 강조해야 한다.

교사가 다양한 원리를 통해 핵심적인 주제를 교육하고 싶을 때, [그림 2-5]와 같이 지식, 방법, 목적, 형식 등의 여러 가지 방법을 학문적 사고에 기반하여 사용할 수 있다.

지식, 방법, 목적, 형식의 네 개의 원으로 구성된 이해의 영역은 목적이 가장 중심에 있다. 우선 어떤 방법으로 목적을 달성할 것인가에 대해 고민해야 한다. 목적을 둘러싸고 있는 두 번째 원은 방법으로 문제를 해결하기 위해 어떻게 접근할 것인가의 방법적인 측면이다. 즉, 주제에 따라 시를 쓴다든지 그림을 그린다든지 하는 행위를 말한다. 방법을 둘러싸고 있는 세 번째 원은 형식으로서 두 번째 원에서 나타나는 방법을 이루고 있는 형태다. 줄자로 측정하기를 통해 강의 크기를 알아보는 것과 같이 방법이 알고자 하는 형태라고 할 수 있다. 즉, 방법과 형식의 관계는 매우 가까우며 방법은 동사형으로 형식은 명사형으로 표현된다. 가장 바깥쪽의 큰 원은 핵

표 2-14 과학자 시각에서의 과학 원리

• 이해의 다양한 차원은 무엇인가?

주제: '물고기가 원하는 것은 무엇일까?' 활동을 통해 물고기에게 필요한 환경에 대해 학습한다.
사전 활동: 이야기 나누기, 물고기 키우기, 물고기의 종류 찾아보기 등
현장 견학: 먹이 찾기, 강가 견학하기, 물의 온도, 수질, 어망으로 물고기 잡아 물고기 종류 목록 만들기 등
사후 활동: 견학 후 교실로 돌아와서 경험에 대한 평가 활동하기
→ 학습자는 이러한 과정을 통해 스스로를 과학자라고 생각한다.

지식/무엇	방법/어떻게	목적/왜	형식/어디
• 증명 • 물고기가 필요한 것 • 먹이 • 수질 • 영향 • 생존 • 인과관계	• 과학자들이 어떻게 실제적으로 문제에 접근하고 탐색하는가? • 문제해결하기 • 몸으로 해 보기 • 실수하기 • 분류하기 • 검증하기 • 실험하기 • 증거 찾기 • 분석하기 • 읽기 • 비교하기 • 대조하기	• 과학자들은 데이터를 모으고 측정하며, 실제적인 삶의 문제를 해결한다. • 물고기를 잘 기르기 위해서 과학을 사용할 수 있다. • 과학자들은 한 사례에서 배운 것을 다른 것과 비교하여 사용한다.	• 강의 크기 • 교실에 놓을 어항 • 차트 • 언론 • 책 • 인터넷 • 실험

심적인 주제에 대해서 반드시 알아야 하는 지식적인 측면을 말한다. 이는 다양한 방법으로 서로의 연관성을 찾는 연계된 교육을 통해 지식을 습득해야 한다. 즉, 암기식이나 주입식 교육이 아닌 목적을 가진 핵심적인 주제에 대해 다양한 방법과 형식으로 이해를 통한 교육이 이루어짐으로써 학습자가 새로운 지식을 얻는 것이다.

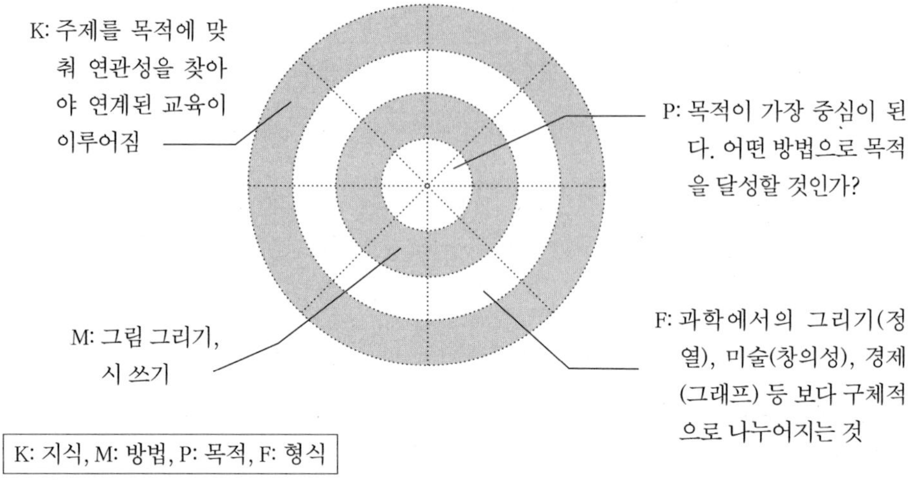

[그림 2-5] 다양한 원리에 따른 이해 영역

5. 다중지능 평가

1) 평가관의 새로운 변화

전통적인 교육 평가관에서는 '검사를 통해 측정할 수 없는 특성은 가르칠 가치가 없다.'는 의견이 주를 이룬다. 즉, 실제로 검사에 대한 의존도가 매우 높은 실정이다. 그 이유는 근대에 공교육이 실시되면서 학교는 사회로부터 학생의 발달 상황을 공개하도록 요구받게 되었고, 그에 따라 보다 객관적인 평가도구를 모색하기 시작하면서 '과학적 검사 운동'이 활발해졌기 때문이다. 과학적 검사 운동은 다수에게 실시함으로써, 비교적 일관성 있는 결과를 산출할 수 있는 대량생산 방식인 표준화 검사의 개발로 그 절정에 이른다(김인식 외, 1996).

전통적 평가에서 전제로 하는 학습 개념과 학습자관은 심리-측정학에서 유래되었다. 이 관점에서는 타당한 교수-학습 평가 방식으로 지필검사를 사용하고, 학생들은 교사가 제시하는 객관적인 지식이나 정보를 수동적으로 받아들이거나 단순히 재생산하는 존재로 간주된다. 즉, 교사는 '객관적이고 타당한 지식과 정보'를 학생에게 가르치고, 학생은 습득한 지식을 이후 기억하거나 재생산해야 함을 강조한다. 따라서 기존의 교수-학습이론의 대부분은 어떻게 하면 교사가 객관적인 지식과 정보를 학생이 빨리 습득하게 할 수 있는가에 초점이 맞추어졌다. 이러한 입장은 전통적인 진리관(외부의 세계나 지식은 개별 인간과는 독립적으로 존재한다는 절대주의적 진리관)에 따라 타당한 것으로 간주되었다.

그러나 최근 전통적인 진리관과 대비되는 새로운 진리관(외부 세계나 지식은 개인과 별개로 존재하지 않고, 개인에 의해 창조 · 구성 · 재조직된다는 상대주의적 진리관)이 인지심리학자를 중심으로 확산됨에 따라, 기존의 교수-학습 방법이나 이론의 타당성에 대한 비판이 일기 시작했다. 인지심리학자에 의하면, '학습자'는 모호하고 불완전한 정보나 지식을 자기 나름대로 이해하고 의미를 구성하는 주체이고, '학습'이란 능동적 · 창의적 · 목적-지향적 과정이자 인지적 구조의 재구성 과정이라는 점이 강조된다. 또한 '학습의 대상'으로 '명명적 · 결과적 지식'뿐만 아니라 '절차적 · 과정적 지식'도 중시하고 있다. 이러한 새로운 진리관이 교육 활동 전반에 도입되면서 교육 목적과 내용, 교육 방법의 변화를 유도할 뿐 아니라 교육 평가도 수행평가와 같은 질적 평가를 강조하는 방향으로 유도되고 있다(백순근, 1995; Baek, 1994).

또한 굿리치(Goodrich, 1998)는 진정한(authentic) 혹은 대안적(alternative) 평가의 추세에서 두 가지 특징을 제안하였다. 첫째, 평가가 학습을 위한 도구가 되어야 하고 둘째, 평가 전략이 사회에서 가치 있게 여기는 특성을 반영해야 한다는 것이다. 그는 표준화 검사 등 전통적 평가도구가 학습을 촉진할 수 없고, 학생들의 특성, 사고 · 협동 능력 등의 평가에 대한 거의 어떠한 증거도 제시하지 못한다고 주장한다. 현재 평가의 관행은 우선 검사 내용을 결정한 뒤, 학생에게 가르칠 내용을 정하는 협의의 평가지만, 그는 모든 학습을 통합하는 질 높은 광의의 평가를 제안하였다.

학교는 국가에서 요구하는 책무성뿐만 아니라 교수-학습의 질 개선, 학습의 성장을 위한 평가 모두에서 균형을 유지할 필요가 있다. 제7차 교육과정이 '학습자 중심의 교육과정'으로 교육과정의 변화와 학습자의 직접적인 수행 중심의 교수-학습 활동 등 교육 개혁을 강도 높게 요구하는 현실은 이러한 시대적 흐름을 반영한 것이다. 7차 교육과정에서 강조되고 있는 수행평가의 도입은 학습의 결과뿐만이 아니라 과정도 중요하며 질적인 평가는 양적인 평가 못지않게 많은 정보를 얻을 수 있다는 새로운 인식의 변화를 가져왔다.

2) 다중지능이론과 평가

다중지능이론은 인간이 서열화할 수 있는 단순한 지능을 소유하기보다 각각 다른 지적인 장단점이 있으며, 사용하는 인지적인 목적 유형이 서로 다른 복합적인 지능을 가진다는 것(Kagan & Kogan, 1970)을 전제조건으로 한다. 인간이 다양한 인지 유형과 개인 고유의 장점을 지닌다는 사실은 학교교육 과정과 평가에 매우 중요한 교육적 시사점을 주고 있다. 다중지능이론은 학교의 역할 및 방향과 관련하여 학교의 목적은 학습자 개인이 가지고 있는 독특한 능력과 지능을 규명하여 발전시켜야 한다는 점, 학교의 교육과정은 언어와 논리-수학적 지능만을 강조하는 교육과정으로 구성해서는 안 된다는 점, 효과적인 수업이란 학습자가 독특하게 가지고 있는 지식의 습득 방법을 적용하고 고취시켰을 때 학습자에게 보다 의미 있고 학습 동기가 증가되며 효과적이라는 점, 따라서 수업과 학습의 과정은 학습자의 인지적 학습 방법에 적합한 개별화가 보장되어야 한다는 점, 지능이란 구체적인 생활 상황에서 학습자가 문제를 해결해 나가는 능력이기 때문에 지능과 학습자의 능력에 대한 평가는 인위적이고 제한적인 기능을 가지는 전통적인 지필검사법에 의해서가 아니라 수행평가와 같은 대안적 평가 방법 등을 통하여 이루어져야 한다는 점을 시사하고 있다(Nelson, 1997; 박효정 외, 2006에서 재인용).

특히 학생 발달과 학업 성취에 대한 평가는 학생의 능력 규명과 이해를 반영하는 데 결정적인 역할을 한다. 다중지능이론은 학습자의 숨겨진 발달적 특성을 규명하고 발전시키기 위해서 현행 학교교육에 만연해 있는 교과 내용의 습득 수준에 기초한 학습자 평가에서 벗어나야 한다고 주장한다. 즉, 교수자가 학습자의 이해 정도를 제대로 평가하기 위해서는 사지선다형과 빈칸 메우기 식의 검사보다는 훨씬 정밀하고 광범위한 평가가 필요하다(Gardner, 1993; Herman, Aschbacher, & Winters, 1992).

다중지능이론에 기초한 새로운 평가 방법의 일반적 특성은 다음과 같다(Gardner, 1993; 유완영 외, 1999에서 재인용).

첫째, 시험보다는 평가에 초점을 둔다. 평가란 개인의 기술과 가능성을 파악하여 본인뿐 아니라 주변에도 그 정보를 제공하는 활동이다. 반면에, 시험은 중립적이고 탈맥락적인 환경에서 형식적인 도구를 사용하여 지식 수준을 측정하는 기술적인 방법이다. 특히 평가와 관련된 심리학계나 교육계는 시험이 아닌 평가를 구현하기 위해 노력해야 한다(Cross & Angelo, 1988). 또한 정규적이고 체계적이며 유용한 평가에 도움을 주는 방법과 도구를 개발해야 한다.

둘째, 단순하고 자연스러우며, 신뢰성 있는 계획에 근거한 평가 방법이어야 한다. 평가를 학기 중 특정 시점에 시행하기보다는, 학습과정에 자연스럽게 편입시켜 학습 환경과 연계된 상태에서 빈번하게 이루어지도록 한다. 물론 처음 평가를 실시할 때는 교육과정과 구별이 되겠지만, 점차 평가를 별도로 인식하거나 지칭할 필요 없이 학습자와 교사 모두가 이를 교육의 일부로 자연스럽게 받아들이게 될 것이다.

셋째, 생태학적 타당성을 가진다. 정형화된 평가의 가장 큰 문제는 타당성, 즉 어떤 기준과의 상관관계다(Messick, 1988). 기존의 지능검사는 학교 성적의 추측에는 유용할지 모르지만, 모든 학업을 마친 뒤 사회생활에서의 성공 여부는 예측할 수 없기 때문에 타당성에 문제를 가진다. 최근의 평가 방법은 진정으로 평가해야 할 영역으로부터 멀리 이탈되어 있다. 만약 개인이 실제 작업하는 환경과 유사한 상황에서 평가할 경우, 궁극적인 성취도는 더 정확하게 예측할 수 있다. 학생들은 '정형화된 시험'이라는 단순 작업에 수백 시간을 보내지만 일단 학교를 졸업하면, 이와 유사한 환경을 접하는 경우는 거의 없다.

넷째, 공정한 지능 평가도구여야 한다. 기존의 시험도구들은 언어와 논리-수학적 지능의 측정에 편중되어 있다. 이 분야에 소질 있는 운 좋은 사람들은 실제로 시험이 측정하는 분야를 잘 모르더라도 좋은 성적을 낼 것이다. 같은 맥락에서 언어나 논리-수학적 지능이 낮은 사람들은 단지 표준화된 도구의 형식을 익히지 못했다는 이유로 다른 영역을 측정하는 도구에서 좋은 성적을 거둘 수가 없다. 이러한 이유로

언어나 논리를 거치지 않고 사용되는 지능을 직접 측정하는 공정한 지능 평가도구를 개발해야 한다.

다섯째, 개인차, 발달 수준, 전문성을 주의 깊게 살펴야 한다. 이들을 고려하지 않은 평가도구는 시대착오적이다. 교사나 전문가는 개인차의 중요성을 인식해야 한다. 개인차의 인식은 학생 평가를 담당하는 교수자의 올바른 자세로서, 교원 양성과정 혹은 교사 훈련과정에 도입되어야 한다. 교사들이 이에 대한 교육을 받아 여러 지능 영역에 대해 구성함으로써 자연스럽게 실제 교육 현장에서 개인차를 확인하고 이를 교육에 반영할 수 있다. 개인차에 대한 예민성은 교사가 지녀야 할 능력으로, 정규 수업 활동뿐 아니라 평가과정에도 활용되어야 한다. 교사가 특정 영역에 대한 알맞은 평가와 학생의 개인차에 관한 자신의 직관을 활용한다면, 최상의 평가가 이루어질 것이다.

여섯째, 다양한 측정도구를 사용한다. 특정 능력을 측정하기 위해 고안된 일련의 도구 사용이 바람직할 수도 있다. 하지만 미국의 재능아 프로그램의 가입 기준이 IQ 130으로, 131점은 자격이 있고 129점은 자격이 없다는 것은 불행한 일이다. IQ가 130에 이르지는 못하나 근접한 지원 아동을 다른 '재능' 있는 아동과 일정 기간 함께 배우게 한 후 그 결과를 본다든지, 아동이 제작한 작품을 평가한다든지, 포부를 들어 보는 것도 생각해 볼 수 있다. '일차원적인' 도표 대신 학습과 생산성의 여러 차원을 측정한 그래프를 보고 학생을 판단하는 것이 교육 발전에 획기적인 계기를 마련해 줄 것이다.

일곱째, 내적 동기를 유발하고 흥미 있는 자료를 사용한다. 정형화된 시험의 문제점은 자료가 학생의 흥미를 전혀 유발하지 못한다는 점이다. 좋은 평가도구는 학습 경험 그 자체다. 중요한 것은 학생들이 평가과정에 참여하는 데 흥미와 동기를 유지하는 것이다.

여덟째, 학생에게 도움을 줄 수 있는 평가가 이루어져야 한다. 형식적 검사가 지니는 또 다른 문제점은 점수의 사용이다. 시험점수를 받으면 백분위 등급을 보고 자신의 학문적인 능력, 심지어 자신의 가치에 대하여 결론을 내린다. 평가의 목적은 무엇보다도 학생을 돕는 데 있어야 한다. 평가자는 학생의 장단점을 밝혀내고 어떤 학습이 생산적이며, 어떤 과목을 더 할 것인지, 앞으로의 평가는 어떻게 할 것인지 등을 학생에게 알려 주어야 한다. 이때 구체적으로 조언해야 하며, 다른 학생들과 비교하지 말고, 그 학생이 지니는 상대적 장점을 강조해 주어야 한다.

김명희 외(1998)는 다중지능이론에 기초한 평가 방향이 교육자와 현장 교사에게 크게 세 가지 면에서 의미가 있다고 보았다.

첫째, 학교 학습의 전체적 과정은 학생의 다중지능 영역에서의 강점과 특징을 규명하여 그에맞는 개별화 발달 프로그램을 제공하는 것이어야 한다. 이러한 목적을 위하여 교육과정과 수업 영역은 학생의 잠재된 지능을 발현시키고 강화할 수 있는 방향으로 설계되어야 한다. 보다 구체적으로 살펴보면 교육과정과 수업의 목표 및 내용이 학생의 다중지능의 강점을 규명한다는 평가의 목표를 달성하기 위하여 사전에 면밀하게 고려되어야 한다. 특히 다중지능이론에서 정의하는 지능은 실제 문제 해결력이기 때문에 수업은 학생의 그러한 능력을 구체적으로 드러낼 수 있는 활동들로 구성되어야 한다. 이는 교육과정과 수업, 평가가 독립적으로 작용하기보다는 정확한 평가를 위하여 유기적으로 구성되어야 함을 시사한다.

둘째, 평가 방법과 관련하여 전통적인 방법에서 벗어나 학생 지능의 지시자로서 수행 능력을 보여 줄 수 있는 적절한 평가 방법을 개발하고 실행해야 한다. 평가와 학습은 사지선다형이거나 단선적 질문이 아니라 보다 대안적인 학생 평가 방법을 고려하는 것이 필요하다. 이를 위하여 프로젝트, 포트폴리오, 질적 평가 방법(예: 면담, 관찰, 내용 분석) 등이 학생 평가를 위한 중요한 평가 방법으로 인정되고 적용되어야 할 것이다.

셋째, 새로운 평가 프로파일을 개발해야 한다. 구체적인 상황에서의 학생의 수행 능력, 인지 유형, 지적 탐구력, 흥미 발견, 강점과 약점의 기록을 위해서는 기존의 점수 중심의 보고서는 적절하지 않다. 그 대신 발달 프로파일을 작성하여 학생이 가지고 있는 능력은 무엇이고, 그 능력이 어떻게 발견되었는지 기술하는 것이 평가의 주요 활동이 될 것이다. 이러한 자연주의적 평가 방법은 인위적이고 스트레스를 유발하는 평가 절차를 거치지 않더라도 학생의 재능과 능력을 학습과정에서 발견할 수 있는 장점이 있다. 대안적 발달 프로파일의 작성은 현재 학교에서 실시하는 교과 중심, 학업 성취 중심의 학업 성취 기록 방법(성적표)을 보완하거나, 아니면 새로운 형식인 학생의 다중지능의 발달과정과 특성을 자세히 보여 줄 수 있을 것이다.

개개인의 정신은 고유하며 따라서 삶의 특정 시기에 보여 주는 지능 프로파일도 사람마다 놀랄 정도로 다르다. 교육이란 이러한 다양성을 수용할 수 있도록 구성되어야 하며 모든 사람이 각자가 지닌 지적 가능성을 극대화할 수 있어야 한다. 이를 위해서는 학생들이 학교교육을 통해 몇 가지 핵심적인 학문 분야에서 이해의 수준을 높게 촉진할 수 있어야 한다. 이해를 위한 교육은 시험을 치르기 위해 외웠다가 잊어버리는 그러한 지식이 아니라 학생들이 실제 삶에서 수행으로 연결할 수 있도록 도모하는 교육이다. 가드너(1991)는 이해란 학생들이 학습한 개념이나 지식이 하나의 성취물로 연결될 때 비로소 명확해지는 것으로 어떠한 교육적인 환경에서 획득한 지식, 개념, 기술 등을 새로운 환경이나 상황에 적절하게 적용할 수 있는 것이라고 하였다. 앞서 이해를 위한 교육과정에서 언급하였듯이 학생들의 이해를 위한 교육을 실현하기 위해서는 기존의 인위적 교실 상황에서의 지필검사 형태가 아니라 학생들이 그 지능 영역에서 요구되는 성취물을 만들어 내는 과정과 결과물에 대한 보다 정밀하고 광범위한 평가가 요구된다.

3) 다중지능 평가 방법

인간의 지적 능력에 대한 지각을 확대시킨 가드너의 다중지능이론은 학생을 교육하고 그 능력을 평가하는 방법의 변환을 촉구하였다. 여기서는 각 지능의 발달을 평가하는 대표적인 방법들로 포트폴리오 평가와 루브릭 체계를 살펴보자.

(1) 포트폴리오

포트폴리오는 새로운 평가 방법으로 수집된 모든 기록을 저장하는 용기와 같다고 할 수 있다. 또한 포트폴리오는 학생이 자신의 변화과정과 장단점, 성실성 여부, 잠재 가능성 등을 스스로 인식할 수 있고, 교사가 학생의 과거와 현재의 상태를 쉽게 파악하여, 앞으로의 발전 방향에 대한 조언을 하는 데 유용한 하나의 평가 방법이기도 하다(정종진, 1999). 아터(Arter, 1992)는 포트폴리오란 "특정 분야에서 학생의 성취, 진보, 노력 등을 나타낼 수 있는 학생의 작품을 의도적으로 수집한 것" 이라 하였고, 폴슨과 폴슨(Paulson & Paulson, 1992)은 "주어진 영역에서 노력, 진보, 성취를 보여 주는 학생 활동의 목적적인 수집" 이라고 정의하였다.

포트폴리오는 하나 혹은 그 이상의 영역에서 학생의 진보, 노력, 성취를 보여 주기 위한 학생 활동의 가치 있는 수집으로, 수집품은 내용을 선정하는 것, 선정하기 위한 준거를 설정하는 것, 판단하기 위한 준거, 학생의 자기반성의 증거를 포함해야 한다(안혁신, 1998; Seidel et al., 1997).

포트폴리오는 시간에 따른 성장을 보여 주는 학생의 활동—쓰기, 리포트, 수행물, 지도, 경험, 봉사활동 등—으로 구성된다. 대부분의 포트폴리오에 포함되는 것은 글로 문서화된 것이 많지만 그렇지 않은 자료도 있다. 예를 들어, 연극, 노래 등은 비디오테이프로 녹화해서 보관하기도 한다. 또한 포트폴리오는 표준화 검사나 각종 시험을 포함하기도 한다. 하지만 검사나 시험은 학생들의 학습을 보여 주는 것이어야 한다. 즉, 포트폴리오에 보관되는 각종 검사나 시험은 그 내용을 학생들이 이해했다는 증거가 확인되어야 한다. 포트폴리오에 포함되는 학생 활동 수집 목록을 살펴보면 〈표 2-15〉와 같다.

표 2-15 포트폴리오에 포함되는 학습 활동 수집 목록

	활동 수집 목록
문서 목록	• 교사 관찰일지 • 책-리포트 • 현장 보고서 • 목록(관심 목록, 독서 목록 등) • 참고 기록(학생-교사-부모 또는 학생-교사) • 연구논문 • 저널 • 학생들이 읽은 독서 목록 • 프로젝트 보고서 • 독서일지 혹은 기록지 • 실험실 연구조사지 • 자기평가지 • 글쓰기 견본, 부모님의 논평
자료 목록	• 비디오테이프 • 오디오 테이프 • 그림과 다이어그램 • 벽화 • 사진 • 작품 견본
활동 목록	• 문제풀이 활동 • 시뮬레이션 • 풍자극 또는 인형극 • 인터뷰, 질문에 대한 학생의 응답

그리고 포트폴리오에는 각 과제의 선정 이유를 제시하고, 어떻게 학생의 활동을 평가할 것인지, 어떤 기준으로 판단할 것인지에 관한 분명한 평가 준거를 제시해야 한다. 또한 학생의 자기평가는 학생 스스로 자신의 진보와 장점을 평가하고, 학습 목적에 대한 책임감을 가지게 한다는 점에서 포트폴리오에서 빠질 수 없는 요소다.

학생들은 어떻게 포트폴리오에서 자기평가를 하는가? 자기평가는 서류화, 비교, 통합의 세 가지로 나눌 수 있다(Paulson & Paulson, 1992). 서류화는 포트폴리오에 과제나 보기 선정에 대한 이유를 제시하여 과제 선정을 정당화한다. 예를 들어, 학생들에게 '최고 작품'을 선정하라고 요청했다면 학생들은 자신이 왜 이 작품을 최고 작품으로 선정했는지 그 이유('설명한 것이 좋기 때문에', '맞춤법이 틀리지 않아서' 혹은 '주제가 좋아서' 선택함)에 대해 설명한다. 비교를 통한 자기평가는 학생들을 더욱 향상시키기 위한 방법으로 초창기의 작품과 최근의 작품을 비교하여 다른 점을 기록하는 것이다. 자기평가의 세 번째 방법인 통합은 학생들이 더욱더 일반적인 방법으로 학습을 설명하는 것이다. 학생들은 자신이 성장했다는 증거를 보여 주기 위해 구두, 글쓰기 혹은 다른 형태로 독자적인 학습자로서의 장점을 보여 주려는 과제의 모든 수행을 통합하여 제시한다(안혁신, 1998).

(2) 루브릭

루브릭은 다중지능을 평가하기 위한 또 하나의 도구다. 라틴어로 붉은색을 뜻하는 루브릭은 종교 예배 행사의 지침이나 법원의 결정 내용 중 중요한 것을 강조하기 위한 방법으로 사용하였는데, 여기서 루브릭은 '중요하다'는 의미를 담고 있다. 그러나 현재 수행평가에서는 학생의 수행 결과를 평가하기 위한 서술식 채점 척도라는 뜻으로 통용된다(김영천, 2000).

루브릭은 다음과 같이 전통적인 평가 방법과 구별되는 차이점이 있다(김영천, 2007). 첫째, 평가 영역이 세부적으로 제시된다. 전문적으로는 크라이테리어(criteria, 준거)라고 하는데, 이는 평가할 내용을 말한다. 예를 들면, 글쓰기 능력을 평가하는 경우, 훌륭한 글이 갖추어야 하는 준거로는 글의 구성, 결론 도출, 맞춤법, 흥미도 등이 된다. 둘째, 학생의 학습 결과는 점수가 아니라 단계로 표현된다. 학생의 수행 결과는 60점 또는 80점으로 표현되는 것이 아니라 단계 1, 2, 3으로 표현된다. 가장 일반적으로 사용되는 단계는 3단계로서 단계 1은 가장 낮은 수준을, 단계 3은 가장 높은 수준을 의미한다. 학생의 수행 결과를 보다 정확하게 구분하고자 할 때는 5단계가 사용된다. 5단계 루브릭은 3단계 루브릭보다 학생의 수준을 좀 더 정확하게 구분해 낼 수 있다. 우리나라의 경우 1단계, 2단계, 3단계의 용어 대신 상, 중, 하로 사용하기도 한다. 셋째, 각 단계에는 학생들의 수행이 갖는 질적인 특징을 서술적으로 설명해 놓은 진술문이 제시된다. 기술자(descriptors)라고 불리는 진술문은 단계 1에 해당하는 학생 수행의 특징과 숫자로 표현하기 어려운 학습 기술의 특징이 문장으로 만들어진다. 이때 이 기술자는 평가자가 정확하고 객관적인 판단을 내릴 수 있도록 관찰 가능하고 측정 가능한 증거와 용어 그리고 행동으로써 진술된다. 기술자가 자세하게 기술될수록 점수로 표현하기 어려운 학생의 수행상의 특징을 측정하는 데 도움을 준다.

책 읽기 수행에 대한 루브릭 예는 〈표 2-16〉과 같다(김영천, 2007).

루브릭은 학생의 수행이 갖고 있는 특징과 문제점 그리고 수준을 정확하게 진단하는 역할을 한다. 또한 평가에 대한 기준으로서 학생이 학습의 결과로 제시한 자신의 작품이 어떻게 평가될 것인지를 이해하는 효과적인 도구가 된다. 학생은 평가 준거에 비추어 과제 또는 평가 상황을 스스로 준비하고 감독할 수 있어 책임감이 증대되는 등 자기 조절 학습 태도를 형성하는 데 도움을 준다. 루브릭의 개발은 학생뿐만 아니라 교사의 수업 준비와 연구, 교사들 간의 협동적인 연구 문화를 촉진하는 결과를 가져왔다.

표 2-16 책 읽기 수행 루브릭

기준: 학생들이 수행하는 과업의 단계

	초보 단계	기초 단계	숙련 단계	심화 단계
책의 선택	• 읽기는 괴롭다. • 읽기는 너무 많은 시간을 요한다. • 책을 고르는 것을 좋아하지 않는다. • 읽기보다 다른 일을 하는 것을 더 좋아한다. • 오직 그림책만을 고른다.	• 책을 고르는 데 도움받기를 좋아하거나 필요로 한다. • 그림책을 고르거나 쉽고 익숙한 책을 고른다.	• 스스로 책을 고르기 시작한다. • 좋은 책을 고른다. • 분량이 각각 다른 책을 고른다. • 여러 가지 형식의 책을 고른다.	• 스스로 책을 고른다. • 약간 어렵고 도전적인 책을 고른다. • 폭넓게 읽는다. • 여러 가지 형식의 작가를 많이 안다.
독서에 대한 지속적인 몰입	• 읽기 시간 동안 정신이 산만해진다. • 읽기를 하는 데 감독이 필요하다. • 읽지 않고 페이지를 자주 넘긴다.	• 읽기 과제가 주어졌을 때나 요구될 때 시키는 대로 따른다. • 짧은 시간 동안만 읽기에 집중할 수 있다.	• 어느 정도의 시간 동안 읽기에 집중한다. • 선택이 책 읽기일 때, 책을 읽는다.	• 상당한 시간 동안 읽기에 집중한다. • 여러 가지 선택 상황에서 책을 선택하여 읽는다.
대화나 상담을 통한 문학에 대한 반응	• 약간의 세부 사항으로 질문에 답한다. • 내용을 재진술하는 것이 정확하거나 완전하지 않다. • 비록 그림으로 표현되어 있다 하더라도 종종 내용의 주제가 무엇인지 이해하지 못한다.	• 책에 대해 이야기할 때, 교사가 단서 등 정보를 제공해 주는 것이 필요하다. • 질문에 답할 때, 스스로 질문 이외의 추가 내용도 진술한다. • 내용을 거의 완벽하고 정확하게 요약한다. 그러나 중요하지 않은 내용이 포함되기도 한다. • 자신의 의견이나 느낌이 거의 드러나지 않는다. • 사실을 말하는 데 집착한다.	• 토론을 통해 책에 대하여 가지고 있는 정보나 느낌을 공유한다. • 정확하게 세부 사항을 요약한다. • 글 속에 드러나 있는 유머를 인식한다. • 질문에 답할 때, 자신의 의견을 드러낸다.	• 자유롭게 책에 대한 정보나 느낌을 공유한다. • 정확하게 세부 사항을 요약한다. • 유머를 즐기고 감상한다. • 질문과 의견을 제시한다. • 책에서 사용된 언어 표현을 일상적인 대화에서 활용한다.

4) 다중지능 평가 프로젝트

다중지능이론을 활용한 교육과정 및 프로젝트 사례를 통하여 다중지능 평가에 관한 아이디어를 얻을 수 있다. 가드너(1993)는 많은 평가 프로젝트를 통하여 다중지능이론을 학교교육 현장에 적용하려는 시도를 하고 있다. 그 대표적인 것이 프로젝트 스펙트럼, 키 초등학교, 아트 프로펠이다.

(1) 프로젝트 스펙트럼

프로젝트 스펙트럼은 개인의 인지 발달 수준이 각각 다르기 때문에 학생 개개인이 각각의 영역에서 상대적으로 우열하다는 것을 전제로 한다. 스펙트럼 평가는 학생들에게 각기 다른 형태의 시험을 제공하는 것이 아니라 학생들이 다양한 영역에 참가할 수 있는 기회를 제공한다. 스펙트럼 평가에 관련된 지료에는 사회적 · 운동적 · 음악적 · 수학적 · 언어적 · 기술적 · 예술적 · 과학적 영역이 포함된다. 스펙트럼은 학생의 지능 프로파일과 작업 유형을 측정하는 것이 목적이며, 15개의 지적인 능력과 18개의 작업 유형의 특성을 가지고 학생을 진단한다. 인지 능력의 영역 및 작업양식은 앞의 프로젝트 스펙트럼에서 자세하게 설명하고 있다.

스펙트럼은 그저 학교라는 환경 내에서만 의미 있는 기술에 치우치지 않도록 학생들이 성인이 되었을 때를 가정하여 사회에서 의미 있고 성과로 이어질 만한 기술에 초점을 맞추었다. 예를 들어, 그저 논리-수학적 기술을 추상적으로 파악한 것이 아니라, 과학적인 창의력으로 발전할 수 있는 능력을 찾아내려고 했으며, 문장의 단순 암기력보다는 이야기를 구술하거나 자신의 경험을 생생하게 묘사하는 능력을 연구 대상으로 삼았다. 또한 스펙트럼은 관련된 여러 지능을 동원해 과제를 수행하는 활동이 많다. 예를 들어, 다양한 생물학적 표본을 통해 학생들이 이를 관찰 · 비교할 수 있도록 하는 자연수의자의 학습 코너가 있는데, 여기에서는 감각 능력뿐 아니라 논리-분석력을 사용하게 된다. 또한 동화 이야기 부분은 학생들이 인형을 사용해 상상의 이야기를 만들어 내거나 자신의 이야기를 직접 이야기판에 꾸미게 함으로써 언어력과 상상력 및 연극력을 키운다. 또한 집짓기 부분에서는 학생들이 교실의 모형을 짓거나 교사와 학생들의 축소사진을 가지고 놀 수가 있는데, 여기서는 공간적・신체-운동적・대인관계적 지능을 사용하게 된다(김명희, 이경희, 1998).

또한 학생들이 과제를 대하는 태도를 정확하게 파악하기 위해 인지 능력뿐만이 아니라 그 과제를 대하는 작업 유형도 관찰하였다. 작업 유형이란 학생이 분야의 내용에 관련된 자료와 상호작용하는 방법으로서, 활동 계획을 세우거나 과제를 생각해 보는 것 혹은 끈기 수준 등을 예로 들 수 있다. 어떠한 학생들은 내용에 상관없이 어떠한 과제에도 같은 작업 유형을 보이는가 하면 다른 학생은 영역에 따라 다른 유형을 보인다. 이러한 정보는 특정 학생에게 적합한 교육 방식을 개발할 때 유용하다.

학생들은 1년여에 걸쳐 각 자료가 가지고 있는 독특한 조합의 기술과 지능을 통하여 다양한 학습 경험을 한다. 1년이 지나면 교사는 모든 대상 학생에 관한 정보를 정리한 '스펙트럼 보고서'를 작성한다. 학생들의 강점과 단점에 대한 규명은 스펙트럼의 도구에 의하여 평균보다 한 표준편차가 높으면 그 영역에 강점을 갖는다고 보았으며, 반대로 평균보다 한 표준편차가 낮으면 약점으로 보았다. 이 보고서에는 학생이 가진 강점과 단점을 기록하며, 집, 학교, 공동체에서 학생의 강점을 키워 주고 단점을 보완해 줄 수 있는 구체적인 방법을 추천해 준다.

크레체프스키와 가드너(Krechevsky & Gardner, 1990)는 프로젝트 스펙트럼의 평가체제를 이용해 다중지능이론의 타당성을 검증하는 예비 연구를 수행하였는데, 그 주요 결과는 ① 스펙트럼은 학생의 독특한 지능 프로파일을 밝힐 수 있고, ② 한 영역에서의 강점은 다른 영역에서의 수행을 용이하게 할 수 있으며, ③ 대부분의 학생은 특정 영역에서의 작업 유형을 나타낸다는 것이다.

(2) 키 초등학교

키(Key) 학습 공동체는 인디애나폴리스 초등학교의 8명의 교사집단의 협동과정에서 창출된 것으로, 주제학습, 프로젝트, 플로우(Flow) 활동센터, 파드(Pods), 방과후 프로그램, 수요일 오후 프로그램 등 다양한 교육과정을 운영하고 있다(김명희, 정태희, 1997; 김명희, 이경희, 1998).

키 초등학교에서의 학생에 대한 평가는 철저하게 수행평가에 기초한다. 기존의 전통적인 평가에서 주로 실시되는 지필고사 형식의 시험은 전혀 없으며, 점수나 등급, 백분율과 같은 단일화된 관점으로 학생들을 평가하지 않는다. 평가는 교사 평가만이 아니라 학생의 자기평가 그리고 동료, 부모, 지역사회 인사의 평가까지 포함하는 다차원적인 평가 방법을 취한다. 평가 기준의 선정에 있어서도 학생이 함께 참여한다. 학생들 스스로가 좋은 활동이 무엇인지 결정하는 토론에 함께 참여하여 의견을 제시함으로써 학습자 평가의 양면에서 통찰력을 얻게 되는 것이다.

교사들은 매 학기 초에 어떤 개념이 학습되어야 하고, 어떻게 그리고 어떤 평가 방법을 요구하는지를 명확히 한다. 학생들의 교실에서의 활동과 상호작용은 계속적인 관찰을 통해 기록된다. 프로젝트 발표는 학생별로 졸업 때까지 비디오 포트폴리오로 보관된다. 특별히 키 초등학교의 평가 방법 중 가장 폭넓게 활용되는 것은 각 활동에 내한 학생들의 자기평가다. 학생들은 자신의 장단짐뿐 아니라 자신의 수행 정도를 평가할 수 있고, 자신이 무엇을 학습했는지 확실히 알 수 있다. 학생들은 일지, 동료 평가, 체크리스트, 전시물, 학생과 교사의 비형식적인 토론, 포트폴리오 등으로 자신들의 학습을 나타낼 수 있다. 키 초등학교는 학생들의 각 지능에 대한 평가를 학생들의 진보 수준, 수업의 참여 정도 그리고 발달적 연속에 따른 수행 수준 등으로 평가하여 평가 보고서를 작성한다.

키 초등학교의 학생에 대한 평가는 학생이 자발적으로 활동에 즐겁게 참여하는 것이 평가 내용의 중요한 한 부분이 되며, 수행 능력이 뛰어난 학생과 그렇지 못한 학생을 서열화하는 것이 아닌 각 학생의 진보 상태를 보여 줌으로써 학생 자신의 향상 정도를 스스로 통찰할 수 있도록 해 준다.

(3) 아트 프로펠

학생의 자기 주도적 학습이라는 목표 아래 아트 프로펠(Arts PROPEL)은 1985년 록펠러 재단의 후원하에 하버드 프로젝트 제로, 교육평가기관 그리고 피츠버그 공립학교의 교사와 행정가의 활발한 연계 속에서 추진된 협동 연구를 통해 발전되어 왔다. 아트 프로펠은 미국에서 중학교 수준에서 음악, 시각예술, 창의적 글쓰기의 세 가지 예술 영역을 포함하는 교육과정 프로젝트인데, 이것은 일련의 평가도구 개발과 수업과정에서의 사고력 평가에 목적을 두고 있다(박효정 외, 2006).

평가하고자 하는 세 가지 능력은 창작, 지각 그리고 반성이다. 창작은 작곡 혹은 음악 연주, 그리기와 칠하기, 상상 혹은 창조적인 글쓰기 등 아이디어를 떠올려 작품 활동을 하는 것이다. 지각은 학생들이 자신과 타인의 작품 사이의 관련성을 파악하거나 예술 형태 내에서 독특함 혹은 예술적으로 사고하는 것을 말한다. 그리고 반성은 자신의 감각이나 작품에서 한 발자국 물러나 목적, 방법, 어려움 그리고 효과 등을 이해하는 능력이다.

아트 프로펠 연구자들은 예술적 능력을 진단하기 위한 도구로 영역 프로젝트(domain project)와 프로펠 포트폴리오(processfolio)를 사용한다. 영역 프로젝트는 장기간의 개방된 프로젝트로 단지 예술적인 기법뿐만 아니라 사회적인 이슈와 개념에 대한 것도 포함된다. 영역 프로젝트는 예술 영역을 통해 학생의 깊은 이해를 돕고자 고안된 것으로서 결과뿐만 아니라 과정 또한 중시하여 실험, 연구, 조사 등의 광범위한 기회를 포함하는 학습법이다. 또한 교사 평가뿐만 아니라 학생의 자기평가, 동료 평가를 포함하여 창작, 지각, 사고를 통합한다. 프로펠 포트폴리오는 창조적 과정의 각 단계별 학생 작품을 통해 학생의 발달과정을 규명하는 것으로서 데생, 유화, 작곡, 작문과 같은 예술작품을 최초의 아이디어 구상에서 초벌작을 거쳐 최종 완성품이 나올 때까지 전 과정의 자료를 수집하는 활동이다(안혁신, 1998; 박효정 외, 2006).

영역 프로젝트와 프로펠 포트폴리오는 작품의 완성도, 수준, 기술만이 아니라 학생들의 개성을 확인하는 것을 강조한다. 학생들이 자신의 장단점을 지각하는지, 정확히 사고할 수 있는지, 비판을 근거로 발전할 수 있는지, 다른 사람의 비판에 귀를 기울이는지, 자신의 발달 정도에 민감한지, 영역 프로젝트에서 배운 것을 생산적으로 사용할 능력이 있는지, 새로운 문제를 찾아 해결하는 능력이 있는지, 과거의 경험을 현재 혹은 미래로 연결할 능력이 있는지, 한 가지 인지적인 관점에서 다른 관점으로 빠르고 적절하게 전환하는 능력이 있는지 등을 평가한다.

이처럼 다중지능이론이 적용되는 교실에서의 학습자 평가는 지필검사 중심의 전통적인 평가 방법에서 벗어나 학생의 이해를 진정으로 경험하고 평가할 수 있는 수행평가 중심으로 이루어진다. 물론 수행평가가 현장 교육자에게 많은 고통과 인내를 감수할 것을 요구하고 나아가 학습자의 수행 성공 예측률이 전통적인 평가 방법에 비해 정확성이 얼마나 높은가에 대해서는 많은 실증적인 통계 연구가 나와 있지 않지만, 교육 개혁의 한 흐름으로서 무엇보다 학습자의 잠재력을 규명하고 학습자의 진정한 발달을 평가하는 중요한 방법론임에는 분명하다.

제3장

다중지능이론과 실제

1. 학급 경영
2. 주제 중심 학습
3. 한국적 유아용 수행평가 도구의 실제
4. 지능 영역별 학습
5. 프로젝트

1. 학급 경영

초등학교: 아름다운 변화를 꿈꾸는 무지개반 이야기

1) 변화, 그 아름다운 움직임

능력 있는 교사란, 하나의 개념에 여러 가지 다른 창문을 열어 줄 수 있어야 한다고 했다. 다중지능이론에 기초한 학급 경영 방법을 단적으로 제시한 말이다. 각자 독특한 자신만의 빛깔을 가지고 있으면서 함께 어울렸을 때 그 아름다움과 영롱함에 모두가 감탄하는 무지개의 속성을 닮은 그런 학급을 만들기 위해 해마다 1년간의 긴 드라마인 '아름다운 변화를 꿈꾸는 무지개반 이야기'의 극본을 쓴다.

1년간 함께 꾸려 가야 할 학급 경영의 대주제를 항상 3월 초에 학생들과 함께 의논한다. 해마다 조금씩 다르기는 하나 대체로 오랜 기간 변하지 않고 오르내리는 명제가 '아름다운 변화' 다. 나날이 변하는 세상 속에서 변해야 할 것과 오래도록 변하지 않아야 할 것들을 함께 나누며 우리의 일상이 아름답게 변화되는 날들로 새로워지기를 다짐한다. 소주제는 '따로 또 함께', 실천 덕목은 '비전을 가지고 도전하라. 그리고 실력을 갖추고 신뢰받는 행동을 하라.'다. 어휘는 각 학년의 수준에 맞게 '혼자서도 잘해요. 함께라면 더 좋아요.', '내 꿈은 내가 아는 만큼 커지고, 남을 아는 만큼 이루어져요.', '세상의 변화는 나의 아름다운 변화로부터', '내가 변화한 만큼 세상은 바뀐다.' 등으로 바꾸어 사용한다.

함께 생활할 교사와 학생들이 서로의 다중지능 프로파일을 파악하는 것은 학급을 운영하는 데 중요한 요소다. 각자의 독특한 강점이나 성향을 알고 인정함으로써 서로를 존중하고 도와주며 공존의 중요성을 깨달아 가기 때문이다. 또한 학생들의 장래 진로와 연결할 수 있는 수준별 학습의 기초를 마련하고, 이를 토대로 몰입교육의 방향을 제시할 수 있다. 교사와 학부모 및 주위 사람들의 역할은 매우 중요하다. 이는 일 년 내내 세심한 관찰과 평가를 통해 알 수 있는 지능의 측정이 된다. 교사는 학생들의 강점과 약점 지능을 알고 함께 보완해 갈 수 있도록 학급 경영을 학생들과 함께 구상한다.

거대한 우주 공간 속에서 사람은 작은 우주라 불릴 만큼 그 존재 가치가 크다는 것을 학생들 스스로는 물론 다른 사람을 대할 때도 인식할 수 있도록 3월 한 달 동안은 철저하면서도 의미 있는 생활 계획이 필요하다. 모두가 소중하고 누구나 특별하다는 다중지능의 관점에서 출발하여 각자의 강점을 더욱 강화하고 약점을 즐겁게 보완할 수 있도록 스스로 최선을 다하는 태도를 길러 주어야 한다.

일에 대한 성공이나 위대한 업적으로 많은 이들에게 귀감이 된 사람들에게서 공통적으로 나타나는 지능 영역이 자기이해지능과 대인관계지능(성인의 경우 실존지능 포함)임을 깨닫고, 일상생활 속에서 자신을 반추해 보는 시간과 주위 사람들에 대한 배려를 어려서부터 익힐 수 있도록 가정과도 밀접한 관계를 구축해야 한다. 더불어 '두뇌 건강 프로젝트'로 몸과 마음의 건강 어느 쪽도 기울어짐 없이 관리할 수 있어야 한다.

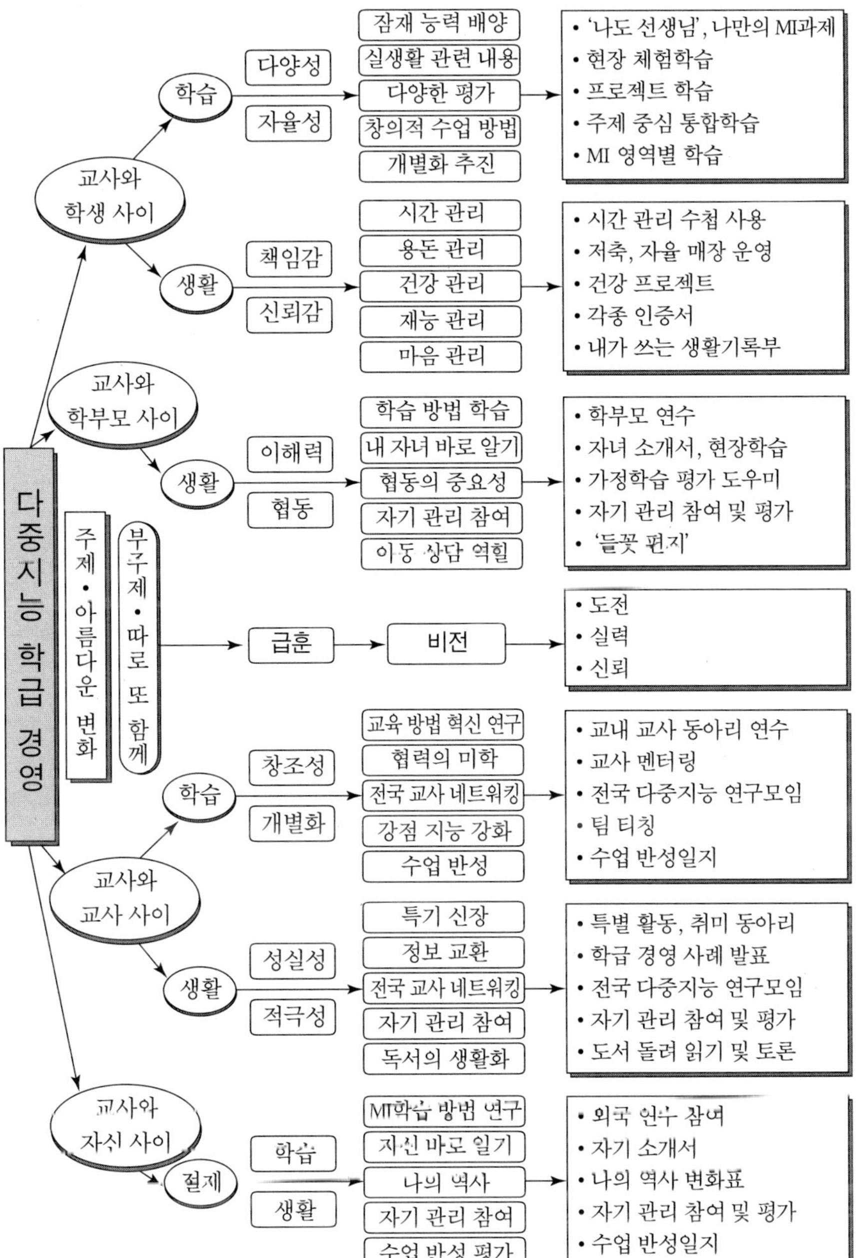

[그림 3-1] 다중지능이론에 기초한 학급 경영(예)

표 3-1 자기이해지능과 대인관계지능 계발 연간 학습계획표(예)

월	목 표	주	학급 활동 주제	학급 활동 내용	주된 강화지능
따로 모여 함께 출발하는 3월	멀리 새롭게 보는 눈을 가져요	1	• 자연의 법칙과 생명은 경이로워! • 만남과 관계의 소중함 • 모든 것의 시작은 자기 관리	• 눈을 뜨고 멀리 보기 - 자연의 법칙을 알고 겸손함 배우기 - 모든 생명의 경이로움과 소중함 깨닫기 • 사촌보다 가까운 내 주변 친구들 살피기 - 친구를 잘 사귈 수 있는 방법 공모 • 생활 지도의 기본인 자기 관리 능력 신장 지도하기 - 시간 관리: 연간, 월간, 주간, 일일 계획 세워 실천하기, 아침 독서 시간을 정해 매일 독서 습관 들이기 - 재능 관리: 자신의 강점을 강화하고 약점을 보완하는 계획 세우기 - 용돈 관리: 용돈 주급으로 받고 관리하는 법 - 마음 관리: '사랑의 대화장' 을 기록하며 세상의 모든 문제는 마음에서 나온다는 사실 깨닫기 - 건강 관리: 1년 동안 진행될 건강 프로젝트 1단계 시작	• 자연친화 지능 • 대인관계 지능 • 자기이해 지능
		2	• 내 안의 나를 발견해요	• 내 안의 나 살피기 - 다중지능(MI) 분석을 통해 자신의 강점과 약점 찾기 - 다중지능 개념 지도: 왕자 이야기(hiokin.com, 윤옥인.com 참조) - 다중지능 영역별 정의 지도: 다중지능 피자판 만들기 - 서로의 강점 지능으로 자신 소개하기 - 나만의 다중지능 과제 스스로 만들고 해결하기	• 자기이해 지능 • 공간지능
		3	• 삼위일체 학습법	• 학생 교육을 위해 학부모, 교사가 아름답게 변화될 수 있는 계기 마련하기 - 부모님과 함께할 수 있는 학습 공모 - 양뇌교육의 하나인 요리 만들기, 집중력을 높이기 위한 청각 주의력 학습 지도 - 학부모 총회 등을 통해 가정과 학급 경영 속에 공통 지도요소 찾기 - 정기적인 학부모 연수 실시 - 1달 1회 뉴스레터와 학교생활 수행과정 평가 통지 및 다면 평가자로 도움받기	• 자기이해 지능 • 대인관계 지능
		4	• 함께하면 더 잘해요	• 다중지능 동아리 활동하기 - 각자의 강점 지능별 동아리 구성: 연간 4~5차례 • 지능 영역별 교과 담당 배정 - 프로젝트 학습과 연계한 '나도 선생님'(1인 1교과 맡아 가르치기) 프로그램 사전 준비	• 대인관계 지능

월	목 표	주	학급 활동 주제	학급 활동 내용	주된 강화 지능
잠자는 두뇌를 깨우는 4월	기초와 기본을 튼튼히 해요	1	• 인간의 두뇌에 대해 알고 계발하는 학습법 익히기	• 잠자는 나의 뇌를 깨우기 - 두뇌를 알면 세상이 보여요 - 두뇌에 기반을 둔 학습 방법 익히기 - 마인드맵 학습법 익히기 - 두뇌 체조 배우기	• 자기이해 지능 • 공간지능 • 신체-운동지능
		2	• 미래를 설계할 수 있는 프로젝트 학습의 기초 쌓기 • '나도 선생님'	• 미래를 설계할 수 있는 프로젝트 학습의 기초 쌓기 - 다중지능을 활용한 프로젝트 학습 발표 방법 익히기 - 자신의 강점을 살려 교과서 내용 중에서 프로젝트 학습 주제 선정하기 - 주위 어른들의 도움을 받아 계획과 실천 평가받기(3주 동안 진행)	• 자기이해 지능
		3	• 강점 강화를 위한 약점 보완하기	• 다중지능 동아리 활동하기 - 각자의 강점 지능별 동아리 구성: 연간 4～5차례 - 지능 영역별 교과 담당 배정	• 자기이해 지능
		4	• 함께 사는 장애우에게 감사해요	• 장애인의 달을 맞아 내 주변 살피기 - 학교 장애우나 장애기관 방문 봉사하기	• 대인관계 지능
감사하는 마음을 기르는 5월	모든 것에 감사할 줄 아는 마음을 가져요	1	• 자신을 돌아보며 감사의 조건을 찾아요	• 지금까지의 생활을 돌아보고 감사의 조건 찾아보기 - '행복 테스트'로 감사의 조건 찾기 - 행복과 감사의 상관관계 찾기	• 대인관계 지능 • 자기이해 지능
		2	• 올바른 감사 표현법을 익혀 실천해요	• 주변에 감사 드릴 분들 찾기 - 과거, 현재의 주변 사람들 돌아보기 • 올바르게 감사 표현하는 법 익히기 - 찾아가 말로 표현하기 - 편지로 마음 전하기 - 손수 만든 물건 선물하기	• 대인관계 지능
		3	• 어린이 경제인이 됩시다	• 다양한 경제 활동을 체험하며 부모님께 감사하기 - 기관과 연계한 알기 쉬운 경제교육 - 매스컴을 활용한 실물 경제교육 - 알뜰 바자회, 용돈 기록장 등을 통해 스스로 실천하는 경제 활동 - 용돈 스스로 버는 방법을 찾아 실천하기	• 논리-수학지능 • 대인관계 지능
		4	• 아름다운 자연을 느끼며 감사해요	• 계절의 여왕 5월의 아름다운 자연을 살피고 느끼며 감사하는 마음 갖기 - 일 년 동안 변화하는 자연에 대해 조사하고 동식물도감 만들기 - 자연이 주는 혜택과 인간과의 관계 속에서 감사하는 마음을 여러 가지 방법으로 표현해 보기	• 자연친화 지능

2) 변화를 위한 시작

다중지능이론에 기초한 교육과정을 수립하기 위해서 다음과 같은 학습 내용을 참고할 수 있다. 주제 중심 통합학습의 효율성과 가드너가 미래의 삶을 준비할 수 있는 교육이라 일컬을 만큼 비중을 둔 프로젝트 학습의 영향력 그리고 학생 개인의 강점과 약점에 대한 맞춤식 개별화 교육의 충분한 실현 가능성이 있는 지능 영역별 학습 전략을 바탕으로 현재 우리 교과서 현실을 감안한 지도가 이루어져야 한다.

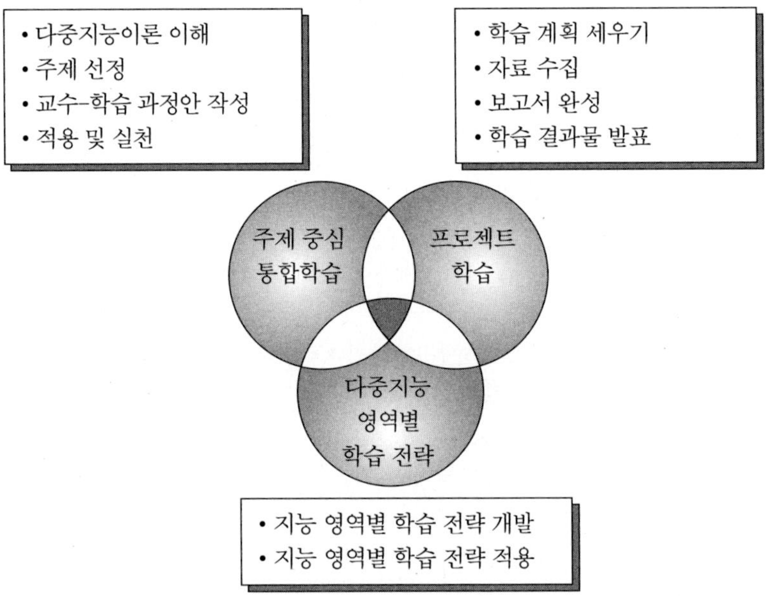

[그림 3-2] 다중지능 학습 내용

(1) 교과 관련 프로젝트 주제

프로젝트 학습을 시작할 때 먼저 자신의 흥미 영역을 주제로 하면 쉽게 접근할 수 있고, 교과와 연계해서 협동 프로젝트를 함으로써 좀 더 적극적인 참여를 유도할 수 있다. 교과서 내용 중에서 자신의 강점 분야와 흥미 영역을 찾아 진로와 연계할 수 있는 주제를 선정한다면 더욱 바람직한 활동이 될 수 있다. 다음은 5학년 교과서 내용 중 동아리별로 선정한 주제의 예다.

표 3-2 5학년 학생들이 제안한 프로젝트 주제(예)

프로젝트 주제	교과 관련 단원	동아리 이름	지능 영역
화폐의 발달에 관한 연구	〈실과〉 6. 용돈 아껴 쓰기	생각하는 언어	언어지능
빛의 신비 - 무지개 세상	〈국어〉 셋째 마당: 삶의 향기 2. 무지개를 찾아서	생각하는 언어	언어지능
컴퓨터가 우리 생활에 미치는 영향	〈실과〉 4. 컴퓨터는 내 친구	생각하는 언어	언어지능
세상의 모든 수	〈수학〉 1. 배수와 약수	논리 수학 모여라	논리-수학지능
컴퓨터가 우리 생활에 미치는 영향	〈실과〉 4. 컴퓨터는 내 친구	논리 수학 모여라	논리-수학지능
동양과 서양의 악기 연구	〈음악〉 23. 여러 가지 악기가 모였어요	세상의 모든 음악	음악지능
옷은 어떻게 발달해 왔을까?	〈사회〉 2. 자연환경을 이용한 생활	세상의 모든 음악	음악지능
바람직한 인간관계를 맺기 위한 방법	〈도덕〉 4. 이웃사촌	럭키 구단	신체-운동지능
뜨개질에 관한 연구	〈실과〉 8. 바늘과 실로 용품 만들기	럭키 구단	신체-운동지능
과거 · 현재 · 미래의 실내 인테리어	〈사회〉 2. 자연환경을 이용한 생활	미술을 아는 사람들	공간지능
세계의 건축 양식에 대하여	〈사회〉 2. 자연환경을 이용한 생활	미술을 아는 사람들	공간지능
세계 전쟁의 역사	〈국어〉 둘째 마당: 사실과 발견 1. 찬찬히 살피며	베스트 프렌드	대인관계지능
세계 속의 축구	〈체육〉 2. 육상 활동	베스트 프렌드	대인관계지능
작은 생물에 대한 보고	〈과학〉 9. 작은 생물	개미처럼 스스로	자기이해지능
강아지는 내 친구 - 세상의 모든 개에 관한 연구	해당 교과 단원 없음	개미처럼 스스로	자기이해지능
악초에 관한 연구	〈실과〉 3. 꽃과 채소 가꾸기	자연은 내 친구	자연친화지능
꽃에 대한 우리들의 연구	〈실과〉 3. 꽃과 채소 가꾸기	자연은 내 친구	자연친화지능
김치가 우리에게 미치는 영향	〈사회〉 1. 우리 조상들이 즐긴 음식	자연은 내 친구	자연친화지능
식물에 대한 연구 - 야채가 우리 몸에 미치는 영향	〈실과〉 3. 꽃과 채소 가꾸기	자연은 내 친구	자연친화지능

(2) 지능 영역별 학습 전략 예시

개인의 강점을 강화하고 약점은 보완하기 위해 개별화 교육은 반드시 필요한데 이에 대한 대안으로 〈표 3-3〉과 같은 학습 전략을 활용해 개별학습이 이루어지도록 과제를 부여하여 지도할 수 있다. 또한 프로젝트 학습의 수행 시 과정과 발표 자료로 활용한다면 개인의 지능 프로파일을 파악하기 쉬운 평가가 될 것이다.

표 3-3 지능 영역별 학습 전략

언어지능		논리-수학지능	
• 퀴즈	• 독서	• 조립	• 계산
• 편지 쓰기	• 토론	• 암산	• 순서도
• 뉴스	• 육하원칙	• 도표	• 구구단게임
• 작사	• 미니 백일장	• 실험	• 규칙 만들기
• 삼행시 짓기	• 일기 쓰기	• 낱말퍼즐	• 그림퍼즐
• 인터뷰	• 사전 낱말 찾기	• 벤다이어그램	• 마인드맵
• 상상하여 글쓰기	• 끝말잇기	• 표와 그래프	• 토론게임
• 미니북 만들기	• 독서 감상문	• 플로어차트	• 스도쿠게임
• 토론 준비표	• 1분 말하기	• 수학 문제 풀기	• 생각의 나무
• 토론 마당	• 대본 쓰기	• 은행놀이(고학년용)	
• 릴레이 소설 쓰기	• 대본 외우기	• 컴퓨터로 자료 찾기	
• 신문기사 만들기	• 이야기 성분 목록 만들기	• 주사위게임(보드게임)	
• 글쓰기(시, 소설, 수필, 극본, 동화)		• 컴퓨터 프로그램 공부하기	
공간지능		**음악지능**	
• 4컷 만화	• 종이공예	• 지휘	• 합창
• 광고	• 조립	• 작곡	• 음악 감상
• 포스터	• 수채화, 유화	• 악기 연주	• 리듬치기
• 시화	• 삽화 그리기	• 노래 부르기	• 노래 녹음
• 막대인형극	• 뜨개질	• 악보 그리기	
• 십자수	• 요리하기	• 음 알아맞히기	
• 집짓기	• 장식	• 계이름 외우기	
• 손바닥 그림	• 길 찾기	• 노래 가사 바꾸기	
• 의상 디자인	• 종이접기	• 뮤지컬로 수업 진행하기	
• 액자 디자인	• 만들기	• 어울리는 음악 선곡하기	
• 사진	• 미로 찾기	• 음악에 맞추어 춤추기	
• 점선으로 그리기	• 도자기 만들기	• 박자, 음정, 리듬 바꾸기	
• 건축 도안 그리기	• 테니스, 배드민턴	• 음악 듣고 느낀 것 그리거나 쓰기	

신체-운동지능	자기이해지능
• 철봉 운동 • 역할극 • 춤추기 • 신체 표현 • 체조 • 젓가락의 힘 • 체력 단련 • 장애 체험 • 물놀이(수영) • 몸으로 말하기 • 정교하게 만들기 • 유연성 기르기 • 전통놀이(투호, 굴렁쇠) • 공놀이(축구, 배구, 농구, 발야구, 피구, 야구, 족구, 핸드볼 등) • 운동(줄넘기, 훌라후프, 달리기 등) • 손가락을 움직여 할 수 있는 모든 것 • 탐험 • 번지점프 • 캠프	• 화내지 않기 • 명상 시간 • 일기 쓰기 • 상벌노트 • 소원 빌기 • 예상하기 • 자기소개 • 실천표, 시간표 • 잘못한 일 반성하기 • 토요 휴업일 보고서 • 스스로 준비물 챙기기 • 장래희망 생각하기 • 자신의 장단점 생각하기 • 60년 후 내가 되어 글쓰기 • 목표 세우고 실천하기 • 계획과 조사·정리 프로젝트 학습(흥미, 진도, 교과 내용 등) • 자기 점검표 • 내 안의 우주 • 색다른 요리 • 이름 꾸미기 • 스스로 통지표 • 자기평가 • 자서전 쓰기 • 주변 정리하기
대인관계지능	**자연친화지능**
• 팀게임 • 각종 게임 • 친구 소감 받기 • 기부금 행사 • 모둠 일기 • 칭찬 릴레이 • 친구 돕기 • 새 친구 사귀기 • 친구와 사이좋게 지내기 • 민속놀이(윷놀이, 널뛰기) • 도움이 필요한 시설기관 방문하기 • 부모님, 친척들께 감사 편지 쓰기 • 가족과 함께하는 프로그램 만들기 • 매일 가족과 친구의 표정을 살피고 적절한 대화하기 • 역할극 • 마니또 • 친구 인터뷰 • 내 친구 소개하기	• 등산 • 나무 심기 • 학교 마당 빙고 • 자연의 변화 관찰 • 동식물 그리기 • 동식물 기르기 • 관찰일지 쓰기 • 주말농장 가기 • 식물 빙고 놀이 • 자연현상의 관계 찾기 • 동식물에게 편지 쓰기 • 자연에 대해 조사하기 • 자연보호, 식물 표본 만들기 • 과거·현재·미래의 환경과 에너지에 관한 프로젝트 학습 • 곤충 채집 • 동식물 관찰 • 숨은그림찾기

3) 변화를 위한 수업의 실제

3월은 학생 개개인에게 잠재된 가능성을 찾아 주는 계기를 만들어 주기 위해 두뇌이론에 기반을 둔 다중지능에 관한 수업을 실시하여 자신을 이해하는 데 초점을 둔다. 재량 활동이나 특별 활동 시간을 활용한다.

여기서 소개하는 것은 학기 초 두뇌와 다중지능의 이해를 위한 학습과정의 일부분으로 각 교실 상황에 맞게 응용할 수 있으며 정규 교과시간은 학생들의 다중지능 영역을 고려하여 다양한 수업 활동을 할 수 있다. 예를 들어, 도입 단계에서 각자의 학습양식에 맞게 수업의 흥미와 동기를 부여하거나 전개 단계에서 지능 영역별로 모둠을 구성하여 협동학습을 할 수 있고, 각자의 강점 지능 영역별로 발표를 하거나 개별 과제를 통해 각자의 강점을 강화 · 보완할 수 있다. 주제 중심으로 기존 교과서를 부분적으로 재구성하여 다양한 지능을 활용하고 계발할 수 있도록 수업을 구상한다.

다중지능이론에 의해 교육과정을 운영하고 있는 외국의 학교 사례에서 두드러지게 나타나는 현상 중의 하나가 학력 신장이다. 자신에 대해 바로 알고 즐겁게 공부한 결과 자신감을 갖게 되고 스스로 학습하려는 의지가 높아진 결과다. 두뇌를 효율적으로 활용할 수 있는 학습법을 익히는 것과 아울러 즐겁게 공부할 수 있는 환경의 조성이 무엇보다 중요하다. 학생 개개인의 강점을 살릴 수 있는 개별 과제와 프로젝트 학습은 물론이고 매일 두뇌 체조를 실시하여 창의력, 집중력, 자기표현력 등을 강화하고 우뇌와 좌뇌를 균형적으로 발전시킬 수 있는 마인드맵 학습 기법을 모든 교과에 활용함으로써 상상력과 논리적 사고력을 계발하여 학력 신장에 도움을 준다.

다중지능 소개하기 교수-학습 과정안

<table>
<tr><th>학 년</th><td>전 학년</td><th>단 원</th><td colspan="2">내 안의 숨겨진 지능을 찾아서</td></tr>
<tr><th>학습 목표</th><td colspan="2">자신이 좋아하고 잘하는 것이 무엇인지 다중지능 측정 검사지로 답변할 수 있다.</td><th>차 시</th><td>1/6</td></tr>
<tr><th>학습 자료</th><td colspan="2">• 다중지능 측정 간이검사지
• 다중지능 프로파일 작성지</td><th>시 간</th><td>40분</td></tr>
<tr><th>수업 방향</th><td colspan="4">간단한 측정 검사지로 학생들의 다중지능적 성향을 검사하는 시간이다. 보다 정확한 측정을 위해 처음에는 영역별 지능 이름을 지우고 표시할 수도 있다. 새 학기 자기소개용 검사일 뿐, 처음에는 자신의 지능을 측정하기 위한 검사임을 알지 못하게 하고 다중지능에 대한 개념 학습 후 자신의 검사 결과를 참고하여 지능 계발 계획을 세울 수 있도록 한다.</td></tr>
<tr><th>평가 관점</th><td colspan="4">자신에 대해 진지하게 생각해 보는 자세가 중요함을 미리 주지시키고 검사지에 성실하게 표시했는지를 평가한다.</td></tr>
<tr><th colspan="5">교수-학습 과정</th></tr>
<tr><td colspan="5">도입 오늘이 여러분과 만나는 두 번째 날 아침입니다. 어제 여러분의 얼굴을 보고 난 뒤 선생님은 평생을 두고 기억에 남을 만한 추억거리를 여러분과 함께 많이 만들겠다고 다짐을 했어요. 선생님이 그렇게 하기 위해서는 먼저 여러분 한 명 한 명에 대해서 자세히 알아야겠죠? 여기 검사지에는 여러 가지 문항이 있습니다. 여러분이 무엇을 좋아하고 잘하는지, 또 무엇을 싫어하는지 솔직하게 답해야 선생님이 여러분에 대해 정확하게 이해할 수 있겠죠?

전개
1. 다중지능 측정 간이검사하기: http://www.hiokin.com 참조
• 다중지능 측정 간이검사지를 나누어 주고 문항을 읽어 가며 다 같이 체크한다.
• 검사가 끝나면 10개 문항별로 동그라미 개수를 세어 괄호 안에 쓰도록 한다.
2. 다중지능 프로파일 작성하기
• 각각의 항목 개수를 세어 막대그래프로 표시하도록 한다.
• 다중지능 측정 간이검사지와 다중지능 프로파일 작성지를 걷어서 보관한다.

정리 여러분이 제게 열심히 자신을 알리려고 여러 가지 문항에 체크하는 모습을 보니 선생님 마음이 흐뭇했어요. 여러분이 제출한 내용을 보면서 여러분 한 명 한 명이 무엇을 좋아하고 무엇을 잘하는지 머릿속에 기억해 두고 일 년 동안 여러분이 좋아하는 학급 프로그램을 만들겠습니다.</td></tr>
<tr><th>유의점</th><td colspan="4">• 보다 정확한 결과를 위해 교사는 검사지 문항의 의미를 비교적 정확하게 설명해 주어야 한다. 그냥 나누어 주고 각자 체크하는 방법보다는 차근차근 다 같이 체크해 나가는 방법이 좋다.
• '막대그래프 그리기'는 3학년 수학과 교육과정에 나온다. 저학년일 경우에는 간이검사지로만 검사하고 다중지능 프로파일은 교사가 작성하여 보관한다.
• 이 수업에서 이용되는 검사지는 말 그대로 간이검사지다. 한 개인의 다중지능 측정을 위해서는 오랜 기간에 걸쳐 학생, 학부모, 교사 등의 관찰이 필요하다. 이번 검사의 목적은 학생 자신이 스스로 그렇다고 느끼는 다중지능적 성향을 알아보는 것으로서 학생을 이해하는 하나의 참고자료로 이용한다.</td></tr>
</table>

두뇌 이야기(1) 교수-학습 과정안

학 년	전 학년	단 원	두뇌 이야기(1)
학습 목표	두뇌의 생김새와 구조, 기능을 이해하고, 두뇌의 소중함과 두뇌를 보호하는 방법에 대하여 이야기한다.	차 시	2/6
학습 자료	두뇌 관련 그림책, 비커, 물, 부드러운 천, 호두	시 간	40분
수업 방향	두뇌에 대해서 처음으로 학생들에게 소개하는 수업이다. 앞으로 이어질 두뇌와관련된 일련의 수업은 학생들의 호응도가 매우 높을 것이다. 보이지 않는 머릿속 세계가 자신들의 눈높이에 맞추어 눈에 보이는 세계로 바뀌기 때문이다. 그러나 이번 수업의 중점은 매우 많은 일을 하고 있는 두뇌를 소중히 보호해야 한다는 것을 깨닫는 데 있다.		
평가 관점	학습에 대한 열정적인 참여도는 수행과정 평가로, 목표에 대한 이해는 각자의 강점 분야별로 그림이나 발표 등을 통해 4단계로 평가해 볼 수 있다.		

교수-학습 과정

도입 어제 선생님은 여러분이 새로운 학년을 맞이하는 각오에 대해 적은 글을 모두 읽어 보았습니다. 여러분의 각오들 중에서 공통되는 한 가지를 발견할 수 있었는데, 무엇인지 말해 볼 사람 있나요? 그렇죠, 바로 공부를 열심히 하겠다는 다짐이었습니다. 공부는 우리 신체 중에서 어디서 하는 것일까요? 바로 머릿속, 두뇌입니다. 지피지기면 백전백승이란 말 들어 봤지요? 적을 알고 나를 아는 것이 중요하다는 말입니다. 두뇌에 대해서 알고 나면 공부하는 방법을 찾는 데 훨씬 도움이 되지 않을까요?

전개

1. 두뇌의 생김새와 구조 이해하기
   - 그림책이나 실물 자료를 보며 두뇌의 생김새와 구조에 대하여 이야기를 나눈다.
   - 물이 담긴 비커에 호두를 띄워서 두뇌 구조와 비교하여 설명한다.
2. 두뇌의 소중함을 깨닫기
   - 우리 몸의 두뇌를 보호하기 위한 장치를 모둠끼리 모여 만들어 보며 두뇌의 소중함과 생활 속에서 두뇌를 보호하기 위한 방법에는 어떤 것들이 있는지 이야기를 나눈다.

정리 오늘 이 시간에는 눈으로 볼 수 없었던 그러나 매우 중요한 두뇌에 대하여 간단하게 배워 보았습니다. 오늘 수업에서 새롭게 알게 된 것이 있다면 누가 발표해 봅시다. 우아, 두뇌가 하는 일이 굉장히 많군요! 그렇다면 이렇게 많은 일을 하는 두뇌를 건강하고 소중하게 다루기 위해서 '나는 이렇게 하겠습니다!' 라고 누가 한번 이야기해 볼까요? 그렇지요, OO처럼 인라인스케이트를 탈 때는 꼭 헬멧을 써야겠군요. 또 친구들 머리를 함부로 때리면 안 되겠지요? OO의 말대로 내 두뇌는 바로 나니까 앞으로 소중히 여깁시다!

유의점	
유의점	• 두뇌에 관한 그림책은 보이지 않는 두뇌 속 세계를 보이는 세계로 바꾸어 놓는 데 큰 역할을 한다. 학생들의 눈높이에 맞는 그림책들이 시중에 많이 나와 있다. 두뇌 관련 실물 사진 자료를 보여 주면 학생들의 눈이 호기심으로 반짝반짝 빛난다. • 어려운 전문용어보다는 두뇌가 하는 많은 일들에 초점을 맞추고 풍부한 예시를 들어서 설명하고 학생들의 경험을 이야기하도록 하면서 진행하는 것이 좋다.

<table>
<tr><td></td><td>• 두뇌에 관한 연구는 현재 진행 중이므로 새로운 연구로 그림책의 내용이 바뀔 수도 있다는 사실을 이야기하고 미지의 영역인 두뇌를 연구하는 사람이 되는 것이 어떻겠느냐며 새로운 장래희망을 던져 주는 것은 어떨까?</td></tr>
<tr><td>응용하기</td><td>비커와 호두로 두뇌 보호 장치를 만드는 실험은 날계란을 이용해도 된다. 계란의 겉껍질은 머리뼈, 흰자는 뇌막액, 노른자는 두뇌의 역할을 한다. 노른자가 깨지는 경우를 두뇌를 소중히 다루지 않아 사고가 생겼을 때의 상황과 연결하여 설명하면 효과가 높다.</td></tr>
</table>

두뇌 이야기(2) 교수-학습 과정안

<table>
<tr><td>학 년</td><td>전 학년</td><td>단 원</td><td colspan="3">두뇌 이야기(2)</td></tr>
<tr><td>학습 목표</td><td colspan="3">두뇌에서 정보가 전달되는 과정을 이해하고 뉴런을 만들 수 있다.</td><td>차 시</td><td>3/6</td></tr>
<tr><td>학습 자료</td><td colspan="3">고무찰흙, 뉴런 그림, 뉴런 모형, 아세테이트지</td><td>시 간</td><td>60분</td></tr>
<tr><td>수업 내용</td><td colspan="5">1. 두뇌가 정보를 전달하는 과정 이해하기
• 두뇌가 정보를 전달하는 과정을 예를 들어 설명한다.
2. 뉴런 되어 보기
• 교사는 교실 한쪽 끝에 앉아 있는 학생 쪽으로 다가가서 '○학년 ○반 파이팅!'이라고 외치며 파도타기 신호를 준다. 학생이 이어받아 자리에서 일어나며 구호를 외친다. 교실에 있는 학생 전체가 파도타기를 한다. 교실 반대쪽 끝에 앉아 있는 학생이 마지막으로 '○학년 ○반 파이팅!'을 외친다.
3. 뉴런 모형 만들기
• 교사는 고무찰흙으로 미리 만들어 둔 모형을 가지고 뉴런의 생김새를 설 명한다.
• 학생들은 각자 고무찰흙을 가지고 뉴런 만들기 활동을 한다.
• 뉴런을 만들고 나면 뒤 게시판에 뉴런들을 모아 정보를 전달하는 모습을 구성하여 하나씩 붙여 나간다.</td></tr>
<tr><td>평가 관점</td><td colspan="5">뉴런 만들기에 대한 결과물 평가의 배점보다 두뇌의 정보 전달과정의 이해에 대한 평가 배점에 비중을 두어 지필이나 반표 형식의 평가가 이루어질 수 있다</td></tr>
<tr><td>유의점</td><td colspan="5">게시판에 아세테이트지를 먼저 붙인 후 뉴런 모형을 붙이거나 검정 도화지에 붙이면 좋다.</td></tr>
<tr><td>응용하기</td><td colspan="5">• 두뇌가 정보를 전달하는 모습을 응용하여 만든 학습법이 마인드맵이다. 이전 차시의 내용이 마인드맵 형식으로 칠판에 그려져 있을 때 뉴런 모형을 칠판에 붙이고 서로 비교해 보면 많이 닮아 있는 것을 볼 수 있다. 한 번 짚고 넘어가면 마인드맵을 더욱 열심히 하게 되는 동기부여가 된다.
• 4학년 1학기 〈읽기〉 '삶을 가꾸는 교실' 이야기 꾸미기 수업에 응용해도 좋다.</td></tr>
</table>

두뇌 이야기(3) 교수-학습 과정안

<table>
<tr><th>학 년</th><td>전 학년</td><th>단 원</th><td colspan="2">두뇌 이야기(3)</td></tr>
<tr><th>학습 목표</th><td colspan="2">두뇌가 기억하는 방식을 이해하고 기억력을 좋게 하는 방법을 찾을 수 있다.</td><th>차 시</th><td>4/6</td></tr>
<tr><th>학습 자료</th><td colspan="2">두뇌에 관한 이야기책의 기억에 관한 부분, 이전 수업 활동 사진, 해마 사진</td><th>시 간</th><td>40분</td></tr>
<tr><th>수업 내용</th><td colspan="4">1. 기억과정 알아보기
• 그림책 『꿈꾸는 뇌』의 기억에 관한 부분을 학생들과 같이 읽고 비슷한 경험을 서로 이야기한다.
2. ‘장기 기억’과 ‘단기 기억’ 이해하기
• 『꿈꾸는 뇌』 뒤쪽 그림을 보며 ‘장기 기억’과 ‘단기 기억’을 설명한다.
3. 기억을 저장하는 장소인 ‘해마’에 관해 알아보기
• 해마 그림을 보여 주면서 설명한다.</td></tr>
<tr><th>평가 관점</th><td colspan="4">자기평가와 함께 동아리별 동료 평가가 이루어지도록 준비 사항과 발표에 대한 평가 자료를 준비한다.</td></tr>
<tr><th>유의점</th><td colspan="4">• 그림책 출처: 조은수(2002), 꿈꾸는 뇌, 학생세움.
윤소영 역(2004), 생각하는 뇌, 대교출판.
• 사진 자료 출처: 정병선 역(2004), Brain story, 지호.</td></tr>
</table>

다중지능 이야기(1) 교수-학습 과정안

<table>
<tr><td>학 년</td><td>전 학년</td><td>단 원</td><td colspan="2">다중지능으로 내 안의 숨은 가능성 찾기</td></tr>
<tr><td>학습 목표</td><td colspan="2">다중지능을 이해하고 누구나 여덟 가지 이상의 지능이 있음을 깨달을 수 있다.</td><td>차 시</td><td>5/6</td></tr>
<tr><td>학습 자료</td><td colspan="2">다중지능 파워포인트 자료</td><td>시 간</td><td>60분</td></tr>
<tr><td>수업 내용</td><td colspan="4">1. 다중지능 이해하기
• 다중지능 파워포인트 자료를 실행시켜 다중지능 각 영역의 의미와 계발 방법 및 적합한 직업에 대해 설명한다.
2. 앗! 나에게 이런 지능이…….
• 모든 사람들은 태어날 때부터 여덟 가지 이상의 지능을 가지고 있음을 질문을 통해 깨닫도록 한다.
• 자신의 강점과 약점을 깨닫도록 한다.</td></tr>
<tr><td>평가 관점</td><td colspan="4">다중지능 각 영역에 대한 이해를 설명하거나, 그림으로 그리거나, 노래 또는 몸짓으로 표현하도록 하여 이해 수준을 평가할 수 있다.</td></tr>
<tr><td>유의점</td><td colspan="4">• 다중지능에 관한 자료를 미리 만들어 두면 학생들이 여러 가지 지능을 쉽게 이해하는 데 도움이 된다.
• ‘앗! 나에게 이런 지능이…….’ 활동을 할 때 간혹 자신에게는 어떠한 지능이 없다고 이야기하는 학생이 있다. 그럴 때에는 ‘OO의 지능 찾아 주기’ 활동을 한다. 예를 들면, “너는 나에게 어제 물건을 빌려 줬잖니? 그건 네게 대인관계지능이 있다는 의미야.”라고 학급 친구들이 그 지능과 관련된 OO의 모습을 이야기해 주는 활동이다.
• 현재는 여덟 가지 지능이 존재한다고 인정되고 있으며 언제 또 다른 지능이 추가될지 모른다. 수업에서는 여덟 가지 지능으로 한정하기보다는 무한한 자신의 가능성을 계발할 수 있도록 독려한다.</td></tr>
<tr><td>응용하기</td><td colspan="4">학생들이 1차시에서 검사했던 자신의 다중지능 프로파일 결과를 확인하고 다중지능 계발 계획을 작성해 보는 것도 좋다. 이때는 교사의 다중지능 프로파일 샘플을 먼저 분석한 뒤 계발 계획을 짜는 모습까지 보여 주면 학생들이 자신의 다중지능 계발 계획을 작성할 때 도움이 된다.</td></tr>
</table>

다중지능 이야기(2) 교수-학습 과정안

<table>
<tr><th>학 년</th><td>전 학년</td><th>단 원</th><td>다중지능 피자판 만들기</td></tr>
<tr><th>학습 목표</th><td>지능을 계발하기 위한 다양한 방법을 찾을 수 있다.</td><th>차 시</th><td>6/6</td></tr>
<tr><th>학습 자료</th><td>'다중지능 왕자 이야기' 파워포인트 자료, 다양한 활동 사진, 다중지능 왕자 이야기에 등장하는 문제해결 도구(보자기, 펜, 종이, 저울, 돌, 동전, 나침반, 악기류, 거울, 저글링, 먹을거리), 피자판</td><th>시 간</th><td>60분</td></tr>
<tr><th>수업 내용</th><td colspan="3">1. 다중지능 왕자가 되어!
• '다중지능 왕자 이야기' 파워포인트를 실행하고 이야기를 들려주면서 다중지능의 개념을 복습한다. 다중지능 왕자 이야기 속에서 벌어지는 상황마다 학생들이 직접 왕자로 참여하여 문제를 해결하는 형식으로 이야기를 이끌어 나간다.
예) 다중지능 왕자 이야기 시나리오: http://www.hiokin.com 참조

2. 다중지능 피자판 만들기
• 교사는 모둠별로 다양한 활동을 하고 있는 그림을 나누어 준다. 모둠의 한 학생이 진행자가 되어 그림을 지능별로 나눈다. 모두 나눈 후에는 칠판에 붙여 놓은 피자 조각 위에 그림을 붙인다. 모든 모둠이 활동을 마치면 교사는 각각의 피자 조각을 모아 동그란 피자판을 만들면서 이야기를 시작한다.</td></tr>
<tr><th>평가 관점</th><td colspan="3">수업 참여도와 지능 계발을 위한 다양한 방법을 창의적으로 모색하는 능력을 평가해 볼 수 있다.</td></tr>
<tr><th>유의점</th><td colspan="3">• '다중지능 왕자가 되어!' 활동을 할 때는 미리 이야기 속에 등장하는 문제해결 도구를 보자기나 가방에 싸서 준비한다. 이야기를 들려주다가 문제에 부딪히는 장면에서는 지원한 학생이 왕자가 되어 보자기 속 도구를 살펴보고 알맞은 도구로 문제를 해결하는 방식으로 진행한다.
• '다중지능 피자판 만들기'는 별도로 한 차시 분량으로 하는 것이 여유롭다.</td></tr>
<tr><th>응용하기</th><td colspan="3">1차시의 결과물인 다중지능 프로파일을 학생들에게 나누어 주고 자신의 지능 계발을 위한 계획을 작성해 보도록 하는 것도 좋다.</td></tr>
</table>

4) 맞춤식 학급 경영의 실제(자연친화지능 계발 학급 예시)

자연친화지능을 활용하는 학습은 주로 과학 교과 내용을 다루게 되는데 과학 교과에 대한 학습은 저학년에서는 자연에 대한 관찰과 경험을 통하여 자연에 친숙하게 하고, 학년이 올라감에 따라 점차 과학의 개념 이해에 주안점을 두고 있다. 또 환경과 실생활 문제를 학습의 소재로 활용하고, 탐구 활동을 통하여 우리 생활의 주위에서 일어나는 문제를 스스로 발견하고 해결하는 태도를 기르도록 한다.

이번 연구의 대상 학생들은 서울에 거주하는 초등학교 5학년 남자 21명과 여자 15명, 총 36명으로, 1년간 자연친화지능 계발을 위한 학습 전략을 적용하여 자연현상과 사물에 대하여 흥미와 호기심을 가지고 과학의 지식체계 그리고 자신과 사물과의 관계를 이해하며, 탐구 방법을 습득하여 올바른 자연관을 가지게 하는 데 그 목적을 두었다.

학습과정은 학습자 활동 중심으로 탐구학습이 이루어지도록 하고, 탐구 활동에서는 학습자의 창의적인 접근 방법이 존중되도록 표현이나 보고 형식을 가능한 한 자유롭게 했다.

교과 단원 내의 구조는 획일화하지 않고 단원의 특성을 최대한 살려 학생들의 흥미를 유발할 수 있는 관찰 탐구 대상을 선정해 학습 내용을 재구성한다. 학생들의 수준별 개별화 학습을 위해 3학년 이상의 학습 내용을 종합해 학습환경을 조성하는 데 참고한다.

(1) 학습환경 조성

가드너가 자연친화지능을 확인했을 때, 그는 지능이론과 관련한 저자들이 수년간 알고 있었던 한 가지 사실을 확인했다. 어떤 사람들은 자연세계를 경험했을 때 가장 학습을 잘할 수 있다는 것이다(Glock, Wertz, & Meyer, 1999). 야외를 확대된 교실로 사용하여 학습할 수 있도록 하는 것은 매우 흥미 있는 수업 상황이 된다. 외국 사례에서도 자연친화지능을 높이는 학교 마당에서의 학습으로 교실 밖 수업을 강조하고 있다. 그러나 이러한 교실 밖 수업뿐만 아니라, 늘 오랜 시간 동안 머물러 생활해야 하는 교실을 축소된 야외 환경으로 꾸며 학생 개인의 수준에 맞게 스스로 관찰·탐구할 수 있도록 분위기를 조성하는 것도 자연에 대한 관심을 높이는 중요한 학습 방법일 수 있다. 이를 위해 수시로 산과 들, 강에서 관찰할 수 있는 생물을 교실로 옮겨 놓는 작업을 하였다. 교실 두 면을 차지하는 수족관과 유리관, 곤충하우스, 복도 창틀에 희귀한 곤충부터 교육과정에서 배워야 하는 수서 생물을 비롯한 온갖 생물의 생태를 지속적으로 관찰할 수 있도록 환경을 조성하였다.

부화기에서 태어난 병아리가 이제 알을 낳는 닭이 되어 2세를 부화하는 모습을 지켜보며 생명의 신비와 경이로움에 모두가 만세를 외쳤던 경험, 벌레라면 징그러워서 멀리 도망가던 학생들이 누에와 배추벌레의 우화과정에 넋을 잃고 보던 모습, 알을 낳고 날려 보내 주며 나눈 아쉬운 인사, 생태계를 파괴하는 황소개구리, 청거북에게 관찰을 위해 생존할 만큼만 먹이를 주며 안타까워하던 표정, 수채에서 잠자리로 변화하는 과정, 조용한 아침 독서시간에 느닷없이 울어대던 귀뚜라미, 물속에서 빠른 꼬리 운동으로 숨 쉬던 아기 모기 장구벌레, 매미 탄생과정, 메뚜기, 개미, 도롱뇽, 도마뱀, 여치베짱이, 벼메뚜기, 폭날개애메뚜기, 섬서구메뚜기, 지렁이, 사마귀, 땅강아지, 다슬기, 우렁이, 열대어, 토종 물고기, 수경재배 식물, 야생화, 좁은 논두렁에서 여물어 가는 벼, 조롱박, 오이, 토마토, 고추, 수세미 등 1년간 총 100여 종의 자연 식구들과 함께 교실에서 살다 더 넓은 자연 속으로 돌려보내기도 하고 때론 소멸되기도 하는 과정 속에서 각자의 강점 지능별로 성장을 기록해 가며 자연에 대한 소중함과 경이로움을 깊이 체험하게 되었다.

이렇듯 자연친화학습을 장려하는 환경은 크게 물리적 환경과 심리적 환경으로 구분할 수 있다(교육부, 2002).

① 물리적 환경

물리적 환경으로는 시설 및 기구, 조명, 동아리 구성, 게시판 등 여러 가지가 있다.

- **동아리 구성** 학기 초에 다중지능 점검표 등을 이용해 학생 개개인의 지능 프로파일과 흥미 영역을 합쳐 8개의 지능 영역별 동아리로 함께 탐구하거나 실험에 알맞게 소집단으로 구성한다. 연간 다섯 차례 동아리 구성원들을 바꾸어서 활

동하며 서로 협동하고, 개인의 역할과 공동 목표를 부여하고, 동아리 구성원과 공동으로 보상을 받는 공동 보상을 실시한다. 또한 학습시간에 각자 돌아가며 담당한 교과를 가르치게 하는 '나도 선생님' 프로그램을 통해 자연스럽게 서로 협력해서 자료 수집을 하도록 한다.

- 게시물 동아리별로 게시물에 자연친화에 대한 흥미와 호기심 유발 및 학습 방법에 대한 안내 등을 한다. 다중지능 영역별로 구성된 각 동아리에서는 담당 교과를 정해 준비물, 과제 제시, 월별 행사 등을 안내한다. 관찰 보고서, 조사 보고서 등 장단기 프로젝트 학습 결과물을 수시로 바꾸어서 게시한다.

- 시청각 자료 활용 교육과정을 분석해 연간 활용할 VCR 자료, 컴퓨터 소프트웨어, 인터넷 자료 등 적절한 시청각 자료를 정하고 특히 매일 뉴스를 통해 최근 연구 · 보고된 자연친화지능 자료를 안내한다.

② 심리적 환경

물리적 환경 못지않게 중요한 것이 심리적 환경 또는 학습 분위기 조성이다. 학생들이 스스로 학습하려는 동기, 동료와 협동하려는 태도, 문제해결에서 합리적이고 과학적인 태도, 토론과정에서 비판적이고 개방적인 태도를 갖도록 심리적 환경을 조성한다.

이 중에서도 스스로 학습하려는 동기를 유발하는 것이 가장 중요하다. 어떤 특정한 행동의 발생 원인을 설명하는 동기이론(motivation theory)에 의하면 학습된 행동이 일어나기 위해서는 반드시 동기가 필요하다.

학습과 관련지어 귀인이론(attribution theory)에서는 학생의 성공과 실패에 대한 인과적 믿음이 동기의 일차적 근원이라고 본다. 미래의 행동은 인간의 신념체계에 영향을 받으며, 또한 성공과 실패의 경험 및 그에 따른 귀인은 개인의 자기 존중감, 목표에 대한 기대, 성취 상황에 대한 원인 인식 등에 지속적으로 영향을 미친다. 따라서 교실환경 설계 시 학생들이 많은 성공의 기회를 가지도록 조성할 필요가 있다. 이를 위해서는 학생의 노력, 학생의 활동 변화, 문제 접근법, 학습 촉진 전략 등을 강구해야 한다. 협동학습은 학생들의 능력에 관계없이 동아리 구성원의 노력에 따라 누구나 성공의 기회를 가질 수 있기 때문에 동기 유발을 위한 하나의 전략이 될 수 있다.

일 년에 다섯 차례 정도 동아리 구성원이 바뀔 때마다 동아리 구성의 기준을 다르게 한다. 처음에는 흥미와 강점 지능별로 동아리를 이루어 팀워크와 학습의 질을 높인다. 다음에는 각 지능 영역이 약점인 학생들끼리, 강점과 약점인 학생들끼리, 서로 경험하지 못한 지능 영역으로 구성하는 등 서로를 배려하고 인정받기 위해 더 노력하려는 동기를 제공한다.

가드너는 교육 활동에 있어서 다양한 방법의 교수-학습 활동도 유익하지만, 다중지능이론의 적용은 학교생활에서 더욱 깊이 있고 근본적인 변화를 야기할 때 가장 의미가 있다고 주장한다. 끝없는 변화로 이어지는 우리의 삶 속에서 자기 자신에 대한 이해 그리고 타인과 환경과의 적절한 관계를 맺도록 가르치는 것은 학생들의 긍정적인 현재의 실천과 낙관적인 미래를 준비시키는 학교교육에서 대단히 중요하기 때문이다.

(2) 교육과정 재구성

가드너는 다중지능이론을 교육에 적용할 때 다음의 세 가지 중요한 명제를 확인할 수 있는 교육과정과 교육 방침 및 평가가 구축되어야 한다고 주장한다. 첫째, 우리 모두는 서로 동일하지 않다. 둘째, 우리 모두는 동일한 마음을 가지고 있지 않다. 셋째, 교육은 이러한 차이를 무시하거나 부정하기보다는 그것을 진지하게 고려할 때 가장 효과적으로 작동할 수 있다. 개개인의 차이를 진지하게 고찰하고자 하는 것이 바로 다중지능이론의 핵심 관점이라는 것이다. 이에 따르면 학교는 학생들의 개인차를 깊이 고려하고, 학생과 부모 간의 차이에 대한 생각을 공유하고, 학생들로 하여금 자신의 학습에 책임을 지도록 하고, 자료를 숙달할 수 있게 하며, 다른 사람과 자기 자신에게 무엇을 배우고 이해했는지를 보여 줄 수 있는 최대한의 기회를 가지도록 학습 자료를 제공해야 한다.

이러한 관점에서 본 연구반에서는 지능 영역별로 동아리를 구성하여 담당 교과를 분석한 후 자연친화에 관한 단원을 추출하고 학생들이 학습하기를 원하는 내용을 토의한 결과를 모아, 각 단원을 여러 형태로 자연친화지능과 관련지어 학습해 보았다. 또한 자연친화지능 계발을 위한 동아리별 자율 활동 연간 계획에 제시한 내용 중에서 개인이나 동아리별로 흥미를 갖고 학습할 내용을 자유롭게 선택하여 조사하고 결과물을 발표할 수 있도록 하였다.

다음의 〈표 3-4〉는 월별 환경 친화적인 생태교실 프로그램으로 자연친화 영역 중 교실에서 관찰할 수 있는 생물에 관한 내용만 제시한 것이다. 또한 〈표 3-5〉는 동아리별 자율 활동 연간 계획으로 일 년 동안의 자연친화지능 계발을 위한 노력을 표로 제시하였다.

표 3-4 월별 생태교실 프로그램(환경 친화편)

월	생태교실 환경		관련 교육과정	자연친화지능 활용	유의점
	주 제	함께사는 생물			
3	생태 교실 환경 조성	• 창가 앞뒤로 수경 재배 수족관 1개씩 설치(200×15×20cm)×2 • 오이, 수세미, 딸기, 고추	• 〈과학 5-(4)〉 - 꽃과 열매 • 〈과학 5-(6)〉 - 식물의 잎이 하는 일 • 〈과학 5-(10)〉 - 환경과 생물 (온도, 빛, 물)	• 환경 조건과 생물의 생활과의 관계 이해하기 • 여러 가지 꽃의 생김새 관찰하기 • 식물의 증산 작용과 광합성 작용 관찰하기	• 오이, 수세미 등 올라가는 것과 키 낮은 고추, 딸기를 번갈아 심기 • 오이, 수세미의 차양 효과
4	생명의 신비	• 병아리 자동부화기 설치 • 유정란 부화 • 21일 생명 프로젝트 실시 • 각종 허브 • 나팔꽃			• 생명의 신비를 느끼며 자존감 회복 • 신선한 유정란 구입

표 3-5 자연친화지능 계발을 위한 동아리별 자율 활동 연간 계획(2학기)

<table>
<tr><th rowspan="2">지능별 동아리</th><th colspan="7">활동 내용</th></tr>
<tr><th>8월</th><th>9월</th><th>10월</th><th>11월</th><th>12월</th><th>1월</th><th>2월</th></tr>
<tr><td>언어 지능</td><td rowspan="8">• 2학기: 교과서 분석, 관련 단원 찾기
• 2학기: 교과서에 수록된 자연에 관계되는 낱말 사전 만들기
• 방학을 이용하여 가족과 함께 자연의 세계에 대해 각자 강점 지능별로 조사하기(적어도 하루는 걸어서)
• 5천원 프로젝트: 방학 중 개별로 두 곳 이상 현장학습하기(이 중 한 곳은 자신의 진로와 연계된 곳, 한 곳은 자연친화와 관련된 곳)
-하수처리장, 쓰레기 소각장, 농산물 판매장, 동식물원, 곤충 박물관, 수도관리소, 요리학원, 화훼 공판장, 동물병원, 자연생태학습장, 에너지기술연구소 등</td><td>자연의 세계 신문 활용 학습</td><td>자연을 소재로 한 동시 외우기, 짓기</td><td>웰빙식품 관련 광고 만들기</td><td>자연의 세계 책 만들기, 자연 소재 영어동화 외우기</td><td>동식물 주제의 창작동화 쓰기</td><td>뉴스 레터 만들기</td></tr>
<tr><td>논리-수학 지능</td><td>자연과 관련된 수학 문제 만들기</td><td>40분 토론</td><td>자기만의 동식물 분류 기호 만들고 친구들 것 해독하기</td><td>운동장에서 도형 찾아 그리기</td><td>우리나라 천연기념물의 종류 조사</td><td>우리 반 친구들이 조사한 동식물의 종류</td></tr>
<tr><td>공간 지능</td><td>다양한 재료, 장르별로 작품 만들기</td><td>운동장에 우리나라 각 고장 상징 동식물 표시 지도 그리기</td><td>운동장과 화단에서 모은 재료로 작품 만들기</td><td>자연을 주제로 한 마인드맵 대회</td><td>캠코더로 자연을 주제로 한 간단한 영화 만들기</td><td>작품 발표회</td></tr>
<tr><td>신체-운동 지능</td><td>무언극으로 각종 동식물 표현하고 맞히기</td><td>여러 가지 소재로 동식물 조각하기</td><td>동식물을 의인화한 역할극 만들기</td><td>동식물 주제 뜨개질 대회</td><td>교실에 동식물 가족사 만들기</td><td>1년간 건강 프로젝트 결과의 발표, 우수상 수상 계획</td></tr>
<tr><td>음악 지능</td><td>자연의 소리를 넣어 곡 창작하기</td><td>여러 가지 야채로 악기 만들어 연주하기</td><td>친구들과 보컬 사운드 조직</td><td>창작동요 발표회</td><td>친구들이 제작할 영화의 배경음악 만들기</td><td>연주 발표회</td></tr>
<tr><td>대인 관계 지능</td><td>어린이국회를 열어 동식물 보호제도 법안 입법</td><td>세일즈맨이 되어 동식물 팔아보기</td><td>자신이 좋아하는 자연친화가와 연락하여 도움받기</td><td>자연 탐구와 보호에 관한 UN회의 개최 시뮬레이션</td><td>전 세계적으로 기아에 허덕이는 어린이 조사하기</td><td>우리 반 주제인 '변화'로 각자 몸의 변화에 대해 상담식으로 대화하기</td></tr>
<tr><td>자기 이해 지능</td><td>정치가가 되어 지구상의 동식물 보호 제도 만들기</td><td>세계적인 자연친화가들에 관한 조사</td><td>미래의 '동식물 연구가'가 되어 하루 생활 기록하기</td><td>미래의 '동식물 연구가'가 되어 하루 생활을 기록한내용으로 1시간 동안 선생님 역할하기</td><td>리포터가 되어 학교와 주변의 자연 소개하기</td><td>우리 학교 어린이국회의원들과 함께 환경문제 법률안 작성・발표하기</td></tr>
<tr><td>자연 친화 지능</td><td>우리나라의 약초와 각 나라의 허브 종류와 효능 조사</td><td>약이 되는 음식 만들기 대회, 요리사 초빙하여 강의 듣기</td><td>자연에 관한 퀴즈대회</td><td>자연 탐구일지 대회 시상</td><td>가족과 함께 탐사 여행</td><td>대장금 프로젝트: 우수 동아리 선정 후 선생님과 함께 음식 만들어 먹기</td></tr>
</table>

5) 변화를 위한 교사와 학부모

학생들은 생활 속에서 주변의 현상을 이해하려는 과학적 분위기 안에서 소양을 갖춘 어른들이 읽고, 쓰고, 서로 의견을 교환하는 것을 눈으로 보면서 자란다. 이런 식으로 부모는 준비하지 않아도 자녀에게 세상의 첫 멘토가 되고 교사는 부단한 노력으로 존경받는 스승이 되어 간다.

현재 학교에서는 부모가 학생을 가르친다는 것은 보기 드문 일이지만 미래의 학교에서는 부모가 학교교육의 중요한 역할을 담당하게 될 것이다. 교사들이 학생 개개인이 가진 지능의 강점을 계발하려고 애쓰는 한, 어떤 방법도 불가능한 것은 없을 것이다. 또한 학부모들은 교사들이 간과하기 쉬운 학생들의 지능 분야를 계발해 내는 데 많은 도움을 줄 수 있다.

학교에서도 학부모들이 참여하여 학생들에게 도움을 줄 수 있는 분야를 교사와 함께 연구하여 찾아보아야 할 것이다. 미국의 다중지능 학교에서 전문적인 지식과 기술을 가진 학부모의 학교 수업 참여의 기회가 많고, 그 효과가 크게 입증되고 있는 것은 우리 교육 현실에서 긍정적으로 받아들여야 할 부분이다.

많은 학부모들은 자녀 교육을 뒷바라지하기 위해 부모가 모두 직장생활을 하는 등 정작 교육에 도움을 줄 수 있는 시간을 내지 못하는 모순이 반복되고 있는 것이 현실이다.

학부모가 자녀의 학습에 직접 참여하는 것만이 아니라 평생교육의 차원에서 실시하는 자녀교육에 반드시 필요한 학부모 연수조차도 어려운 실정이다. 이러한 점을 고려하여 많은 학부모들의 참여를 위해 늦은 저녁 시간에 실시하는 연수가 효과도 높고 호응이 좋다. 특히 일회성 연수가 아닌 지속적인 교육의 기회가 주어진다면 결국 자녀를 위해 가정과 학교가 함께 연구하며 소통할 수 있는 통로가 될 수 있다.

학생 평가의 관점에서 학부모 평가의 중요성을 고려해 볼 때 지금까지 피상적일 수밖에 없었던 가정에서의 관찰이 보다 체계적이고 현실적인 평가 참여로 이어질 수 있도록 시도해야 한다. 학생 개개인의 강점을 살려 미래를 준비하는 프로젝트 학습에서 학부모와 교사의 평가 참여는 대단히 비중이 크다.

미래 학교에서 반드시 실현되어야 하는 것은 학생 개개인의 지능 프로파일에 맞는 개별화 교육이다. 많은 교육학자들과 현장 교사들은 이러한 이상적인 교육 형태가 우리나라에서는 실현되기 어렵다고 말해 왔다. 하지만 다중지능 학습에서는 이 실마리를 풀어 갈 수 있음을 현장 실천 결과로 알게 되었다. 물론 교사와 학부모의 끝없는 노력이 요구되며 행정적 지원이 필요하다. 다중지능이론은 한 인간의 정신세계를 어떻게 바라볼 것인가에서 시작되는 교육 철학으로 접근하여 학습 전략과 실천 방법으로 완성도를 높여야 하는 개별화 교육의 핵심이 되어야 한다.

앗! 나에게 이런 지능이?

_____학년 _____반 _____번 이름: ________

다음 글을 읽고 자신에게 해당된다고 생각하면 빈칸에 V 표를 하세요.

언어지능

_____ 나는 독서를 좋아한다.
_____ 나는 낱말게임을 좋아한다.
_____ 나는 국어 과목이 재미있다.
_____ 나는 사회 과목이 재미있다.
_____ 나는 낱말 맞추기나 끝말잇기 등을 좋아한다.
_____ 나는 이름, 장소, 날짜 또는 사소한 것을 잘 기억한다.
_____ 나는 말 또는 글로 느낌이나 생각을 표현하는 것을 좋아한다.
_____ 나는 친구들과 이야기할 때 책에서 봤거나 들은 것을 자주 이야기한다.
_____ 나는 친구들보다 단어의 뜻을 쉽게 이해한다.
_____ 친구들이 나의 이야기를 들으며 재미있어 한다.

* 그 외 언어 능력:

논리-수학지능

_____ 나는 어떤 사물이나 현상에 대해 '왜 그럴까?' 하는 궁금증을 자주 가진다.
_____ 나는 재빠르게 계산 문제를 암산한다.
_____ 나는 수학시간을 좋아한다.
_____ 나는 과학시간을 좋아한다.
_____ 나는 계산게임이나 컴퓨터게임을 좋아한다.
_____ 나는 장기, 바둑, 기타 두뇌 계발용 게임이나 퍼즐 등을 좋아한다.
_____ 나는 규칙들을 잘 만들거나 쉽게 이해한다(방학에 계획 세우는 것을 좋아한다).
_____ 나는 실험하는 것을 좋아한다.
_____ 나는 문제를 해결할 때 단계별로 하나씩 체계적으로 풀어 나가는 편이다.
_____ 나는 물건의 양이 많거나 그룹이 지어져 있을 경우, 그것들을 분류하고 나눔으로써 그것들 사이의 관계를 파악하곤 한다.

* 그 외 논리-수학 능력:

공간지능

_____ 나는 그림을 감상하거나 그리기를 좋아한다.
_____ 나는 지도를 보고 위치를 잘 알고 길을 찾을 수 있다.
_____ 나는 공상이나 상상을 잘한다.
_____ 나는 미술 활동을 좋아한다.
_____ 나는 생각을 말할 때 도표나 그림 등을 그려서 설명하곤 한다.
_____ 나는 영화, 사진, 캠코더로 다양한 일들의 기록을 남기는 것을 좋아한다.
_____ 나는 조각 그림 맞추기나 미로 찾기 게임 등이 재미있다.
_____ 나는 독서를 할 때 글자보다는 그림이 많은 책을 더 좋아한다.
_____ 나는 연습장이나 다른 용지에 아무 생각 없이 낙서를 끼적거린다.
_____ 나는 어떤 물건을 다른 방향에서 봤을 때 어떻게 보일지를 쉽게 머릿속에 그릴 수 있다.

* 그 외 공간 능력:

신체-운동지능

_____ 나는 운동이나 춤추는 것을 아주 좋아하고 자주 한다.
_____ 나는 새로운 스포츠나 댄스를 쉽게 배우며 실력이 빨리 향상된다.
_____ 나는 다른 사람의 몸짓이나 특징을 잘 흉내 낸다.
_____ 나는 혼자 힘으로 무엇을 조립하거나 만드는 등 손재주가 있다.
_____ 나는 무언가를 확실히 이해하기 위해서는 직접 다뤄 봐야만 한다.
_____ 나는 체육시간이나 무언가를 직접 만드는 시간을 가장 좋아한다.
_____ 나는 실내보다 실외에서 많은 시간을 보낸다.
_____ 나는 놀이동산에 가면 가장 스릴 있는 것을 골라서 타곤 한다.
_____ 나는 한곳에 오래 앉아 있을 때 움직이거나, 잡아당기거나, 발을 가볍게 치는 등 잠시도 가만 있지 못한다.
_____ 나는 새로운 것을 배울 때 교본을 읽거나 비디오테이프를 보는 것보다 직접 경험해 보는 것을 좋아한다.

* 그 외 신체-운동 능력:

음악지능

_____ 나는 음정이 고르지 못하거나 소리가 이상하게 들릴 때 그것을 지적할 수 있다.
_____ 나는 음악을 몇 번 들은 후에 쉽게 따라 부르거나 그 멜로디를 쉽게 기억할 수 있다.
_____ 다른 사람들이 나에게 노래를 잘한다고 말한다.
_____ 나는 악기를 연주하는 것이 쉽고 재미있다.
_____ 나는 영화 음악이나 광고 음악 등이 머릿속에 떠오르곤 한다.
_____ 나도 모르게 자주 콧노래를 부른다.
_____ 나는 음악을 들을 때, 나도 모르게 음악에 맞춰 손으로 박자를 맞추곤 한다.
_____ 나는 음악을 듣고 악기들의 소리를 구별할 수 있다.
_____ 나는 음악을 틀어 놓고 일하거나 공부하는 것을 좋아한다.

_____ 나는 많은 노래를 기억하여 부를 수 있다.

* 그 외 음악 능력:

대인관계지능

_____ 나는 집에서 혼자 텔레비전이나 비디오를 보는 것보다는 여러 사람들이 어울려서 즐기는 모임에 나가는 것을 더 좋아하는 편이다.
_____ 나는 사람들과 대화하는 능력이 뛰어난 편이며, 사람들의 논쟁이나 말다툼을 잘 해결해 주는 편이다.
_____ 나는 다른 사람들이 슬픔에 잠겨 있는 걸 볼 때 같이 슬픔을 느낀다.
_____ 나는 행복해하는 사람들과 있을 때 함께 행복해진다.
_____ 나는 조깅같이 혼자 하는 운동보다는 농구나 축구처럼 운동을 좋아한다.
_____ 나는 아주 친한 친구가 세 명 이상 있다.
_____ 나는 다른 친구보다 앞장서서 일하며, 다른 사람들에게 일을 하는 방법을 보여 주곤 한다.
_____ 나는 공부나 놀이를 할 때 친구들이 나와 함께 있기를 원한다.
_____ 나는 어떤 문제를 혼자 힘으로 해결하기 위해 끙끙대지 않고, 사람들에게 조언을 구하고 협력한다.

* 그 외 대인관계 능력:

자기이해지능

_____ 나는 홀로 생각하면서 시간 보내는 것을 좋아한다.
_____ 나는 미래의 꿈에 대해 많이 생각한다.
_____ 나는 내가 잘하는 것과 못하는 것을 정확히 알고 있다.
_____ 나는 나의 발전을 위해 좀 더 잘하려고 계획하며 실천한다.
_____ 나는 나의 흥미나 취미에 관해 많이 이야기하지 않는다.
_____ 나는 스스로의 마음을 가장 잘 알고 있으며, 혼자서 생각한 후 결심하는 편이다.
_____ 나는 다른 사람과 함께하기보다는 혼자 공부하는 것을 좋아한다.
_____ 나는 느낌이나 생각을 여러 가지 방법으로 정확하게 표현한다.
_____ 나는 자신에 대해 반성해 보고 내 생활에서 중요한 문제가 무엇인지 조용히 생각해 보곤 한다.
_____ 나는 이 세상에서 하나밖에 없는 귀한 존재라고 느낀다.

* 그 외 자기이해 능력:

자연친화지능

_____ 나는 신체의 주요 기관의 위치와 기능에 대해 관심이 많으며 잘 알고 있는 편이다.
_____ 나는 숲이나 산속을 걸어갈 때 동물의 발자국이나 새들의 둥지 등에 관심을 갖고 또한 날씨 신호를 구분할 수 있다.
_____ 나는 천문학, 우주의 탄생, 생명의 진화 등에 대해 관심이 많다.
_____ 나는 여러 종류의 나무, 꽃, 식물 등을 구분할 수 있고 이름을 잘 기억한다.
_____ 나는 애완동물을 키우고 있거나 애완동물을 좋아한다.
_____ 나는 식물에 직접 물을 주고 잘 가꾼다.
_____ 나는 세계적인 주요 환경문제에 대한 이해와 관심을 가지고 있다.
_____ 나는 자원을 아끼고 보존하는 것이 살아가는 데 중요한 문제라고 생각한다.
_____ 나는 쓰레기를 버릴 때 분리를 잘해서 버리며 함부로 아무 곳에나 쓰레기를 버리지 않는다.
_____ 나는 자주 이 세상에 있는 모든 자연이 신비하게 느껴질 때가 많고 궁금하다.

---

* 그 외 자연친화 능력:

출처: http://www.hiokin.com

나의 다중지능 비교표

검사일: ____년 ____월 ____일

______학년 ______반 ______번 이름: __________

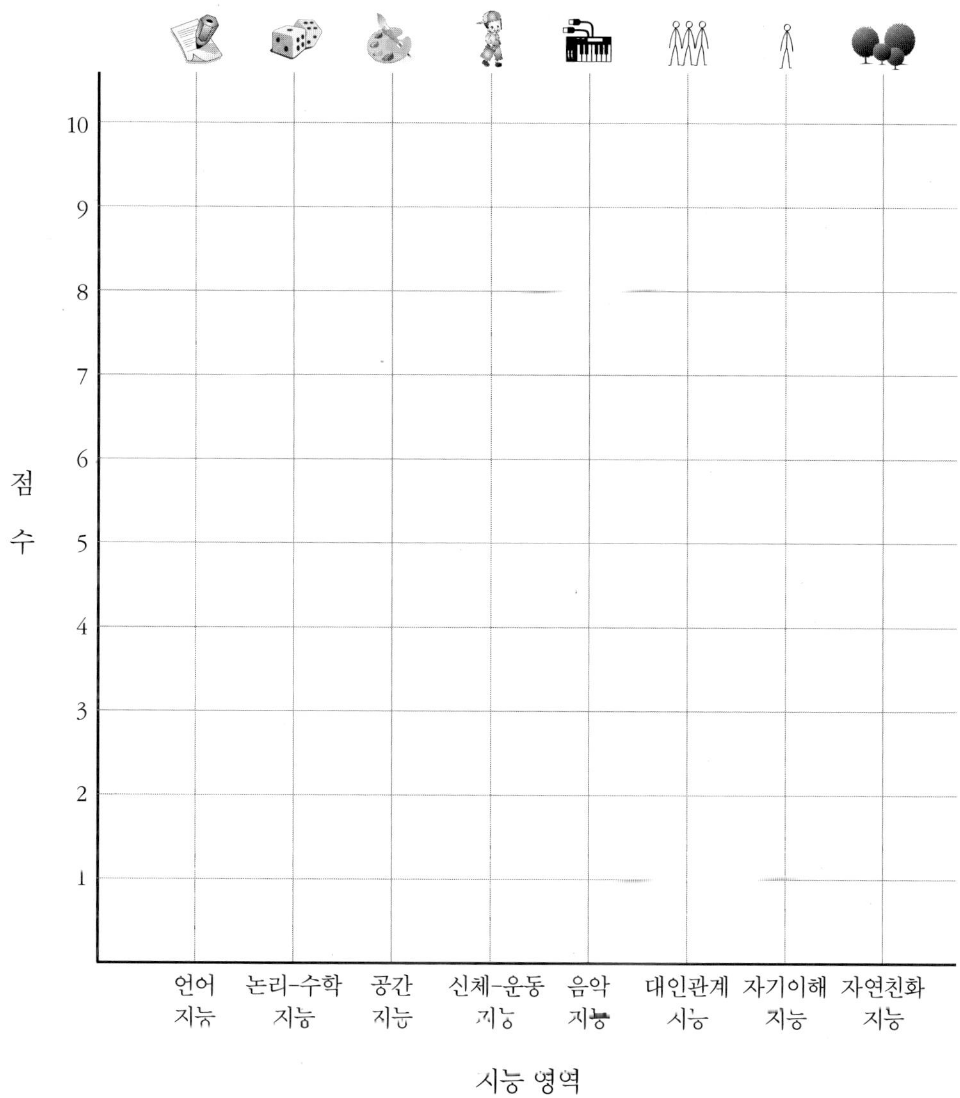

유치원

학급 경영이란 학급 구성원인 유아의 교육 활동이 효과적으로 이루어질 수 있도록 계획, 조직, 실시 및 평가하는 과정이다(신화식, 김명희, 2008). 학급 경영의 일차적 주체는 교사와 유아라 할 수 있으며, 물론 그 기관의 교육철학이라는 일관성을 바탕으로 한 원장의 지도 · 지원 및 그 외 교직원과 학부모의 지원이 필요하다.

학급 경영의 영역을 넓게 정의하자면 공간 관리, 교육 계획 및 일과 운영 관리, 유아 관리, 교재 · 교구와 자료의 관리, 건강 · 안전 관리, 학부모 관리, 행사 관리 등이 포함된다. 그러나 이 장에서는 학급 경영의 최소한의 범위 중 교육환경과 공간 관리에 대해 알아보고자 한다.

1) 다중지능 학교의 교육환경

교실에서는 유아의 여러 가지 지능과 학습에 대한 접근이 다양한 형태로 나타날 수 있다. 즉, 다양한 교수 방법을 통합하여 새로운 형태의 학습 활동이 가능하다. 다중지능이론을 기초로 한 교실에서는 여러 가지 지능을 발달시키기 위해 다양하고 풍부한 자료를 유아에게 제공한다. 특정한 지능을 직접적으로 자극하는 대신 관련된 여러 지능을 동원해서 가치 있는 사회적 역할이나 특정 상태를 포함하는 자료를 사용한다(신화식, 김명희, 2006; Gardner, 1993; Hoerr, 2000).

유아들이 특별한 활동을 수행하거나 독립적으로 한 영역을 탐구할 수 있도록 물리적인 자극을 줄 수 있는 홍미 센터(Interest center)가 있다. 유아들이 모든 영역에서 탐구할 수 있는 기회를 갖도록 하는 것이 궁극적인 목표로, 서로 다른 유아들이 자신만의 다양한 방법으로 활동하도록 학급은 모든 학습 형태를 제공할 수 있어야 한다. 따라서 다중지능을 적용한 다양한 홍미 센터는 유아들에게 탐구하고, 실험하고, 발견하고, 궁극적으로 지식을 구축해 나가는 다양한 방법을 제공해 준다(김성희, 김영자, 송혜순, 이가형, 이해지, 2000; 신화식, 김명희, 2006).

홍미 센터는 다양한 방법으로 운영될 수 있다. 매일 3～5개 또는 7～8개의 홍미 센터를 설치하여 운영할 수 있으며, 일주일 단위로 운영할 수도 있다. 또한 여러 개의 교실을 통합한 지능별 팀티칭 방법도 가능하다. 한편, 홍미 센터가 아닌 경우는 직접 교수법을 사용하되 일고여덟 가지 지능을 고루 사용하는 방법도 있고, 또는 하루에 하나의 지능을 선택하여 7～8일 동안 일고여덟 가지 지능을 모두 학습한 뒤 8～9일째는 자유 선택의 기회를 주는 방법, 7～8주 동안 일고여덟 가지 지능을 활용하여 학습해 보고 8～9주째 가장 선호하는 지능을 사용하여 학습 활동을 하는 방법 등 다양한 방법이 가능하다.

활동의 특성에 따라 네 가지 홍미 센터 유형으로 구분된다(신화식, 김명희, 2006; Armstrong, 1993). [그림 3-3]에 제시된 홍미 센터의 유형에서 가로축은 영구적 센터부터 일시적 센터를, 세로축은 개방적 센터에서 주제 중심 센터를 나타낸다.

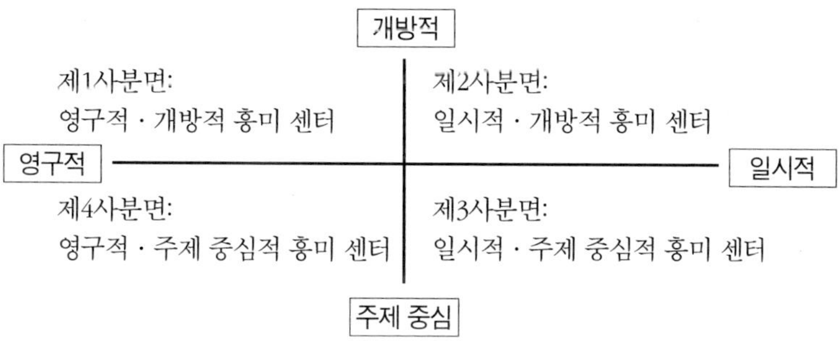

[그림 3-3] 홍미 센터의 유형

(1) 영구적 · 개방적 흥미 센터

제1사분면은 보통 1년의 기간 동안 영구적으로 제공되는 센터로서, 유아들에게 지능별로 매우 다양한 개방적 경험을 제공하도록 계획되어 있다.

언어 센터에는 독서대 혹은 안락한 의자가 제공되는 도서실 영역이나 휴대용 녹음기, 이어폰, 이야기책 등이 구비된 언어실습실 또는 타자기, 워드프로세서, 종이 등으로 자유롭게 글을 쓸 수 있는 글짓기 영역으로 구성될 수 있다.

논리-수학 센터에는 계산기, 주판 등이 마련된 수학 자료실 그리고 실험과 기록

도구가 마련된 과학 센터가 있을 수 있으며, 공간 센터에는 미술 영역, 시각 매체 영역, 시각적-사고 영역, 신체-운동 센터에는 창조적 운동을 위해 개방된 공간, 체험 영역, 촉각학습 영역, 극놀이 영역 등이 있다. 음악 센터에는 음악 자료실, 음악 연수 영역, 청취실 등이, 대인관계 센터에는 집단 토론을 위한 둥근 탁자, 또래 교수를 위한 책상, 사회적 영역 등이, 자기이해 센터에는 개별 학습을 위한 공간, 구석 공간, 컴퓨터가 설치된 좁은 공간 등이 있다.

(2) 일시적 · 개방적 흥미 센터

제2사분면은 교사가 쉽게 설치하고, 또 변경할 수 있는 자유로운 탐색을 위한 흥미 센터다. 일곱 가지 지능의 명칭이 붙어 있는 책상을 곳곳에 배치하고 그 위에 유아들의 자유로운 활동을 유도할 수 있는 가족 관련 자료를 비치하여 간단하게 설치할 수 있다. 이 흥미 센터는 유아들에게 다중지능을 소개하고 각각의 지능을 신속히 체험하도록 하는 데 특히 유용하다.

(3) 일시적 · 주제 중심적 흥미 센터

제3사분면은 제1사분면과 대칭되는 부분으로 주제에 따라 수시로 바뀌는 주제 중심적 흥미 센터다. 예를 들어, '집짓기'라는 프로젝트가 진행되면 일곱 가지 지능에 따른 일곱 가지 흥미 센터를 만들 수 있다.

(4) 영구적 · 주제 중심적 흥미 센터

제4사분면은 기본적으로 제1사분면(영구적 · 개방적)과 제3사분면(일시적 · 주제 중심적)이 결합된 흥미 센터다. 영구적 · 주제 중심적 흥미 센터는 일 년 동안 특정 주제에 대해 가르치려는 교사들에게 가장 적합하다. 따라서 각 센터는 일 년 내내 유지되며, 대부분의 자료는 바꿀 필요가 없다. 그러나 각 센터 내에서는 연간 주제, 월별 하위 주제 또는 주별 소주제에 따라 탐색 활동이 순환된다.

2) 환경 구성

(1) 공간 구성

다양한 흥미 센터는 여덟 가지 지능 영역을 반영하여 [그림 3-4]와 같이 구성되어 있다.

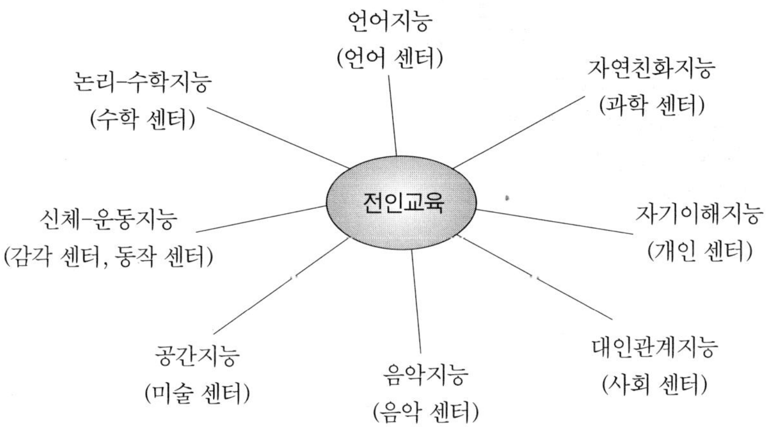

[그림 3-4] 흥미 센터와 다중지능의 각 영역

(2) 연령에 따른 활동실 구성

연령별 활동실은 발달 특성과 선호하는 놀이, 연령에 맞는 영역의 구성, 교사의 동선, 소음의 통제 등을 고려하여 구성되어야 하며, 가구 및 교구 · 교재도 차별화되어야 한다. 연령이 어릴수록 교구장의 높이는 낮아야 하며 연령이 높아질수록 수량과 수납 가능성이 높아져야 한다. 교구장과 같은 비품은 날카로운 모서리 등으로 인해 안전사고가 발생하지 않도록 부드럽게 처리된 것을 선택하고 카펫은 바닥에 밀착되는 것으로 선택한다. 카펫이 움직이는 경우는 테이프를 이용하여 바닥에 부착하여 안전을 유지한다. 각 교실에 필요한 비품, 전자제품, 교구장, 기본 놀잇감의 목록을 만들고 적합성 여부를 검토한 후 배치한다.

표 3-6 5세 학급의 센터별 구성의 유의점

동작 센터	• 블록 양을 늘리고 다양한 쌓기놀이를 위해 건축물 사진, 놀이 방법 등을 소개한 책자를 비치하고 아이디어를 얻도록 한다. • 개인의 일상 경험의 재구성과 더불어 상상의 장면을 만들어 가며 놀이를 하므로 다양한 소품(레미콘차, 잠수함 등)을 제공한다. • 상품화된 블록 외에 교사나 유아가 직접 제작한 깡통 블록, 요구르트병 블록, 상자 같은 다양한 블록을 제공한다.
개인 센터	• 바느질, 리본, 허리띠 등을 제공한다. • 구성 활동에 관련된 책이나 화보를 비치하며 각 교재 · 교구의 사용법이나 활동 순서 카드를 준비한다.
사회 센터	• 유아가 필요한 소품(의사 반사경, 간호사 모자, 생선, 과일, 돈, 지갑 등)을 직접 만들어서 놀이를 할 수 있도록 다양한 재료를 준비한다. • 필요한 규칙을 의논하여 기록한 후, 게시하도록 한다.
언어 센터	• 동시 감상, 동시 짓기, 동극, 이야기 꾸미기 등의 창의적 활동을 제공한다. • 다양한 장르의 책을 제공한다. • 극놀이 소품 중 읽기와 쓰기를 자극하는 화폐, 초대장, 메뉴판, 입장권 등을 직접 만들 수 있도록 자료를 제공한다. • 글자 크기나 모양을 자유롭게 바꿀 수 있는 컴퓨터를 활용한 쓰기 활동을 제공한다.
미술 센터	• 공동 작업에 필요한 다양한 활동 자료를 제공한다. • 활동 순서 카드를 제공하여 스스로 작업 활동을 즐길 수 있도록 한다. • 활동 후에 이름, 작품 제목 등을 기록할 수 있도록 격려한다.
수학 센터	• 자, 체중계, 저울 등 표준 단위 측정도구를 비치한다. • 그룹 게임이나 동화를 이용한 토의 등을 통해 일상생활에서 수학 활동이 이루어지도록 한다.
과학 센터	• 다양한 측정도구(막대자, 줄자, 삼각자 등)를 제공하고 측정 내용을 그래프로 표현해 보도록 한다. • 과학적 탐색을 자극하는 그림책, 백과사전, 슬라이드, 녹음기, 카메라, OHP, 실물 화상기, 비디오를 활용한다. • 동식물을 기르고 재배하는 경험을 제공하며, 성장과정이나 변화를 그림이나 글로 기록해 보도록 한다.
음악 센터	• 다양한 가락악기를 제공한다. • 다양한 음악을 감상할 수 있도록 녹음기와 카세트 테이프, 조작 방법 설명서를 제공한다. • 음악을 듣고 느낌을 그림으로 표현해 볼 수 있도록 한다.
실외 플로우 센터	• 놀이대의 높이는 60~65cm 정도가 적당하다. • 계량도구를 이용하여 물과 모래의 양과 무게를 측정해 보도록 한다. • 물을 이용한 실험과 역할놀이(빨래하기, 음료수 가게놀이 등)를 할 수 있는 교재 · 교구를 제공한다. • 다양한 모래놀이(두꺼비집 짓기, 깃발 넘어뜨리기, 수로 만들기 등)를 통해 사회적 상호작용이 일어나도록 한다.
요리 영역	• 썰기, 볶기, 졸이기 등이 가능하도록 도마와 플라스틱 칼, 프라이팬 등을 제공하고 활용 방법이나 주의점에 대해 자세히 설명한다. • 요리책이나 스크랩북을 이용하거나 요리 순서표를 유아가 만들어서 사용해 보도록 한다.
목공 영역	• 설계도를 그릴 수 있는 종이와 쓰기 도구, 측정에 필요한 자 등을 제공한다.

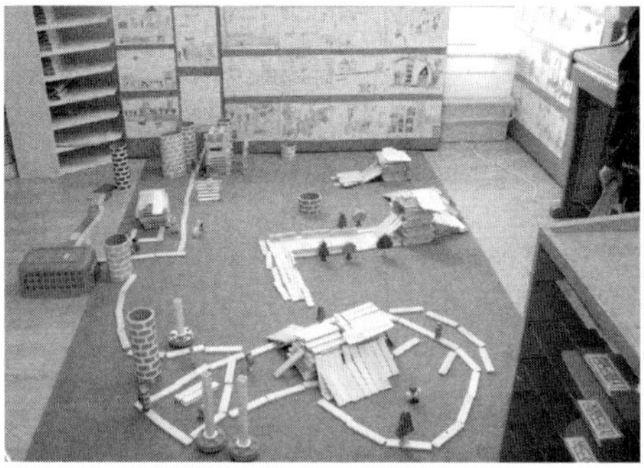

〈동작 센터〉

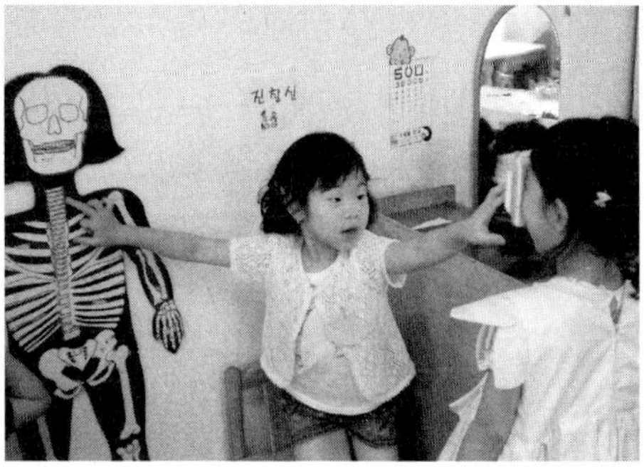

〈사회 센터〉

〈수학 센터〉

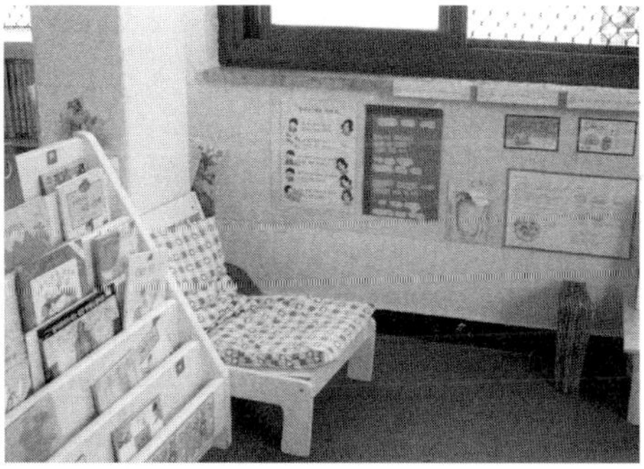

〈언어 센터〉

〈음악 센디〉

〈과학 센터〉

5세 학급의 센터별 구성

(3) 활동실 벽면 구성의 예

활동실의 벽면을 구성하는 일은 교사에게 아이디어뿐 아니라 시간과 노력을 요구하는 업무다. 활동실 벽면의 구성 목표는 생활 주제에 따른 정보 제공하기, 영역 표시 및 규칙 등 하루 일과 운영 돕기, 유아의 활동 결과물 미적으로 전시하기 등이다.

교사의 부담을 줄이면서 미적 감각을 길러 줄 수 있는 벽면 구성의 예를 제시하면 다음과 같다.

① 생활 주제에 따른 정보 제공

화보, 어린이 잡지, 인터넷 검색 등을 통해 그림이나 사진을 구한다.

생활 주제에 따른 정보 제공

② 영역 표시 및 규칙 등 하루 일과 운영 돕기

연령에 따라 그림이나 사진에 글자를 넣어 내용을 전달한다. 디지털 사진기로 학급 유아의 사진을 직접 찍어 사용하면 전달 효과가 클 뿐 아니라 유아의 흥미를 끌 수 있다. 교사가 전체를 제작하는 것보다 유아의 작품을 활용하는 것이 교사의 업무를 줄이고 유아의 성취감을 높이는 방법이다. 그림책, 명화 등을 스캔한 후 인쇄하여 활용하는 것도 효과적이다.

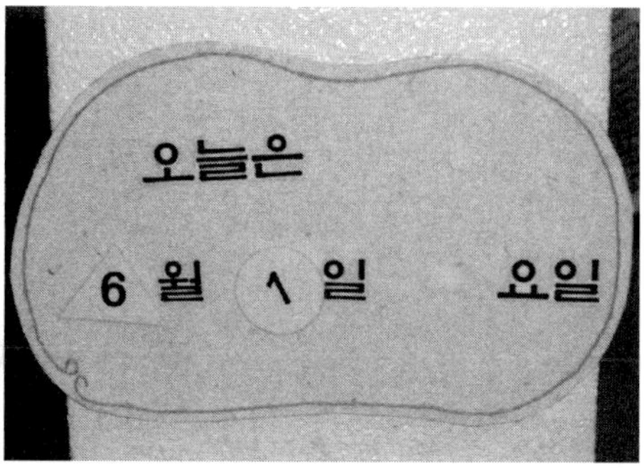
오늘은
6 월
일
요일

파란반은
에 갔어요.

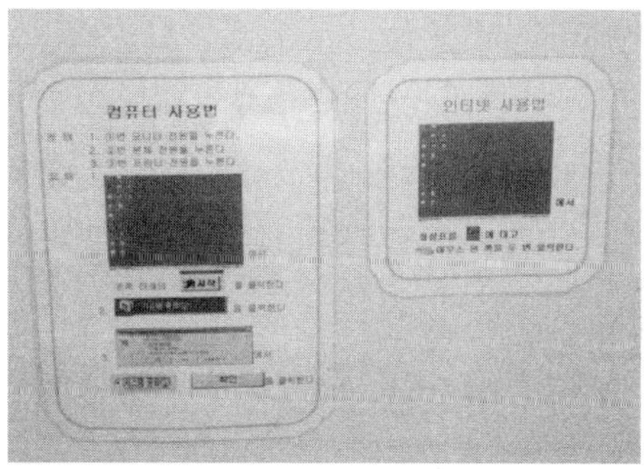
컴퓨터 사용법
인터넷 사용법

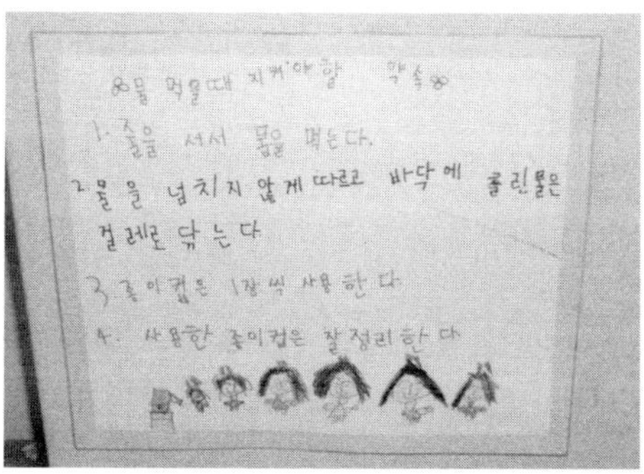
물 먹을때 지켜야할 약속
1. 줄을 서서 물을 먹는다.
2. 물을 넘치지 않게 따르고 바닥에 흘린물은 걸레로 닦는다
3. 종이컵은 1장씩 사용한다
4. 사용한 종이컵은 잘정리한다

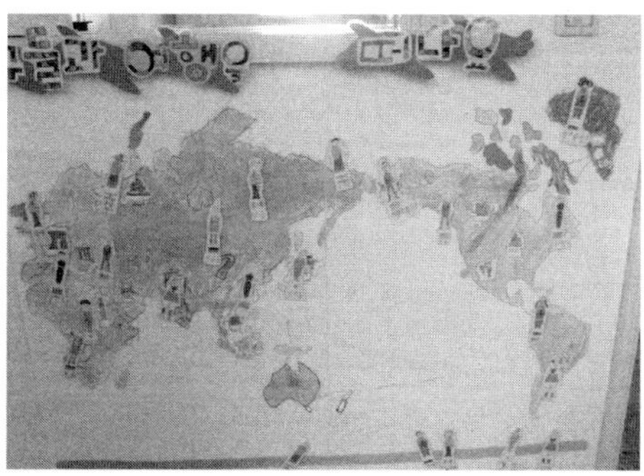

유치원에 왔어요

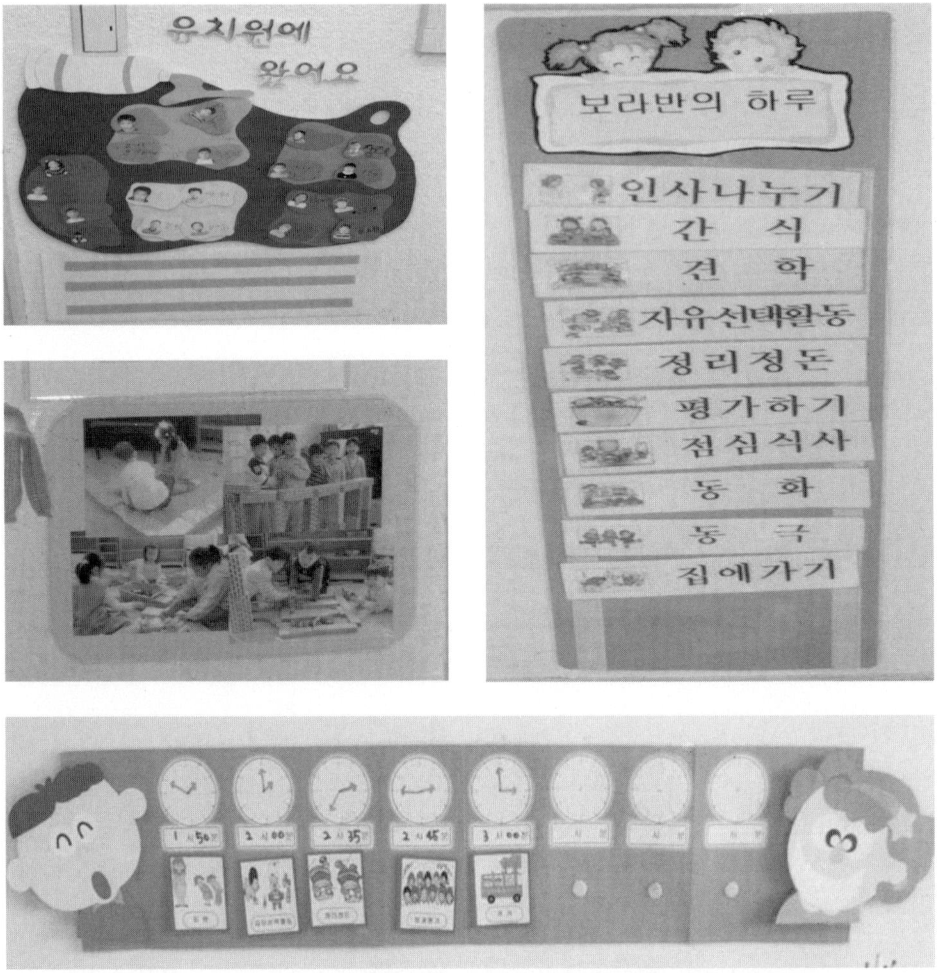

하루 일과 운영을 돕기 위한 구성

③ 유아의 활동 결과물 미적으로 전시하기

유아의 작품을 게시판, 빈 벽면, 투명 아크릴 액자, 천장에 전시할 수 있으며, 다양한 방법과 형태로 전시하는 것은 유아의 성취감을 높이고 미적 감각을 길러 준다. 교사가 미리 전시할 공간을 준비해 놓고 유아 스스로 전시하도록 한다.

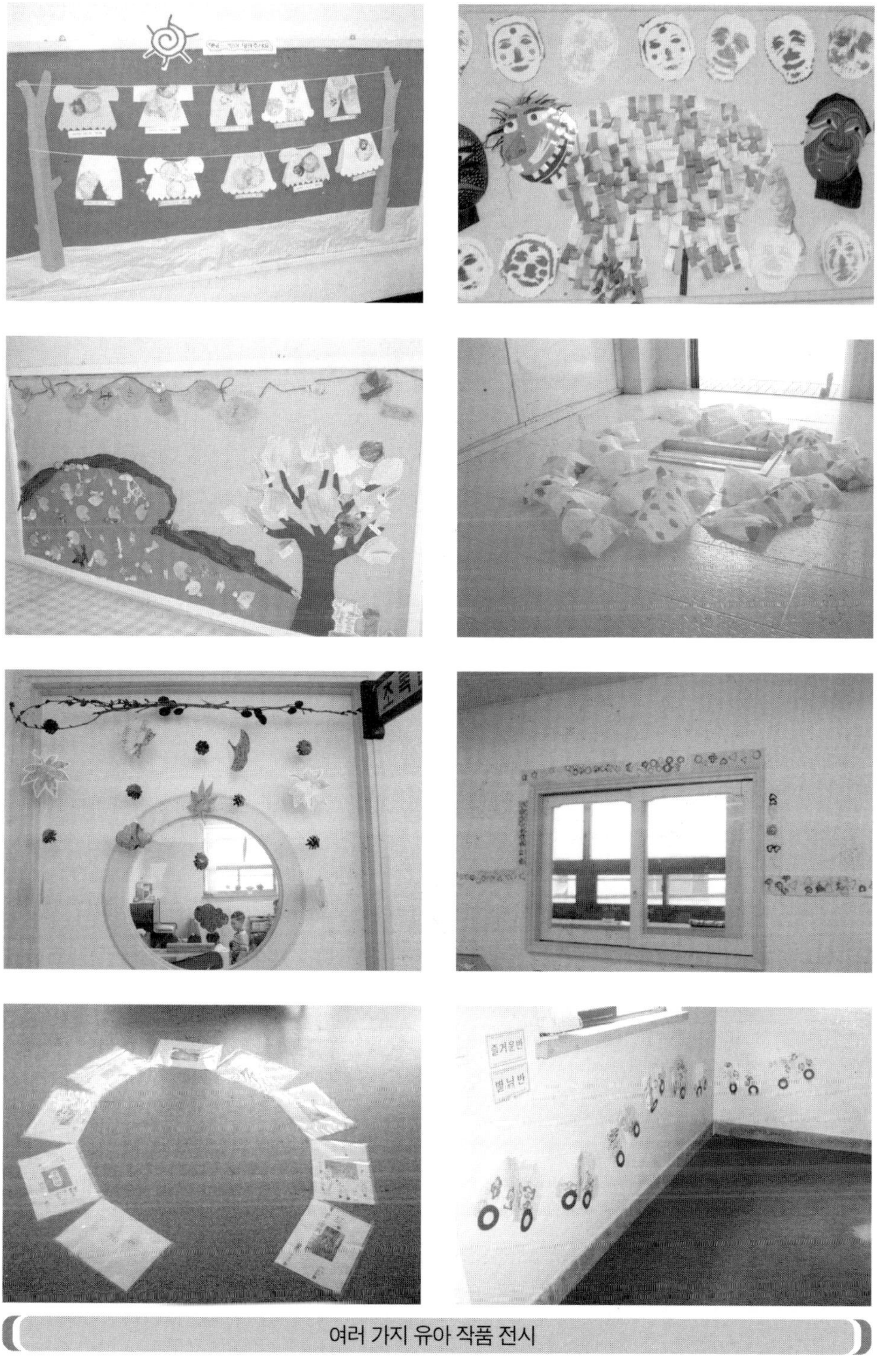

여러 가지 유아 작품 전시

2. 주제 중심 학습

주제 중심 학습에 관해 알아보기 위해 초등학교 교육과정 운영 사례를 제시하고자 한다.

여러 지능을 계발하기 위한 교육과정으로 가장 바람직한 것은 주제 중심으로 통합을 하는 것이다. 인간의 두뇌는 하나의 문제를 해결하기 위해서 자연스럽게 여러 지능을 사용하여 통합적으로 이해하므로 이렇게 할 때 가장 효율적으로 이해하며 정보의 기억과 재인을 잘할 수 있다.

먼저 교육과정과 교과서 내용을 분석하여 가장 적합한 대주제를 찾고 다중지능을 활용할 수 있는 교과별 내용을 추출한다. 교과서 내에서만 통합을 꾀하는 방식을 탈피하여 일상생활에서 쉽게 접근할 수 있고 친숙하며 꼭 알아야 할 내용을 추가하여 구성한다. 이러한 과정을 통해 학생들은 하나의 주제를 다양한 관점에서 보고 접근할 수 있으므로 학습 경험이 더욱 풍부해진다. 또한 학생들과 함께 구성한다면 미흡하지만 학생들 스스로 구성한 것에 대한 관심과 참여도가 더욱 높아진다.

1) 학생들과 함께하는 주제 통합 설계 순서

생활 속에서 공부하고 싶은 내용 찾기

↓

각 반에서 선정된 주제의 재통합

↓

교과서 내용과 통합 수업 방법 토의

↓

다중지능 적용 모둠 활동의 내용 구상

[그림 3-5] 주제 통합 설계 순서

다음은 4학년 주제학습의 실제 예다.

주제 선정 시 4학년 각 반에서 제시된 내용 중 '변화'를 1학기 교육과정의 주제로 정했다. 이 주제로 수업을 다양하게 구성할 수 있고 교과서 내용을 함축하고 있으므로 학생들과 의견 일치를 보았다. 각 교과에서 '변화'에 적합한 단원을 찾아낸 후 그 내용을 다중지능 영역으로 적용할 수 있게 재구성하였다. 여기서는 변화의 내용 중 '콩' 제재만을 소개한다.

2) 주제망 짜기

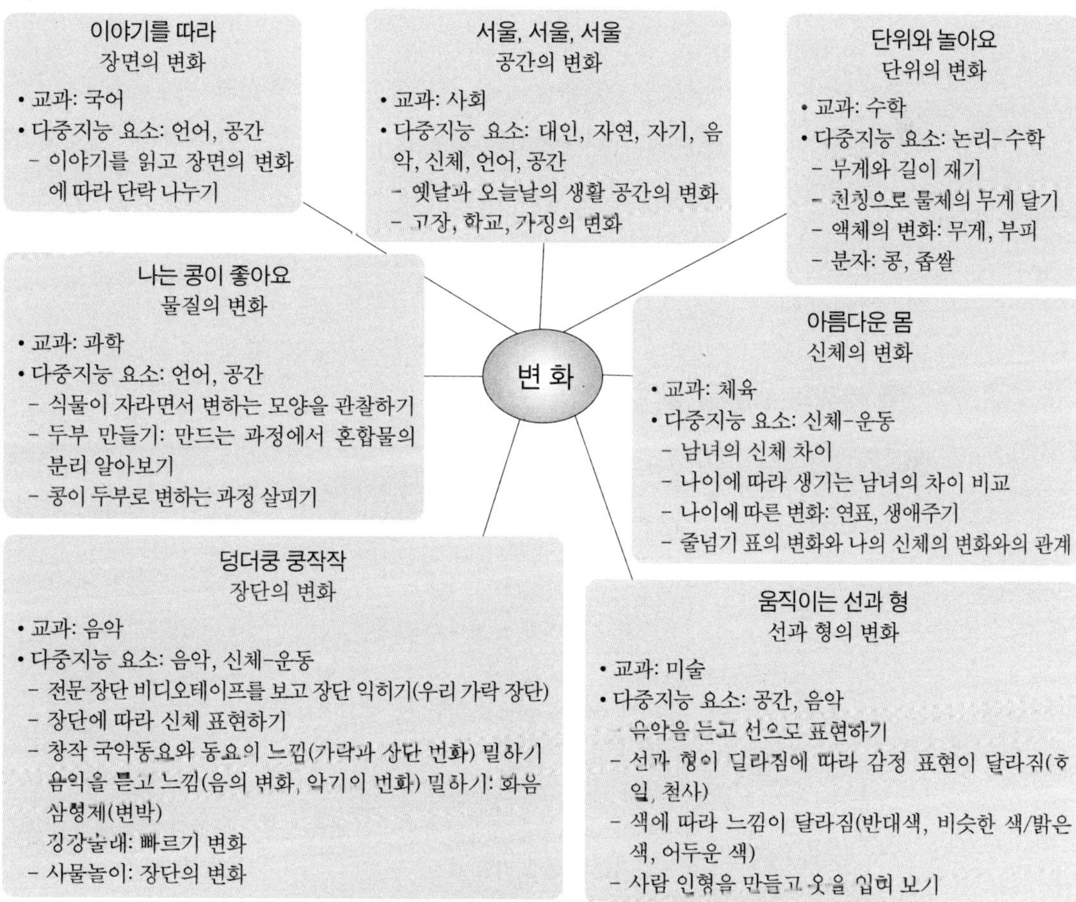

[그림 3-6] 교육과정 부석

3) 본시 교수-학습 과정안

(1) 제재 선택의 배경

콩은 태아로부터 성장기에 이르기까지 두뇌 발달과 성장에 매우 좋은 식품이다. 우리 주위에 콩으로 만든 식품이 다양하게 있으나 많은 학생들이 콩을 즐겨 먹지 않는 것이 보통이다. 그러므로 콩으로 만든 음식에 대한 거부감 없이 콩을 즐겨 먹도록 콩에 대한 생각과 입맛의 변화를 가져오는 계기가 필요하다.

본 제재는 콩에 관심 갖기, 콩에 대해 알기, 두부 만들기, 콩으로 된 음식 맛보기 등 콩과 친숙해지는 과정을 통해 학생들이 콩을 즐겨 먹게 하려는 의도에서 선택한 것이다.

과학과의 두부 만들기는 콩물과 간수를 혼합함으로써 '물질의 변화' 과정을 직접 확인할 수 있고, 사회과와 관련지어서는 맷돌로 콩 갈아 보기를 통하여 '옛날의 생활 모습과 오늘날의 생활 모습의 변화'를 체험할 수 있다.

전 차시의 학습으로 콩에 관한 인식의 변화가 생길 무렵 다양한 간식을 맛봄으로써 '콩과 친해지기'가 이루어진다.

(2) 제재의 구성 및 활용된 지능 영역

차 시	주 제	교수-학습 활동	활용된 지능
1	콩에 관심 갖기	• 젓가락으로 콩 옮기기 게임하기 • '콩깍지' 노래 부르기 • 콩에게 편지 쓰기 • 수화로 콩에 관한 낱말 익히기	• 신체-운동지능 • 음악지능 • 언어지능 • 대인관계지능
2	콩을 이용하여 배우기	• 콩을 이용하여 부분은 전체의 얼마인지, 전체에 대한 분수만큼은 얼마인지 알아보기 • 콩에 관한 속담 알아보기 • 완두콩 껍질을 까 보고 콩밥 먹기	• 논리-수학지능 • 언어지능 • 신체-운동지능
3	콩을 관찰하기	• 여러 가지 콩을 관찰하여 차이점 말하기 • 교재원의 콩 포기를 보고 그리기	• 자연친화지능 • 공간지능
4	콩의 쓰임새와 영양 가치	• 인터넷으로 콩으로 만든 제품을 조사하기 • 콩이 우리 몸에서 하는 일 조사하기	• 논리-수학지능 • 자연친화지능

5 본시	콩으로 만든 음식	• 두부 만들기 • 맷돌로 콩 갈기 • 콩으로 만든 음식 먹어 보기	• 자연친화지능 • 신체-운동지능 • 공간지능
6	콩 한 마당	• 콩에게 쓴 편지 발표하기 • 콩으로 만들 제품에 대해 토의하기 • 콩 제품 광고 꾸미기	• 자기이해지능 • 언어지능 • 공간 · 언어지능

교과 및 단원	과학 6. 혼합물 분리하기(7/7) 사회 1-3. 옛날과 오늘날의 생활 모습(13/17) 말하기 · 듣기 · 쓰기 3-2. 아하, 그렇군(5/9)		
학습 주제	콩으로 만드는 음식	**학습 형태**	주제 중심 교과 통합
학습 목표	콩을 이용한 음식을 만들고 맛보며 콩과 친해질 수 있다.		
자 료	콩물, 간수, 우유 갑, 체, 헝겊, 나무주걱, 이동식 가스레인지, 모래시계, 불린 콩, 맷돌, 큰 그릇, 수저, 콩으로 만든 간식, 화이트보드, 나카펜		

학습 단계	**교수-학습 활동**	**시간(분)**	**활용 지능**
마음 열기	• 흥미 유발 - '콩깍지' 노래 부르기 - 게임: '콩'이 들어간 말 - 어제 집에서 콩으로 만든 음식을 먹은 이야기하기	5′	• 신체-운동 음악 언어
문제 확인	• 학습 문제 확인 - 콩을 이용한 음식을 만들고 맛보며 콩과 친해질 수 있다.	2′	
정보 탐색	• 학습 활동 안내 - 〈1마당〉 두부 만들기 - 〈2마당〉 맷돌로 콩 갈기 - 〈3마당〉 콩으로 만든 간식 맛보고 설명하는 글쓰기	5′	
해결 방안 형성	• 〈1마당〉 두부 만들기 - 걸러 낸 콩물을 냄비에 넣고 끓이기 - 불을 끈 뒤 간수를 넣고 천천히 젓기 - 구멍이 뚫린 우유갑에 깨끗한 헝겊 깔기 - 엉겨 가는 콩물을 우유갑에 붓고 헝겊으로 덮기 - 물이 든 컵을 우유갑 위에 올려 눌러 주기 - 우유갑에서 헝겊과 함께 두부를 들어내어 물에 담근 뒤, 두부 꺼내기	20′	• 자연친화 공간

	• 〈2마당〉 맷돌로 콩 갈기 - 맷돌 가운데 구멍에 불린 콩을 수저로 떠 넣기 - 두 사람씩 협동하여 맷돌 돌리기 - 다음 차례 사람이 모래시계로 시간 재고 교대하기 • 〈3마당〉 콩으로 만든 간식 맛보기 - 예절을 지켜 콩으로 만든 간식을 조금씩 맛보기 - 화이트보드에 콩으로 만든 간식을 주제로 마인드맵 하기 - 마인드맵을 바탕으로 중심 문장과 뒷받침하는 문장이 자연스럽게 이어지도록 글쓰기	15′	• 대인관계 신체-운동 • 대인관계 언어
검 증	• 선택 활동 - '다시 콩에게 쓰는 편지' 쓰기 - 콩으로 오목 두기 • 학습 내용 정리 - 활동을 하면서 느낀 점, 새로 알게 된 것 말하기 - 콩에 관하여 더 해 보고 싶은 공부 이야기하기	6′	• 자기이해 • 언어
정 리	• 과제 제시와 차시 예고 - '다시 콩에게 쓰는 편지' 완성하기 - 신문의 식품 광고 오려 오기	2′	

4) 다중지능이론을 적용한 주제 수업의 예

(1) 주제: 대양(외국)

✲ 학년: 2학년

✲ 교과: 대양 - 문학과 과학을 가르치기 위한 단원

✲ 도입: 이 단원은 2학년을 대상으로 14일간 학습이 이루어지도록 설계되어 있다. 학생들은 대양의 개념과 『숨어 사는 게의 집』이라는 문학 작품에 대한 종합적인 이해를 하게 될 것이다.

✲ 활동

요 일	지능 영역	구체적 활동
월요일	• 언어지능	• 『숨어 사는 게의 집』을 읽는다. 반 친구들과 게에 대해 알고 있는 것을 기록한다.
화요일	• 공간지능 • 음악지능	• 운동장으로 나가 마치 대양에 있는 것처럼 둥글게 앉아 모래를 느끼면서 대양, 모래, 조개, 바다동물 등을 상상해 본다. 눈을 감고 본 바다동물들에 대해 말해 보도록 한다. 교실로 와서 대양 생활에 관한 그림을 그린다. (5개 그룹)
수요일	• 신체-운동지능 • 자기이해지능 • 대인관계지능	• 교실 바닥에서 'Charlie over the Water'라는 노래를 부르면서 조개 모양처럼 자신의 몸을 만들어 본다. – Charlie over the Water – Charlie over the Sea – Charlie catch a Blackbird – But He can't Catch Me • 한 학생은 Charlie가 되어 할 수 있는 한 많은 친구를 잡아야 하고, 다른 친구들은 걷거나 껑충껑충 뛰거나 도망 다니면서 '나'라는 단어가 나오면 웅크려 앉는 식의 게임을 한다.
목요일	• 논리-수학지능 • 공간지능 • 대인관계지능	• 이야기 사건의 흐름을 구성해 본다. • 5개 그룹으로 나누어 조개를 수집한다. 각 조개의 수를 세고 이름을 붙여 범주화한다. 각 그룹의 리더는 그래프를 그릴 종이를 갖고 있다가 그룹별로 갖고 있는 조개를 그래프로 나타내 본다.
금요일	• 음악지능 • 언어지능 • 공간지능 • 신체-운동지능	• 교사가 한 문장씩 노래를 부르면 학생들은 그다음 문장을 읽는다. – 대양 또는 조개와 관련된 노래를 생각해 보기 – 노래나 시에 관한 차트 만들기 – 노래 부르기 – Charlie over the Water – Sally sells sea shells • 음악 CD를 올려놓는다. 리듬과 감정을 따라 책상 위를 친다. 들리는 소리에 따라 손가락을 움직인다. – 눈을 감고 마치 자신이 파도인 것처럼 느껴 보기 – 소리에 귀 기울이기
월요일	• 자기이해지능 • 신체-운동지능	• 바다에 갔을 때나 『숨어 사는 게의 집』이란 책을 읽었을 때 느낀 것을 팬터마임으로 나타내기
화요일	• 대인관계지능 • 공간지능	• 집에서 가져온 그림이나 예술 작품(바다 생활)을 활용해 '대양'에 관한 게시판 만들기(5개 그룹) – 배경(윗부분과 물 밑) – 동물(바다와 조개, 물고기) – 대양(핑거프린트)

수요일	• 언어지능 • 공간지능	• 대양과 바닷가재류에 대해 브레인스토밍하기 • 반복해서 말하기(echo-chanting): 학생들에게 내가 말하면 따라 하라고 말한다. ㉠ 본문의 단어 활용: 어리둥절하다, 짠맛이 난다. 대양에 관한 문구 활용: 부드러운 모래, 차가운 물 색상이나 차가운 단어의 활용: 이곳은 크고 푸른 대양이야.
목요일	• 공간지능	• '해안 생활'에 관한 비디오 보기, 시청한 것에 대해 아이디어 나누기
금요일	• 음악지능 • 언어지능 • 공간지능 • 신체-운동지능	• 기분 전환 연습하기 • 집단별로 게가 쉬기 위해 어디로 갔는지 말하기 – 너희는 쉬기 위해 가는 곳이 어디니? 선생님에게 말해 주렴 • 방 주위를 돌면서 쉴 곳을 찾기
월요일	• 논리-수학지능	• 학생들이 조개에 관한 문제 만들기
화요일	• 음악지능	• '환경'이나 '당신은 대양입니다'라는 테이프 틀어 주기(춤추기)
수요일	• 대인관계지능 • 공간지능 • 언어지능	• 『숨어 사는 게의 집』을 친구끼리 읽기 • 그룹 안에서 파트너 정하기: 학생들에게 페이지를 설정해 주고 읽기를 잘하는 한 학생이 말로 표현하면 다른 학생은 그림을 그린다.
목요일	• 자기이해지능 • 공간지능 • 언어지능	• 활동 선정하기 – 카세트로 이야기 듣기 – 그림 그리기 – 숨어 사는 게에 대한 다른 내용 만들어 보기 – 이야기의 결과를 달리해 보기 – 숨어 사는 게에 관한 시 만들어 보기
금요일	• 대인관계지능 • 공간지능 • 언어지능	• 그룹별로 학습을 축하해 주기 • 부모들이 만든 조개젤리 먹기 • 예술 작품 전시 • 그룹별 이야기하기: 옛날 옛날에 작은 게가 살고 있었는데…….

평가

- 학생들의 개별학습 능력 측정
- 읽는 것 들어 보기
- 토론에 참여하는 정도
- 성취도 평가
- 학생들의 자기평가서

- 개방형 질문에 답하기
- 포트폴리오

(2) 주제: 혜성(외국)

주제 영역	과학, 천문학
주요 개념	혜성은 태양 주위에서 궤도를 그리며 도는 물체다.
지도 요소	우주는 매혹적인 것들로 채워져 있다.
단 원	태양계
이전 단원	행성
다음 단원	소행성
학년 수준	초등 고학년, 중학교
필요한 준비물	과학 도서, 그래프용지, 자, 가위, 미술도구, 타악기 등

① 언어 활동

학생들에게 혜성에 대하여 간단하게 설명하고, 과학 도서에서 관련된 내용을 읽어 보도록 한다. 또는 다음의 글을 읽고 아래에 있는 질문에 답하도록 한다.

> 꼬리가 있는 희미한 별처럼 보이는 혜성은 얼음과 가스, 먼지 알갱이들로 이루어져 있다. 모든 혜성은 계란 모양과 비슷한 타원형의 궤도를 그리며 태양계 주위를 돌고 있으며 이는 행성과 마찬가지로 태양의 인력에 의한 것이다. 몇몇 혜성은 수개월밖에 걸리지 않는 짧은 궤도를 돌지만, 수백 년이나 걸리는 긴 궤도를 돌고 있는 혜성도 있다.
>
> 혜성의 길고 빛나는 꼬리는 태양과 가까워질수록 길어지는데 어떤 것은 1억 마일이 넘기도 한다. 태양에 접근함에 따라 그 열로 인해 얼어 있던 핵이 증발되어 코마를 형성하게 되는데, 이때 태양 빛의 압력이 코마에 있는 작은 먼지 알갱이들을 밀어내어 꼬리가 만들어진다. 모든 혜성은 직접 빛을 내는 것이 아니라 태양 빛이 혜성의 코마와 꼬리에 반사되어 우리 눈에 보이는 것이다.
>
> 혜성의 꼬리는 언제나 태양의 반대쪽을 가리키고 있는데 마치 태양을 향해 혜성의 뒤에서 끌려가는 것처럼 보인다. 그러나 궤도가 길어지는 바깥쪽을 돌 때에는 실제로 꼬리가 핵보다 앞쪽에 있다.
>
> 가장 유명한 혜성으로는 77년마다 나타나는 핼리혜성이 있는데, 1986년에 나타났던 핼리 혜성은 지구의 공전 궤도와 서로 교차될 때 볼 수 있다.

- 혜성의 궤도를 묘사한 단어들은 무엇인가? (타원 등)
- 혜성 중앙의 둥근 부분을 무엇이라고 부르는가? (핵)
- 그 주위를 둘러싸고 있는 희미한 부분의 이름은 무엇인가? (코마)
- 무엇 때문에 혜성의 꼬리가 만들어지는가? (태양 빛의 압력)
- 우리에게 널리 알려진 혜성에는 어떤 것이 있는가? (핼리혜성 등)
- 언제 혜성의 꼬리가 앞쪽으로 오는가? (태양으로부터 멀리서 돌 때)
- 혜성은 무엇으로 이루어져 있는가? (얼음, 가스, 먼지 등)
- 혜성과 행성의 비슷한 점은 무엇인가? (태양 주위를 궤도를 그리면서 돈다.)
- 혜성과 행성의 다른 점은 무엇인가? (혜성의 꼬리)

② 논리-수학 활동

크기가 다른 혜성들의 꼬리를 계산하여 그래프용지에 그려 보도록 한다.

예) • 작은 혜성 그리기 → 5m의 꼬리 그리기
- 혜성 그리기 → 15cm의 꼬리 그리기
- (그래프용지의) 한 사각형을 채우는 혜성 그리기 → 혜성 길이 5배 길이의 꼬리 그리기
- (그래프용지의) 한 사각형을 채우는 혜성 그리기 → 혜성 길이 50배 길이의 꼬리를 그리는 방법 찾기

③ 신체-운동 활동

혜성 만들기 마시멜로(종이를 구겨서 이용해도 됨)와 빨대, 리본, 실 등을 이용하여 혜성을 만들어 보도록 한다. 꼬리를 바깥쪽으로 향하게 하고 실제로 태양 주위를 도는 것처럼 걸어 본다.

④ 공간 활동

혜성 삽화(그림) 만들기 제도용지와 미술도구를 이용하여 혜성의 핵, 코마(혜성 주위의 성운 모양의 물질), 꼬리를 그리고 각 명칭을 써넣는다. 간단하게 그릴 수도 있

고 반짝이 풀, 실 등을 이용하여 꾸미거나 색칠할 수도 있다.

⑤ 음악 활동

'작은 별' 노래의 가락을 이용하여 가사를 지어 본다. 그룹별로 가사를 지은 다음 다른 학생들에게 가르쳐 줄 수도 있다. 간단한 타악기나 소리를 낼 수 있는 간단한 도구를 이용하여 리듬을 맞추며 노래해도 좋다.

예) comet, comet, up so high
a fuzzy streak across the sky
a ball of ice and dust and gas
a tail behind you as you pass
comet, comet, as you burn
wc will wait for your return

⑥ 대인관계 활동

학생들을 소그룹으로 나누어 혜성에 대한 퍼즐을 만들도록 한다. 퍼즐 카드의 전체 크기는 20cm×28cm 정도로 하며 각 학생이 적어도 한 조각 이상 만들어야 한다. 먼저 카드 중앙의 원 안쪽에 '혜성'이라고 쓴 다음, 가장자리 쪽을 향해 곡선을 그려 퍼즐 조각을 나눈다. 한 사람이 한 조각씩 혜성에 대한 내용을 적는다. 앞면과 뒷면의 구별을 쉽게 하기 위해 뒷면에 색칠을 한 후 퍼즐 조각을 오린다. 다른 그룹과 다 함께 조각을 맞춰 나간다.

⑦ 자기이해 활동

다음의 질문들에 대해 짝과 토의하거나 각자 답을 써 보도록 한다.

- 만약 여러분이 멀리 있는 혜성을 탐사하기 위하여 우주 속으로 긴 여행을 떠나야 한다면 어떤 것들을 가지고 갈 것인가? 열 가지만 써 보라.
- 이것이 10년이 걸리는 여행이라면 출발하기 전에 어떤 느낌이 들겠는가?

- 누구와, 어떻게 그 느낌을 나누고 싶은가?
- 그 시간 동안 여러분은 어떻게 바뀌게 될 것인가?
- 혜성의 궤도는 순환되는 것이다. 다시 말해 규칙적인 간격을 두고 반복된다. 여러분의 일상생활 속에서 매일, 매주, 매월, 매년 혹은 그 이상의 주기로 반복되는 것에는 무엇이 있는가?
- 일상생활 속의 여러 가지 일들이 주기적으로 일어나는 것이 좋은가, 아니면 예상하지 못한 일들이 자연스럽게 일어나는 것이 좋은가? 그 이유는?

⑧ 평 가

다음의 과제 중에서 흥미 있는 것을 선택하여 해 보도록 한다.

- 혜성에 대해 1～2쪽 분량의 보고서 쓰기　적어도 세 가지 이상의 정보원을 활용할 것, 표지와 목록, 1개 이상의 도표를 포함할 것, 타이핑하거나 깨끗하게 쓸 것
- 혜성에 관한 노래 만들기　혜성에 대하여 다섯 가지 이상의 내용과 반주가 포함되어야 하며, 기존의 곡조를 이용하거나 새로 만들어도 됨
- 모의 인터뷰하기　혜성 전문가와 인터뷰어로 역할을 나누어 하되, 5～10가지의 중요한 내용을 포함할 것
- 혜성에 대한 도표 또는 포스터 만들기　혜성의 구조, 궤도, 지구에서 보이는 모습 등이 포함되어야 함
- 그 외 자신이 원하는 방법으로 혜성에 대하여 표현하기　선생님에게 미리 동의를 구할 것
- 지필 평가　언어 활동에서 이용되었던 질문을 활용함

(3) 주제: 속담(코너학습)

✲ 학년: 6학년

✲ 소요 시간: 2～3시간

✲ 교과: 국어 - 속담을 가르치기 위한 단원

속담에는 교훈적인 내용이 많고, 풍자와 유머가 녹아 있을 뿐만 아니라, 의미가 함축되어 있어 낱말의 짜임과 뜻을 파악하고 분석하는 데 적절한 자료다. 속담을 이루고 있는 낱말들의 표면적인 의미만으로는 그 속담을 정확하게 사용할 수 없다. 각 속담의 의미나 사용되는 상황은 긴 설명보다는 그림이나 신체 활동, 간단한 연극 등의 다양한 방법을 통해 더 잘 이해될 수 있다.

각기 다른 지능적 특성을 가지고 있는 학생들이 관심 있는 다양한 활동에 적극적으로 참여함으로써 간결한 속담의 의미를 정확하게 파악하고 적절한 상황에 사용할 수 있다.

① 학습 목표

- 속담을 이용하여 생각이나 느낌을 효과적으로 표현할 수 있다.
- 속담의 내용을 알맞은 그림이나 상황으로 나타낼 수 있다.
- 속담 외에 예어담, 금기담, 명언, 격언을 읽고 공통점을 찾을 수 있다.
- 속담에 알맞은 대화 형식의 노랫말과 가락을 지을 수 있다.

② 학습 코너 구성

위와 같은 목표 달성을 위해 계획한 각 코너 활동은 〈표 3-7〉과 같으며, 필수 활동과 선택 활동으로 구성된다.

표 3-7 코너 활동 구성

활동 명	활동 내용	학습 자료
끼리끼리	비슷한 의미나 반대 의미의 속담 찾아 짝짓기	속담카드 15-20장, 학습지
속담놀이 말놀이	속담의 한 부분 바꾸기	학습지
속담을 선물해요	친구에게 어울리는 속담을 찾아보고 속담에 알맞은 그림 그려 주기	32절 크기의 작은 책(아동 수만큼), 연필, 색연필, 속담풀이집
속담을 그림에 담아	속담의 내용을 그림으로 그리기	도화지, 채색도구, 보기 그림

이런 속담 어때요?	새로운 속담을 만들고 그 내용을 만화로 그리기	종이, 연필
속담 박사 스피드게임	세 명이 팀을 이루어 속담의 뜻을 설명하고 맞히기	속담카드 5세트, 시계
알아맞히기	속담이 적힌 카드를 보고 행동으로 표현하고 맞히기	학습지, 활동 기록표, 스티커
더 알고 싶어요	속담, 예언담, 금기담, 명언, 격언 등의 보충 자료 읽기	명언집, 탈무드, 영어 속담집
속담이랑 음악이랑	속담에 음이나 가락, 화음 붙이기	문답식 가락 짓기 학습지, 속담카드, 실로폰
뜻을 마음에	속담을 사용하여 주장하는 글쓰기	학습지

(4) 코너별 활동 안내

구체적인 코너별 활동 내용은 다음과 같다.

〈언어지능, 논리-수학지능, 대인관계지능 활동〉

끼리끼리

* 이 모둠에서 여러분은 공통된 속담과 반대되는 속담을 찾는 활동을 합니다.

조원들과 함께하세요

- 9장의 주황색 카드와 14장의 녹색 카드를 각각 분류해 봅시다.
- 9장의 주황색 카드에서 3장씩 3쌍이 되도록 공통된 속담끼리 짝을 지어 봅시다.
- 공통된 속담끼리 짝을 지었으면, 각각에 적절한 주제를 생각해 봅시다.
- 14장의 녹색 카드에서 2장씩 7쌍이 되도록 반대되는 속담끼리 짝을 지어 봅시다.

혼자서 하세요

위의 결과를 학습지에 정리해 봅시다.

〈언어지능, 논리-수학지능 활동〉

속담놀이 말놀이

* 이 모둠에서는 속담을 이용하여 말놀이하는 활동을 합니다.
  - 여러분은 모두 속담 작가가 될 수 있어요. 준비된 학습지를 한 장씩 가져가세요.
  - 처음 제시된 완전한 형태의 속담과 비슷한 뜻이 되도록 빈칸을 채워 보세요.
  - 비슷한 뜻이 되도록 만드는 게 어려워도 걱정하지 마세요.
  - 여러분의 자유로운 생각을 모두 환영합니다.

〈언어지능, 대인관계지능 활동〉

속담을 선물해요

나만의 준비

- 준비된 종이를 가지고 자신만의 작은 책을 만들어 보세요.
- 만들어 놓은 작은 책 표지에 사신의 이름을 쓰고 간단하게 꾸며 보세요.
- '나의 작은 책'을 놓고 가면 친구들이 와서 '나'에게 어울리는 속담을 써 줄 거예요.

친구들의 활동

- 선택된 2～3명의 친구는 친구에게 어울리는 속담을 그 친구의 작은 책에 써 주세요.
- 준비된 속담풀이집에서 찾아도 됩니다.
- 좋은 선물이 되도록 정성껏 하세요.
- 누구의 선물인지 알려 주어야겠죠? 자신의 이름을 멋지게 쓰고 사인도 하세요.

〈언어지능, 공간지능, 자연친화지능, 대인관계지능 활동〉

이런 속담 어때요

* 예로부터 민간에 전해 내려오는 격언이나 잠언을 속담이라 하죠? 속담은 사회현상에서 생겨난 것도 있고, 일상생활의 대화에서 비롯된 것도 있어요. 속담은 생활의 지혜와 처세의 교훈을 주고, 세태를 풍자하거나 비유하여 우리의 심성을 일깨워 준답니다.
  - 자, 이제 자연에 대한 표현이 담긴 속담을 지어 봅시다. 여러분의 반짝이는 아이디어를 발휘해 보세요.
  - 종이에 속담을 적고, 속담의 내용을 그림으로 표현해 보세요.
  - 친구들에게 그 속담 속에 어떤 의미가 담겨 있다고 생각하는지 물어보세요.

* 혹시 누가 알아요? 여러분이 만든 속담이 훗날 속담집에 기록되어 있을지…….

〈공간지능 활동〉

속담을 그림에 담아

- 그림으로 표현할 속담을 한 가지 떠올리기
- 속담을 적용할 만한 상황을 생각하면서 그림 구상하기
- 준비된 도화지와 채색도구를 이용하여 속담을 멋진 그림으로 나타내기
- 활동이 끝나면 다음 친구들을 위해서 책상을 깨끗이 정리하기
- 정리가 끝나면 완성한 그림을 가지고 다음 모둠으로 이동하기

〈언어지능, 대인관계지능 활동〉

속담 박사 스피드게임

* 얼마나 알고 있는지 친구들과 함께해 보세요.
* 1~5의 카드 중 한 장을 골라 3명이 함께합니다.

문제 내기

- 카드 위에 적힌 문장을 읽어 주세요. 답은 절대로 알려 주지 마세요.
- 맞춘 답의 개수를 세어 주세요.

답 말하기

- 문제를 듣고 알맞은 속담을 말하세요.
- 속담이 적혀 있는 것을 보아도 좋고, 보지 않고 맞히면 더욱 좋습니다.
- 시간 재기: 1분을 정확하게 재어 주세요.

* 위의 세 가지 역할을 3명이 번갈아 가면서 하고, 각자 맞힌 개수를 적어 놓으세요.

〈언어지능, 자기이해지능 활동〉

뜻을 마음에

* 주장하는 글을 쓸 때 속담을 이용하면 전하려는 뜻을 훨씬 쉽게 전달할 수 있겠죠? 이제 학습지에 다음 주제 중 한 가지를 골라 주장하는 글을 써 보세요. 속담은 적어도 3~4개를 인용할 수 있도록 하세요.

〈언어지능 활동〉

더 알고 싶어요

* 이곳에는 여러분의 지혜와 상식을 넓힐 수 있는 참고 자료가 준비되어 있습니다. 옆 친구에게 방해되지 않도록 조용히 읽어 보세요. 다 읽은 후에는 반드시 자료를 제자리에 정리하세요.

〈신체-운동지능, 대인관계지능 활동〉

알아맞히기

* 오는 순서대로 2~3명이 한 조가 되어 학습지에 보기와 같이 속담에 어울리는 상황을 대화글로 만드세요.

〈보기〉 가는 말이 고와야 오는 말이 곱다.
영희: 무슨 말을 그렇게 기분 나쁘게 하니?
철수: 네가 먼저 나에게 '바보 같은 놈'이라고 했잖아. 그런데 내가 기분 좋은 말을 하겠니?

* 완성된 대화글을 다음에 온 친구들에게 연극으로 보여 주세요.
* 연극을 본 친구들은 연극의 내용이 어떤 속담과 관련되는지 생각하고 속담을 알아맞히세요.
* 활동이 끝나면 활동 기록표에 조원들 이름을 적으세요. 정답을 맞힌 친구들은 활동 기록표 이름 옆에 스티커를 붙이세요.
* 대화글로 만들 속담은 다음에서 선택하거나 자유롭게 정하세요.

〈음악지능, 대인관계지능 활동〉

속담이랑 음악이랑

활동 1

- 이곳은 속담을 넣어 가락을 지어 보는 코너입니다. 2명의 어린이가 각각 바구니에 있는 세 가지 종류의 노랫말 중 마음에 드는 것을 한 장씩 골라서 가락을 짓습니다.
- 우리가 노랫가락으로 질문을 하면 가락을 지어 대답하는 것입니다. 학습지에 표시된 조건과 가사에 맞추어 가락을 지어 보세요.
- 가락을 다 짓고 난 후에 자신이 지은 가락을 실로폰으로 연주해 보고 노래로도 불러 보세요. 익숙해지면 한 학생은 묻는 가락을 다른 학생은 대답하는 가락을 교대로 불러 보세요.
- 노래 부르기와 연주가 끝나면 다음 표를 참고해서 친구의 작품을 평가해 보고 학습지에 점수를 주세요.

활동 2

- 친구가 지은 가락을 다음 표의 기준에 따라 평가하고 친구의 학습지에 점수를 써 주세요.

활동 3

- 3명씩 두 팀으로 정하기
- 속담을 선택하고 소리 낼 것을 정하세요.
- 세 부분으로 나누어 맡은 속담을 도, 미, 솔 화음으로 동시에 소리 냅니다. (3회)
- 상대편 팀은 소리를 듣고 맞혀야 합니다. 세 번 반복해서 들을 수 있어요.
- 이번에는 문제를 낸 팀이 답을 맞힐 차례입니다.

표 3-8 코너별 활동 관련 지능

코너 명	관련 지능							
	언어 지능	논리-수학 지능	공간 지능	음악 지능	신체 운동 지능	대인 관계 지능	자기 이해 지능	자연 친화 지능
끼리끼리	○	○				○		
속담놀이 말놀이	○	○						
속담을 선물해요	○					○		
속담을 그림에 담아			○					
이런 속담 어때요?	○		○			○		○
속담 박사 스피드게임	○					○		
알아맞히기					○	○		
더 알고 싶어요	○							
속담이랑 음악이랑				○		○		
뜻을 마음에	○						○	

표 3-9 코너별 활동 계획표

코너 명		계 획	결 과 (가장 재미있고 의미 있던 활동 세 가지를 골라 순서를 쓰고 그 이유를 쓰세요.)
끼리끼리	필수		
속담놀이 말놀이	필수		
속담을 선물해요	필수		
속담을 그림에 담아	필수		
이런 속담 어때요?	필수		
속담 박사 스피드게임	필수		
알아맞히기	필수		
더 알고 싶어요	필수		
속담이랑 음악이랑	필수	가락 짓기	
	필수	작곡 평가	
	필수	화음 속담	
뜻을 마음에	필수		

끼리끼리

1. 공통된 속담
   1) 주제
      •
      •
      •

   2) 주제
      •
      •
      •

   3) 주제
      •
      •
      •

2. 반대되는 속담

속담놀이 말놀이

* 보기와 같이 속담을 재미있게 꾸며 보세요.
* 7개를 선택해서 하세요.

보기

* 개 발에 편자
  → 개 발에 신발

* 고기는 씹어야 맛이고, 말은 해야 맛이다.
  → 고기는 씹어야 맛이고, 산은 올라야 맛이다.
  → 빨래는 때려야 맛이고, 반죽은 밀어야 맛이다.

1. 모래밭에서 바늘 찾기
→ 모래밭에서 ________________

2. 낮말은 새가 듣고 밤말은 쥐가 듣는다.
→ ________________

3. 가루는 칠수록 고와지고, 말은 할수록 거칠어진다.
→ ________________ 말은 할수록 거칠어진다.

4. 소 잃고 외양간 고친다.
→ ________________

5. 바다는 메워도 사람 욕심은 못 채운다.
→ ________________ 사람 욕심은 못 채운다.

6. 고양이 목에 방울 달기
→ ________________

7. 냇물은 보이지 않는데 신발부터 벗는다.
→ ________________

8. 밑 빠진 독에 물 붓기
→ ________________

9. 바늘 가는 데 실 간다.
→ ________________

10. 호랑이 굴에 들어가야 호랑이를 잡는다.
→ ________________

알아맞혀 보세요

* 극화하기로 결정한 속담은 무엇인가요?

* 친구들이 어떤 속담인지 알아맞힐 수 있도록 위의 속담에 어울리는 상황을 대화글로 만들어 연극을 해 봅시다.

깊은 뜻을 마음에 새겨요

1. ______

2. ______

3. ______

4. ______

3. 한국적 유아용 수행평가 도구의 실제

한국적 유아용 수행평가(Korean Project Spectrum: KPS)는 다중지능이론에 기초하여 이루어지는 수행평가의 한 방법으로 우리나라의 사회적 · 문화적 상황에 맞춘 교육 활동을 통해 유아의 지능을 평가하는 방법이다.

한국적 유아용 수행평가는 다음의 세 가지 측면에서 기존의 평가 방식과 구별된다.

첫째, 개입 방법에 있어서 적응에 곤란을 겪는 유아의 경우에도 적어도 한 영역에서는 강점을 가지고 있다는 것을 전제로 한다.

둘째, 개입의 내용은 단지 학업과 관련된 도움을 주는 것뿐만 아니라 다방면의 학습을 포함한다.

셋째, 기술적 관점에서 오직 평가에만 초점을 두기보다는 유아의 잠재력과 능력이 향상되도록 지원한다(김명희, 신화식, 주은희, 2001; 신화식, 주은희, 이경선, 소현아, 2001; Gardner, 1993a; Krechevesky, 1994; Project Spectrum, 1989).

다중지능이론에 기초한 한국적 유아용 수행평가 도구는 미국의 하버드 프로젝트 제로 연구팀의 프로젝트 스펙트럼을 우리나라의 유치원 실정에 맞게 수정 · 보완한 것으로서(신화식, 양옥승, 김명희, 2009: 김명희, 김태경, 신화식, 장경희, 전은진, 2008; 김명희, 신화식, 2006; 김명희, 신화식, 주은희, 2001; 신화식, 주은희, 이경선, 소현아, 2001; Gadner, 1993a; Krechevesky, 1994; Project Spectrum, 1989), 이야기 만들기 활동, 표현언어 평가척도(언어지능), 거북게임 활동(논리-수학지능), 스카프 춤추기 활동(신체-운동지능), 인물 · 동물 · 상상의 동물 그리기 활동(공간지능), 개미 찾기 게임 활동, 동물 · 식물 · 광물 분류 활동, 자연물 탐구하기 활동, 뜨고 가라앉기 활동(자연친화지능) 등으로 구성되며, 그 내용 및 루브릭은 다음과 같다.

1) 언어지능

✲ 목적: 단어의 효과적인 사용 능력, 이야기 기술 능력, 표현언어 능력, 친숙한 이야기책의 이야기하기 능력 함양

(1) 이야기판

① 이야기판 활동

✲ 준비물: 이야기판, 여러 가지 동물, 인물 모형

✲ 배경: 소나무 숲, 풀밭을 가로지르는 황톳길, 울타리가 있는 목장, 동굴, 중앙의 연못 등

✲ 등장인물: 사람 모형(남자아이, 여자아이), 도깨비(큰 도깨비와 작은 도깨비), 도깨비 방망이, 여러 가지 동물 모형(부엉이, 소, 달팽이, 물고기, 오리, 희귀한 동물들) 등

이야기판 활동

✲ 활동 방안

- 유아에게 이야기판 활동을 소개한다.
- 교사는 유아에게 간단하게 방법을 알려 준다(배경과 등장인물을 이야기판에 꾸며 준다).
- 유아가 이야기를 지어 보도록 한다.

> 선생님은 이렇게 이야기를 만들었어…… 얘는 준호야…… 준호가 오랜만에 산책을 나왔어.
>
> "랄라~ 랄랄라~ 아이, 심심해…… 뭐 재미있는 일 없을까?" 준호는 심심해서 신나는 일을 찾아다녔어. 그러다 준호는 목장에 가게 되었어. "음매~~~."
>
> '아이, 냄새, 이 목장은 너무 냄새가 나서 못 놀겠는걸…….' 하며 준호는 다시 길을 걷기 시작했어. 그러다가 준호는 동굴을 발견했어.
>
> '동굴에 한번 들어가 볼까?' 동굴 안으로 들어가던 준호는 갑자기 나타난 도깨비를 보고 깜짝 놀라서 도망 나오고 말았어. "으악! 누구세요?" 하고 준호가 물어보자, "아이, 참! 잠자고 있는데 누가 날 이렇게 깨우는 거야!" 하면서 도깨비가 나왔어. "아! 거기가 도깨비 집이었군요…… 미안해요." 준호는 동굴에서 나와 연못에서 헤엄치는 물고기, 오리와 함께 재미있게 놀았단다.

② 이야기판 루브릭

이야기판 활동은 기본적 언어 기능, 이야기 구조의 성질, 이야기의 일치성, 이야기체 목소리의 사용, 대화의 사용, 시제의 사용, 효과적인 표현, 어휘의 수준, 문장 구조 등 9개 하위 영역별로 유아의 수준을 관찰 기록지에 수준 1～5로 기록한다. 관찰 기록지에 수준 1～5로 표기한 것은 각 1～5점으로 채점한다.

이야기판 활동 점수 준거에 근거한 평가 점수는 총 40점이다. 유아의 '기본적 언어 기능' 영역은 점수화하지 않는다. 기록지에 '기본적 언어 기능' 란을 둔 것은 교사가 기본적 언어 기능의 하위 영역을 관찰하여 서술 평가에 기록할 수 있도록 하기 위해서다.

표 3-10 이야기판 루브릭

요소＼수준	1	2	3	4	5
이야기 구조의 성질	• 이야기는 하지 않고, 소도구만 움직인다.	• 소도구를 조작하고 사용하지만, 주인공 등의 등장인물과의 관계가 전혀 형성되지 않는다.	• 이야기는 단지 소도구의 조작과 행동을 묘사하고 있다. • 대부분 일상적인 용어로 사건, 물건과 등장인물을 언급한다. 예 등장인물 사이의 관계는 설정하지만 이름을 부여하지 않는다.	• 이야기 활동이 주로 소도구로부터 일어난다. • 몇몇 소도구에 이름과 역할을 부여한다. • 등장인물 사이의 관계를 언급하지만 발전하지 않는다. • 경우에 따라서 등장인물의 생각과 동기를 말하기도 한다.	• 이야기의 문제점을 찾아낼 수 있다. • 어떤 것은 이야기의 서두를 위해 자극을 받는다. 예 선한 등장인물과 악한 등장인물 간의 대조나 힘과 같은 자극을 하기도 한다. • 한 명 혹은 그 이상의 등장인물을 구체화하고 등장인물들 간에 관계가 발전된다. • 등장인물들의 인지적, 정서적, 신체적인 면을 상세하게 표현한다.
이야기의 일치성	• 이야기가 짧고 단락 간의 연결이 일어나지 않는다.	• 한 가지 사고로부터 다음 단계로의 변형이 불분명하다. • 보통 이야기판 위의 물건들로 인해 혼란스러워하며 줄거리가 중단되고 다시 시작되지 않는다.	• 줄거리가 짧고, 연결되는 단락도 짧다. 예 계속적으로 연결된 문장이 몇 개에 불과하다. • 유아는 일관성이 없는 줄거리로 이야기의 부분을 짧게 발전시킨다.	• 네 문장 이상을 조리에 맞게 비교적 일관성있게 연결한다. • 이야기가 사건과 연결되어 있다. • 이야기가 좀처럼 전개 내용에서 벗어나지 않고 결말에 도달하지 못한다.	• 이야기판의 장소가 변하여도 이전 장소에서의 이야기와 연결되어 내용이 전개되며 결말에 도달한다.
이야기체 목소리의 사용	• 이야기체를 사용하지 않는다.	• 청중에게 세세하고 설명적인 부분을 전달하는 데 있어 이야기를 들려주는 것과 같은 목소리로 표현할 줄 모른다.	• 이야기의 활동을 설명하기도 하고, 때때로 이야기를 들려주는 것같이 자세히 말하기도 한다.	• 빈번히 이야기를 들려주는 것과 같이 청중에게 이야기에 대한 묘사와 설명을 한다.	• 지속적으로 수준 4에서 다룬 외적인 정보를 이야기하며, 이야기에 대한 평가, 논평, 은유와 직유, 설명 등을 제공한다.

대화의 사용	• 이야기 속에 대화가 전혀 일어나지 않는다.	• 이야기 속에 대화체가 거의 없다.	• 대화를 포함하지만 대화의 연계는 이루어지지 않는다.	• 대화를 포함하지만 등장인물 간의 대화가 기계적이고 간략하다.	• 이야기 속에 많은 대화를 포함하고, 여러 개의 문장으로 이루어져 있다.
시제의 사용	• '~했었습니다, ~했었대' 등의 가까운 과거를 나타내는 단어를 사용하여 이야기하는 정도로 시제를 거의 사용하지 않는다.	• 이야기의 과정을 나타내기 위해 단순하게 순서를 나타내는 연결어를 사용한다. • 현재와 연결하여 이야기한다. ㉠ '지금부터 ~을 할 것이다!' '이제부터 ~하자!' '지금이 그때다.'	• 과거, 현재, 미래의 시제를 사용한다. 어제/오늘/내일, 아까/지금/있다가 등 시제 관련 어휘를 문장에 사용한다.	• 때때로 사건(이후, 이전, 까지, 동안, 다음)과 발생된 시간(밤, 다음 날 아침, 천 년 전) 간의 시간적 관계를 나타내는 논리적 접속사와 같은 더 복잡한 표현을 사용한다.	• 지속적으로 수준 4에서 언급한 것보다 더 복잡한 표현을 사용한다.
효과적인 표현	• 이야기에서 강조를 사용하지 않는다. • 이야기는 같은 억양으로 표현된다. ㉠ 효과음과 다른 등장인물의 목소리를 사용하지 않는다.	• 단순한 효과음(쿵, 짠, 빠빠빰 등)을 사용한다.	• 경우에 따라 효과음과 다른 표현 형태(등장인물의 목소리, 강조점, 목소리의 크기, 빠르기)를 사용한다.	• 지속적으로 수준 3에서 노래를 사용한다.	• 일관되게 효과음, 살아 있는 등장인물의 목소리, 꽤 표현적인 대화를 사용한다.
어휘의 수준	• 명사와 동사만을 주로 사용한다.	• 형용사가 거의 없는 단순한 언어를 주로 사용한다.	• 때때로 묘사적이고 표현적인 언어를 사용한다. • 형용사를 사용한다.	• 명사, 동사, 형용사, 조사, 전치사를 사용한다.	• 어휘를 다양하게 사용한다. • 형용사뿐만 아니라 부사, 접속사를 포함한다. • 꽤 기술적이면서도 묘사와 분위기를 고조시키는 어휘를 사용한다.
문장 구조	• 전보식 문장을 사용한다.	• 2~3개의 단어를 사용하여 이야기한다.	• 이야기를 할 때 단순하고 일관성이 없어 문장이 끊긴다.	• 수준 3 문장을 사용하지만 이야기를 하는 데 복합구를 사용한다.	• 수준 3과 수준 4에서 포함하는 문장 구조만이 아닌 부사절, 관계사절을 포함하는 다양한 문장 구조를 사용한다.

(2) 표현언어 평가척도

① 표현언어 평가척도 활동

✲ 준비물: 이야기판, 사람 모형(남자아이, 여자아이), 도깨비(큰 도깨비와 작은 도깨비), 도깨비 방망이, 여러 가지 동물 모형(부엉이, 소, 달팽이, 물고기, 오리, 희귀한 동물들) 등 다양한 소품

✲ 배경: 70cm×52.5cm의 보드 위에 소나무 숲, 풀밭을 가로지르는 황톳길, 울타리가 있는 목장, 풀이 우거진 동굴, 연못, 작은 집, 표지판, 돌멩이 등이 어우러져 있는 모형

✲ 활동 방안

- 평가를 실시하기 일주일 전 자유 선택 활동 시간에 교사가 유아들을 소집단으로 나누어 몇 개의 모형을 가지고 다양한 목소리로 여러 등장인물을 표현하고 설명하면서 활동에 대한 시범을 보인다.
- 실제 평가는 유치원의 조용한 장소에서 유아 한 명씩 개별적으로 활동하게 한다.
- 유아에게 이야기판에 익숙해질 시간을 준 후, 소품들을 가지고 이야기를 꾸며 보도록 한다.
- 이야기 꾸미기 활동이 끝나면 검사자는 유아가 활동했던 내용을 중심으로 몇 가지 간단한 질문을 하여 유아와의 상호작용을 유도한다.

② 표현언어 평가척도 루브릭

개별 유아의 활동 내용을 3명의 검사자가 채점 준거에 따라 독립적으로 관찰·평가한다. 이야기판 활동의 평가 요소는 발음의 정확성, 발음의 유창성, 문장 구조와 길이, 문장 성분 간 호응, 어휘 수준, 어휘 사용 범위, 주제 확장, 이야기 구성, 논리성, 응대의 적합성 등 10개 항목이다. 각 영역별 채점 준거는 〈표 3-11〉과 같으며, 영역별로 최저 1점에서 최고 5점까지 5점 척도로 평가된다. 검사자는 채점 결과를 평가표에 기록하고, 동시에 유아의 이야기판 활동과정을 캠코더로 녹화한다.

표 3-11 표현언어 평가척도 루브릭

요소 \ 수준	1	2	3	4	5
발음의 정확성	• 대부분의 음소를 정확하게 발음하지 못함 • 경음, 격음, 평음의 변별을 잘하지 못함 • 종성 탈락	• 특정 음소를 거의 매번 틀리게 발음 • /ㄹ/, /ㅅ/을 다른 음으로 대치 • 이중모음을 단모음으로 발음	• 특정 음소의 발음을 간혹 틀리며, 발음을 편하게 하기 위해 축약된 형태를 자주 사용 • /ㄹ/, /ㅅ/을 간혹 다른 음으로 대치 • 음절 탈락	• 특정 음소에 대한 발음이 약간 어색하며, 성인과 다른 음운 현상들이 남아 있음 • /ㄹ/, /ㅅ/ 발음이 불완전 • 위치동화의 과대 적용	• 모든 음소에 대한 발음이 정확하고 성인과 동일한 음운 규칙을 사용
발음의 유창성	• 로봇처럼 부자연스럽고 느리게 말함 • 모든 음절을 거의 같은 길이로 말함 • 말 속도가 매우 느림 • 평탄조 억양	• 다소 부자연스럽지만 억양이 있음 • 말 속도가 다소 느림 • 성인과 유사한 강세구 억양을 사용	• 문장을 토막토막 끊어서 말하는 경향이 있음 • 오름조 사용과 함께 휴지 삽입이 과도하게 나타남 • 군말을 자주 삽입	• 문장을 자연스럽게 이어서 말하지만, 말더듬이 자주 나타남 • 단순 반복의 말더듬	• 말더듬이 거의 없고 말 속도가 성인과 비슷함 • 문법적으로 적절한 위치에 휴지를 삽입 • 수정하면서 반복하는 말더듬 유형이 간혹 나타남
문장 구조와 길이	• 완전한 문장을 만들지 못함	• 짧고 단순한 문장만 만듦	• 비교적 긴 문장을 말함	• 쉬운 복합문을 말할 수 있음	• 복합문을 자유롭게 말할 수 있음
문장성분 간 호응	• 주어와 술어의 관계가 명확하지 않음	• 문법 형태에 대한 일부 오류가 나타남	• 종결어미 관련 오류가 나타남	• 연결어미 관련 오류가 나타나고 형태 오류가 가끔 나타남(예: 먹으는 거)	• 형태 오류가 없고, 어미와 조사의 사용이 거의 정확함
어휘 수준	• 구체적인 사물을 지시하는 어휘는 사용하되 잘못된 의미로 사용 • 단어의 의미를 확대하거나 축소하여 사용	• 사물이나 행동을 구체적으로 표현 • 추상적인 표현을 하지 못함	• 추상적인 단어를 간혹 사용하지만, 오류가 발생하기도 함 • 구상어는 대체로 상황에 맞게 사용	• 자신의 생각을 추상화하여 표현 • 단어의 기본적인 의미 외에 확장된 의미도 간혹 사용하고, 비유적 표현도 나타남	• 추상적인 개념을 사용하여 자신의 생각을 조리 있게 말함 • 다의어, 동음어를 정확하게 사용

어휘 사용 범위	• 똑같은 말을 반복하거나, 사용 어휘가 한두 개를 넘지 않음 • 명사나 의성어, 의태어를 주로 사용	• 사물이나 행동을 나타내는 어휘를 중심으로 말함 • 다양한 어휘를 사용하는 능력이 부족함	• 지시어(나, 너, 그, 여기, 저기, 거기)와 수식어를 다양하게 사용함 • 접속어를 사용하지만, 간혹 잘못된 사용이 나타남	• 연결 표현 등 다양한 어휘를 사용하나 오류 발생이 잦음 • 접속어의 사용이 정확하고 다양하게 나타남	• 같은 상황에서 어휘를 달리하며 창의적이고 다양한 표현을 사용
주제 확장	• 하나의 사건을 단순 반복	• 대상을 대치하며 반복	• 대상 대치 반복이 간혹 나타남 • 사건이 나열적으로 제시됨	• 사건의 계기적 나열이 있음 • 사건을 인과적으로 나열하지만 연결이 매끄럽지 않고 논리적 오류가 가끔 나타남	• 논리적 오류 없이 구체적으로 사건의 인과 관계를 말함
이야기 구성	• 소도구만 움직이고 거의 말이 없음	• 주로 의성어, 의태어만을 사용하여 말함	• 구성 요소 가운데 인물과 사건만 있음 • 스토리 전개에서 시작과 중간만 있고 결말이 없음	• 인물, 사건, 배경을 갖추어 말함 • 시작, 중간, 결말이 모두 갖추어져 있음	• 인물, 사건, 배경과 함께 이야기에 대한 평가가 있음 • 시작, 중간, 결말이 모두 갖추어져 있음
논리성	• 대부분 이유나 설명 없이 전달 내용만을 말함	• 말하는 내용에 대한 근거를 제시하지만 논리성이 부족함	• 말하는 내용에 대한 단순한 근거를 제시함	• 말하는 내용에 대해 구체적이고 논리적인 근거를 제시함	• 상대방의 입장을 고려하여 말함
응대의 적합성	• 상대방의 말에 말로 반응하기보다 주로 행동으로 반응 • 상대방의 말을 모방하여 말함	• 상대방의 말과 관련 없는 응대를 자주 함	• 상대방의 말에 단순한 응대가 가능함 • 상대방의 말과 주제는 같지만 원하는 응대를 정확하게 하지 못하는 경우가 종종 있음	• 상대방이 원하는 응대를 적절하게 함 • 비슷한 유형의 말을 반복함 • 상대방의 말과 관련된 새로운 주제를 말하는 경우가 종종 있음	• 거의 대부분의 말에서 상대방의 말과 관련된 새로운 주제를 말함 • 상대방의 참여를 유도하는 말을 함

2) 논리-수학지능

✲ 목적: 숫자의 효과적 사용 능력, 추론 능력, 숫자 개념, 계산 능력, 전략 습득

(1) 거북게임 활동

✲ 준비물: 거북게임 말판(엄마 거북 모형), 말(아기 거북 모형), 주사위 4개(+가 3개고 -가 3개인 주사위, 1 · 2 · 3 · 1 · 2 · 3이 표기된 주사위, +가 5개고 -가 1개인 주사위, -가 5개고 +가 1개인 주사위 각 1개)

거북게임

✲ 활동 방안

- 게임판에 대해 소개한다.
  - 거북 그림판의 시작점은 중앙에 위치해 있고, 아기 거북이 엄마 거북의 머리에 먼저 도착하면 이긴다.
- 주사위를 소개한다.
  - +가 3개, -가 3개인 주사위와 1 · 2 · 3 · 1 · 2 · 3이 표기된 주사위를 같이 던져서 나온 숫자에 맞게 이동한다.

- 게임을 한다.
  - [평가] 움직임의 방향과 수 세기에 대한 기록을 한다.
- 열한 번째가 끝나면 +가 5개, -가 1개인 주사위와 -가 5개, +가 1개인 주사위를 소개한 다음 어떤 주사위로 놀이를 하고 싶은지 유아에게 선택하도록 한다.
  - [평가] 주사위의 선택 사항과 이유를 기록한다.
- +가 5개, -가 1개인 주사위와 -가 5개, +가 1개인 주사위로 열네 번째까지 놀이를 한다.
  - [평가] 움직임의 방향과 수 세기에 대한 기록을 한다.
- 다시 +가 3개, -가 3개인 주사위와 1 · 2 · 3 · 1 · 2 · 3이 표기된 주사위를 가지고 교사가 질문을 한다.
  - 만약 유아가 + 또는 - 면이 나왔을 때, 유아가 이기려면 숫자가 몇이 나와야 하는지 질문을 한다.
  - 만약 교사가 + 또는 - 면이 나왔을 때, 유아가 이기려면 숫자가 몇이 나와야 하는지 질문을 한다.

(2) 거북게임 루브릭

표를 이용하여 유아의 활동을 채점한다. 움직임의 방향, 수 세기, 주사위의 선택, 움직임의 선택, 주사위 수의 선택 등 범주에 대한 반응의 점수를 계산하고, 표 아래쪽의 수행 방법을 살펴본다. 채점 단계에 각 유아의 결과를 적는다.

'주사위의 선택' 란에는 '+가 5개인 주사위/-가 5개인 주사위' 중 선택한 주사위를 적는다. 그리고 유아가 주사위를 선택했으나 왜 그 주사위를 선택했는지 정확하게 설명을 하지 못한 경우에는 1점을 주고, 제대로 선택하고 설명도 정확히 한다면 2점을 준다. 예를 들어, 유아가 "이건 앞으로 갈 수 있기 때문이에요."라고 설명했다면 유아는 +와 -의 개념에 대해 이해한 것이므로 2점을 준다. 채점의 대상이 될 수 없는 예로는 "이게 가볍기 때문이에요.", "난 이게 좋아요."라고 내답했을 때다. '동작의 선택' 란에는 유아가 선택한 기호와 수를 적는다. 이 경우도 위와 마찬

가지로 선택한 이유를 정확히 말한다면 2점을 준다.

단, 유아가 선택한 이유를 말할 때는 언어 능력의 평가가 아님을 상기한다. '주사위의 선택' 란에 유아가 선택한 수를 기록하고 '관찰과 조언' 에는 그 이유를 기록한다. 여기서도 마찬가지로 선택과 설명이 정확하면 2점을 준다. 유아가 최대로 얻을 수 있는 점수는 70점이다. 이 점수를 다시 확인하며 합계 점수가 아닌 단계마다 획득한 점수를 중요시한다. 동점을 받는 유아들이 있더라도 이들의 능력이 똑같다고는 말할 수 없다. 즉, 규칙의 준수나 계산 능력, 수 개념, 전략을 반영하는 점수이기 때문이다.

〈표 3-12〉에 따라 수준 1은 0점, 수준 2는 1점, 수준 3은 2점을 준다.

표 3-12 거북게임 루브릭

수준 / 요소	1	2	3
수 세기	틀림	우연히 맞음	정확히 알고 맞음
말의 이동 방향	틀림	우연히 맞음	정확히 알고 맞음
주사위의 선택	-가 5개인 주사위의 선택	+가 5개인 주사위를 선택하였으나 이유를 잘 설명하지 못함	+가 5개인 주사위를 선택하고 그 이유를 정확히 설명함

✲ 서술 평가

논리-수학 영역의 거북게임에서 강점을 보인 유아에 대하여 기술하면 다음과 같다.

○○○(남, 만 4년 6개월)

거북게임에서 68점을 받고, 활동할 때 매우 흥미롭게 게임에 임하였다. ○○(이)는 움직임의 방향과 수 세기에서 1~14번까지 모두 정확하게 대답하여 움직임의 방향과 수 세기를 완벽하게 이해하고 있음을 알 수 있다. 11번까지 시행 후 "어떤 주사위를 선택하니까 더 좋았니?" 라고 물었더니, '+'를 선택하고 "앞으로 가니까." 라고 이유를 설명하여 +와 − 개념을 바르게 이해하고 있음을 알 수 있다. ○○(이)에게 방향 주사위와 숫자 주사위를 제시하고 "○○(이)가 이기기 위해서 어떤 주사위를 선택하면 될까?" 라고 물었더니, "+가 5개인 주사위요." 라고 대답하고 이유는 "많이 갈 수 있으니까." 라고 말하였다. 반면, "그럼 어떤 부호를 쓰면 ○○(이)가 지게 될까?" 라고 묻자, "−가 나오면 져요." 라고 대답하고 이유는 "하나는 한 번 뒤로 가니까." 라고 대답하였다. 따라서 ○○(이)는 +보다는 −의 개념을 이해하는 데 조금 더 어려워하고 있음을 알 수 있다. 교사가 + 주사위를 가지고 있을 때, "○○(이)가 이기기 위해 어떤 숫자를 선택하면 좋을까?" 라고 묻자, "1" 이라고 정확하게 대답하였다. 교사가 − 주사위를 가지고 있을 때, "선생님이 지려면 어떤 수를 가지면 좋을까?" 라고 질문했을 때도 "3" 이라고 대답하였다. 이처럼 나머지 두 가지 상황에서도 정확하게 대답한 것으로 미루어 볼 때, 이기기 위한 게임의 전략을 알고 있고, 수 개념도 높은 것을 알 수 있다. 따라서 ○○(이)는 −의 개념을 이해하는 데서 부분적으로 어려워하기는 했지만, 어느 정도 게임의 전략을 파악하고 있었다. 또한 수 개념과 규칙 준수 능력, 수 세기 능력이 매우 높아 수학적 능력이 뛰어남을 알 수 있다.

3) 신체-운동지능

✲ 목적: 리듬에 대한 민감성, 표현력, 신체 제어, 동작 아이디어 생성, 음악에 대한 반응성 진단, 신체 지각 및 공간 활용 능력, 동작 기억력 등 함양

스카프 춤추기

(1) 창의적인 움직임 활동

① 팝 콘

✲ 준비물: 팝콘 요리 순서표, 옥수수 알, 버터, 소금, 뚜껑 등의 명칭이 적힌 목걸이형 이름표, 음악 테이프, 카세트(음악 테이프는 기존 음악 및 동작교육 교재의 첨부 자료 활용)

✲ 활동 방안

- 팝콘 요리 활동을 사전에 경험한다.
- 유아와 요리했던 경험을 회상해 본다. 요리 순서표를 보면서 재료의 다양한 변화과정에 대해 이야기한다.
- 각 재료의 모양과 요리하면서 나타나는 변화에 대해 이야기를 나누고 몸으로 표현해 본다(옥수수 알의 모양 변화, 버터의 변화 등).
- 역할을 정한다.
- 음악을 들으면서 느낌과 움직임을 생각해 본다.
- 음악에 맞추어 신체를 표현한다. 교사는 요리의 진행과정을 상기시키면서 창

의적으로 표현하도록 돕는다.

- 활동을 마친 후 느낌에 대해 이야기를 나눈다.

② 동물 표현

✲ 준비물: 다양한 동물 그림 카드, 음악 테이프, 카세트(음악 테이프는 기존 음악 및 동작교육 교재의 첨부 자료 활용)

✲ 활동 방안

- 동물원 견학 후 동물의 생김새나 움직임에 대해 이야기를 나눈다.
- 음악을 듣고 느낌이나 분위기에 대해 이야기를 나눈다.
- 음악을 들으면서 다양한 동물의 생김새나 움직임을 표현해 본다(이때 교사는 다양한 동물을 표현할 수 있도록 여러 가지 상황을 언어로 자극한다).
- 활동을 마친 후 느낌에 대해 이야기를 나눈다.

③ 스카프 춤추기

✲ 준비물: 다양한 색깔과 크기의 스카프, 카세트, 다양한 리듬과 장르의 음악 테이프(각 음악당 20초 정도)

예 가야금 산조, 아프리카 흑인 춤, 어항 속 여행, 백조의 호수, 사물놀이, 알라딘 중 Marketplace, 결혼행진곡

✲ 활동 방안

- 유아에게 다양한 음악을 녹음한 테이프를 들려주고 이야기를 나눈다.
- 스카프를 나누어 주고 스카프를 이용해 어떻게 표현할 수 있을지 탐색해 본다.
- 음악을 들으며 스카프를 이용해 표현하도록 한다(이때 교사는 유아가 다양한 방법으로 표현할 수 있도록 자극한다).
- 활동을 마친 후 평가한다

(2) 창의적인 움직임 루브릭

표 3-13 창의적인 움직임 루브릭

요소 \ 수준	1	2	3	4	5
리듬에 대한 민감성	• 거의 움직임이 없다.	• 리듬의 변화를 지각하지 못하고 움직인다.	• 리듬의 변화를 지각하고 움직이지만 어느 한 부분만 움직인다.	• 리듬에 맞춰 움직이며 몸 전체를 움직인다.	• 지속적으로 수준 4를 유지하며 자신만의 리듬을 만들고 조절한다.
표현력	• 거의 움직임이 없다.	• 표현하고자 하나 음악의 특성과 상관없이 움직인다.	• 몸짓이나 자세로 표현하며 음악의 특성에 맞게 반응하지만 동작에 자신감이 없다.	• 음악의 특성에 맞게 다양하게 움직인다.	• 지속적으로 수준 4를 유지하며 다양한 종류의 악기와 언어적 이미지나 분위기에 생동감 있게 반응한다.
신체 제어	• 자신의 동작을 제어하지 못하거나 움직임이 없다.	• 동작을 만들고자 하나 타인의 요구에 따라 자신의 신체를 잘 제어하지 못하고 넘어지거나 흔들림이 있다.	• 동작을 고안하여 연결시키지만 자신이 타인의 동작을 되풀이하거나 기억하는 것을 어려워한다.	• 동작을 고안하여 연결시켜서 효과적으로 수행하며 타인에게 요구받은 동작을 정확하게 수행한다.	• 지속적으로 수준 4를 유지하며 신체를 효과적으로 움직이거나 원하는 대로 만든다.
동작 아이디어 생성	• 거의 움직임이 없다.	• 동작을 만들지만 타인의 움직임을 보고 따라 하는 정도다.	• 부분적으로 동작을 만들어 내지만 두세 가지 정도로 단조롭다.	• 같은 반 친구에게 새로운 동작을 제안하고 만들어 내거나 확장된 생각을 제공한다.	• 지속적으로 수준 4를 유지하며 독창적으로 생각과 이미지를 해석하고 즉각적으로 반응한다.
음악에 대한 반응성	• 거의 움직임이 없다.	• 음악을 듣고 고개를 까닥거리거나 팔을 흔드는 등 움직임은 있지만 변화가 거의 없다.	• 다른 종류의 음악에 대해 다르게 반응하며 리듬과 분위기에 따라 움직임을 변화시킨다.	• 음악의 리듬이나 분위기에 반응하며 다양한 공간과 수준을 사용한다.	• 지속적으로 수준 4를 유지하며 스스로 회전할 공간을 잘 예상하거나 신체로 움직임을 시도한다.

〈표 3-13〉에서 수준 1은 0점, 수준 2는 1점, 수준 3은 2점, 수준 4는 3점, 수준 5는 4점이고, 총점은 20점이다.

4) 공간지능

✲ 목적: 시각적 · 공간적 세계의 지각, 시공간적 지각력의 변형 능력, 시공간적 아이디어의 시각화, 그림으로 나타내는 능력, 공간적 구조에 자신을 적절하게 위치시키는 능력 등의 함양

상상의 동물 그리기

(1) 그리기 활동

① 동물 그리기

✲ 준비물: 흰색 도화지, 색연필, 사인펜, 크레파스

✲ 활동 방안

- 사전 활동(동물농장 노래, 동물원에 갔던 경험 나누기, 자기가 좋아하는 동물을 비롯한 다양한 동물에 대한 이야기 나누기)

- 유아가 원하는 동물을 그리도록 한다.
- 유아가 그림을 그린 후 이름과 날짜 및 그림 내용을 기록한다.

② 인물 그리기

✲ 준비물: 흰색 도화지, 색연필, 사인펜, 크레파스

✲ 활동 방안

- 사전 활동(좋아하는 사람에 대해 이야기 나누기)
- 유아와 그림을 그릴 수 있는 장소로 이동한다.
- 유아가 그림을 그린 후 이름과 날짜 및 내용을 기록한다.

③ 상상의 동물 그리기

✲ 준비물: 흰색 도화지, 색연필, 사인펜, 크레파스

✲ 활동 방안

- 사전 활동(상상의 이야기 나누기)

어느 날 준호, 수영, 민이 이렇게 삼 형제가 부모님과 함께 숲 속을 걸어가고 있었어요. 굉장히 캄캄한 밤중이 되었는데, 그만 부모님을 잃어버리고 말았어요. 그때 갑자기 어떤 이상한 동물이 앞에 서 있는 것을 보았어요. 그 동물은 우리가 한 번도 본 적이 없는 이상한 모습을 하고 있었어요. 개나 고양이나 코끼리, 토끼도 아닌 처음 보는 동물이었어요. 우리 친구들이 알고 있는 동물처럼 움직이지도 않았어요. 그 동물은 하늘을 날아다니다가 갑자기 강물 속으로 들어가 헤엄을 치기도 했어요. 또 땅으로 나와서 걸어 다니기도 했어요. 그리고 매우 이상한 소리를 냈어요. 우리가 흉내도 낼 수 없을 만큼 이상한 소리였어요. 이 친구들이 본 동물은 어떻게 생겼을까요?

- 상상 속의 동물을 머릿속으로 그려 본다.
- 상상의 동물을 그림으로 그린다.
- 유아의 그림에 날짜와 내용, 이름을 적는다.

(2) 그리기 루브릭

평가되는 점수체제는 세 가지 수준과 점수 요소로 구성된다. 그림에 대한 유아의 연령 범위는 만 3~6세다. 또한 유아가 어떤 유형의 매체(그리기 방법)를 좋아하는지, 왼손잡이인지, 오른손잡이인지, 양손잡이인지 등을 기록한다.

표 3-14 표현 수준의 루브릭

요소 \ 수준	1	2	3	4	5
기본 형태	• 수직선, 대각선, 수평선은 있으나 형태를 전혀 알 수 없다.	• 곡선과 복잡한 선의 형태로 그림이 구성되어 있으나 정확하게 형태가 구분되지 않는다.	• 기하학적인 형태(동그라미, 세모, 네모)를 사용하여 대상의 주요 특징을 표현한다(사각형을 창문으로 사람의 팔다리를 표현).	• 비율이 현실과 비슷하게 구성되어 있지만 대상과 사람 간의 구성은 엉성하다.	• 윤곽이 현실적이다. • 사물과 사람의 자세한 특징을 묘사한다. 예 눈썹, 손가락, 장식품 • 사람과 사람, 사물 사이의 관계도 현실과 비슷하다. 예 손이 발보다 작고, 사람이 집보다 작다
색상의 적절성	• 단색을 사용하며 색을 한 부분에 마구잡이로 색칠한다.	• 두세 가지 색을 사용하지만 그림의 실제 대상과 색이 맞지 않는다.	• 대여섯 가지 색을 사용하지만 현실과 유사하지 않다.	• 다양한 색을 사용하지만 현실과 한두 가지 맞지 않는 부분이 있다.	• 다양한 색을 사용하고, 실제의 색과도 비슷하다. 현실과 동떨어진 색상은 사용하지 않는다.
공간 통합	• 공간에 비해 그림이 매우 작고, 요소들이 공간에서 마구잡이로 떠돈다.	• 공간에 적절하게 그림을 표현하였으나 기본 구조는 아직 미숙하다.	• 기본 구조는 완성되었으나 대상과 사람은 서로 연관되지 않는다 종이의 한쪽으로 그림이 치우쳐 있다.	• 그림의 기본적인 배경이 잡혀 있다. 예 하늘과 땅, 좌우 구분	• 사물이 서로 관계 있게 그려져 있고, 종이 한 장을 모두 메운다. • 원근감을 표현한다.

포트폴리오에서 사용되는 총 9개의 점수화 요소에서 각 점수의 요소 1~5는 능력 수준(1=매우 낮음, 2=낮음, 3=평균, 4=높음, 5=매우 높음)을 나타낸다. 각 요소가 점수로 분리되어 있음에도 불구하고 요소는 표현, 탐구, 예술의 일반적 범주에 관련되어 의미가 있다. 유아의 예술 작품은 작품별로 점수를 주는 것이 아니라 전체로서 준다. 만약 작품의 각 수준이 일정하지 않다면 유아의 결과물에서 가장 많이 나타난 수준을 기초로 한다.

✲ 표현 수준의 루브릭: 일상생활에서 인식한 사물을 상징화하여 창조할 뿐만 아니라, 통일된 전체로 각각의 요소를 공간적으로 배치하는 능력

표 3-15 탐구 수준의 루브릭

요소 \ 수준	1	2	3	4	5
색상의 다양성	• 모든 그림을 한 가지 색으로 그린다. (한 가지)	• 각각의 그림에 단조로운 색상을 사용하여 그림을 그린다. (두세 가지)	• 좀 더 다양한 색을 사용한다. (네다섯 가지)	• 색을 사용하는 데 일정한 형식이 있다. (예닐곱 가지)	• 분위기와 환경을 짐작할 수 있을 정도로 다양한 색을 정확하게 사용한다. (여덟 가지 이상)
변화	• 형식(선, 면 등)에 거의 변화가 없다.	• 형식과 디자인에 변화는 없으나 두세 가지가 반복된다.	• 복잡한 형식의 그림이 나타나지만 일상적인 범위에서는 거리가 멀다. 예 몸통을 네모로 표현	• 표현 그리기에서 형태, 대상 주제가 일반적인 범위 안에서 표현된다.	• 선과 형태를 다양한 디자인으로 그린다. • 표현 그리기가 형태 혹은 주제에 맞게 두드러지고 다양하게 표현한다.
역동성	• 그림은 거의 변화가 없고, 선과 형태들이 매우 거친 방식으로 그려져 있다.	• 선과 형태들이 조금 부드러워졌으나 그림의 변화가 크게 없고 반복적이다.	• 그림은 자유롭고 부드럽게 그렸으나 디자인이 역동적이지는 않다.	• 선과 형태들이 표현 그리기와 디자인에서 역동적이고 생생하게 표현된다.	• 선, 형태, 색의 리듬, 균형 등에서 조화롭고 생생함을 표현하며 역동적인 면이 보인다.

✲ 탐구 수준의 루브릭: 융통성, 창조성, 발명성, 다양성이 유아의 디자인, 그림 등의 예술 활동에 적용되어 더욱 확장된 수준으로 표현되는 능력

표 3-16 예술 수준의 루브릭

요소 \ 수준	1	2	3	4	5
표현력	• 그림의 형태가 나타나지 않아 무엇을 표현하는지알수없다.	• 형태는 있으나 그림에서 감정 표현이 거의 보이지 않는다.	• 선과 형태의 변화로 느낌이나 분위기를 알 수 있지만 표현이 정확하지 않다.	• 감정 표현이 나타나지만 획일적이고 생동감이 없다. 예 모두 웃고 있는 얼굴, 모두 똑같은 동작 등	• 표현의 특징(웃는 얼굴, 우는 얼굴 등)과 추상적인 특징(어두운 색으로 슬픔을 표현하는 등)으로 강한 분위기를 전달하고 있다. • 생동감이나 슬픔, 기쁨 등을 그림으로 표현한다.
완성도	• 일관된 선의 표현으로 변화가 없다.	• 선의 변화는 그림에 어떤 중요한 영향을 끼치지 않는다.	• 선의 변화는 표현 그리기에서 한두 가지 요소를 묘사하고, 디자인에도 약간의 변화를 가져온다.	• 다양한 선의 굵기는 그림에서 여러 가지 요소를 구성하고 사용된다.	• 그림자나 명암과 같은 효과로 입체감을 주기도 한다.
미적 감각	• 단순한 선의 사용으로 미적 표현을 알 수 없다.	• 미적인 감각이 거의 보이지 않는다. • 그림이나 예술 작품에 대한 어떤 장식이나 미적 표현이 거의 없다.	• 장식의 효과가 조금씩 나타나지만 과장되어 만화처럼 인위적인 요소가 강하다.	• 장식의 효과로 색을 다양하게 사용했지만 같은 디자인이 반복된다. 예 모든 옷에 리본이 달려 있다.	• 장식의 효과가 두드러진다. • 그림은 다채로우며 균형이 잡혔고 역동적이다. • 심미적인 방식으로 자기 자신을 잘 표현한다.

✲ 예술 수준의 루브릭: 선, 도형, 감정을 표현하는 색상, 특별한 이미지를 나타내는 방법, 예술성이 강조되는 예술 활동 장식 등의 다양한 예술적 요소를 사용하는 능력

5) 음악지능

✲ 목적: 리듬과 멜로디 인지 능력, 음악 감상 능력, 음악에 대한 전반적인 이해 및 기능적인 능력(음에 대한 지각력, 변별력, 변형력, 표현력) 등의 함양

생일 축하 노래 부르기

(1) 노래 부르기 활동

✲ 준비물: 모형 케이크, 생일 양초, 녹음기

① 좋아하는 노래 부르기

유아가 좋아하는 노래를 부르도록 하고 이를 녹음한다.

② 생일 축하 노래 부르기

- 생일 축하 노래를 수수께끼로 내 본다.

- 생일 케이크와 생일 축하 놀이를 소개한다.
  - 선생님의 생일이라고 가정한 다음, 초를 꽂고 소원을 빌고 생일 축하 노래를 부른다.

③ 번갈아 노래 부르기

- 이번에는 유아의 생일이라고 가정한 다음, 함께 생일 축하 노래를 번갈아 부른다.
  - 선생님이 '생일 축하합니다'를 부르면 유아가 다음 부분인 '생일 축하합니다'를 부르고, 다시 선생님이 '사랑하는 ○○'를 부르면, 유아는 그다음 부분인 '생일 축하합니다'를 부른다.
    유아가 '번갈아 부르기'를 이해하지 못하면, 다시 한 번 절차를 설명해 주고, 만약 첫 번째 소절을 부른 뒤에 유아가 침묵하면 교사는 "지금 ○○(이) 가 부를 차례야."라고 말하거나 손으로 유아를 가리키며, 노래할 차례임을 알려 준다.
- 유아가 마지막 소절을 부르고 나면 소원을 말하게 하고 촛불을 끈다.

④ 음악 기억

- 집단 활동이나 소집단을 통해 유아에게 새로운 노래를 가르치고, 그 노래를 부르도록 요청한다.
- 위의 세 가지 활동을 한 다음, 음악에 두드러진 재능을 보이는 유아에게 새로운 노래를 가르쳐 주고 한 달 후에 유아가 그 노래를 얼마나 잘 기억하고 있는지 알아보기 위해 다시 한다(음악 기억 평가).

(2) 노래 부르기 루브릭

'생일 축하 노래'는 네 소절로 되어 있다. 첫 번째 소절과 두 번째 소절은 '생일 축하합니다'다. 세 번째 소절은 '사랑하는 선생님', 네 번째 소절은 '생일 축하합니다'다. 각 소절은 피치(음률의 고저)에 대한 3개의 범주와 리듬에 관한 4개의 범주로 채점된다. 범주에 따라 수준별로 수준 1은 0점, 수준 2는 1점, 수준 3은 2점을 술 수 있다. 총점은 14점이다.

표 3-17 피치 루브릭

요소 \ 수준	1	2	3
음의 높고 낮음	음의 높고 낮음과 완전히 다르게 소리 낸다.	멜로디보다 높거나 낮게 소리 낸다.	음의 높고 낮음을 구별하여 소리 낸다.
키	소절 간의 키를 완전히 유지하지 못한다.	소절 간의 키를 유지하지만 불안정하다.	소절 간의 키를 유지하여 소리 낸다.
음정	음정과 완전히 다르게 소리 낸다.	음정에 따라 소리를 내지만 불안정하다.	정확한 음정으로 소리 낸다.

표 3-18 리듬 루브릭

요소 \ 수준	1	2	3
음표의 수	음표의 개수와 완전히 다르게 소리 낸다.	음표의 개수보다 많거나 적게 소리 낸다.	음표의 개수에 맞게 소리 낸다.
음표의 길이	음표의 길이와 완전히 다르게 소리 낸다.	음표의 길이보다 길거나 짧게 소리 낸다.	음표의 길이를 구별하여 소리 낸다.
박자	박자와 완전히 다르게 소리 낸다.	박자보다 길거나 짧게 소리 낸다.	정확한 박자로 소리 낸다.
장단	장단과 완전히 다르게 소리 낸다.	장단보다 길거나 짧게 소리 낸다.	정확한 장단으로 소리 낸다.

6) 자기이해지능과 대인관계지능

(1) ☆☆반 놀이

✲ 목적: 자아 이해, 자존감 등 자아와 관련된 인식, 타인 조망 능력, 대인관계 암시 구별 능력 등의 함양

① ☆☆반 놀이 활동

준비물: 축소된 모형교실, 유아의 사진이 부착된 아크릴 조각

활동 방안

- 유아에게 ☆☆반 놀이에 대해 설명한다. 모형교실을 보여 주며, 어떤 친구가 어디에 있는지 묻고 함께 놀이하도록 한다.
- 교실 내부의 활동 영역을 각각 살펴보게 하고, ☆☆반 놀이 관찰 기록지의 순서에 유의 반응을 체크한다(기록과 오디오 녹음).

반 놀이 활동

② ☆☆반 놀이 루브릭

표 3-19 ☆☆반 놀이 루브릭

문항 \ 수준	1	2	3	4	5
1	좋아하는 영역을 말하지 못한다.	좋아하는 영역의 이름을 말한다.	좋아하는 영역과 활동의 이름을 말한다.	좋아하는 영역과 활동의 이름, 이유를 말한다. 또는 이유는 말하지 못하지만 친구들이 많다면 어떤 영역을 선택할지 말한다.	좋아하는 영역과 활동의 이름, 이유를 정확히 말하고 친구들이 많다면 어떤 영역을 선택할지 말한다.
2	좋아하는 게임을 말하지 못한다.	좋아하는 게임을 말한다.	좋아하는 게임과 어려워하는 게임을 말한다.	좋아하는 게임과 어려워하는 게임을 말하고 이유를 말하지 못하거나 한 가지 이유를 말한다.	좋아하는 게임과 어려워하는 게임 모두의 이유를 정확하게 말한다.
3	영역을 좋아하는 친구들의 이름을 말하지 못한다.	영역을 좋아하는 친구들의 이름을 부정확하게 말한다.	1~2개 영역을 좋아하는 친구들의 이름을 정확하게 말한다.	3~4개 영역을 좋아하는 친구들의 이름을 정확하게 말한다.	5개 이상의 영역을 좋아하는 친구들의 이름을 정확하게 말한다(최대 7개 영역).
4	특별히 친한 친구들의 이름을 말하지 못한다.	특별히 친한 친구들의 이름을 부정확하게 말한다.	특별히 친한 친구 한두 명의 이름을 정확하게 말한다.	특별히 친한 친구 서너 명의 이름을 정확하게 말한다.	특별히 친한 친구들의 이름을 다섯 명 이상 정확하게 말한다.
5, 6	친구의 이름을 말하지 못한다.	지켜보는 친구, 혼자 놀기를 좋아하는 친구의 이름을 부정확하게 말한다.	지켜보는 친구, 혼자 놀기를 좋아하는 친구의 이름을 정확하게 말한다.	친구의 이름을 정확히 말하나 그 상황은 기억할 때도 있고 모를 때도 있다.	친구의 이름을 정확히 말하고 그 상황도 설명한다.
7~11	친구의 이름을 말하지 못한다.	친구의 이름을 부정확하게 말한다(특별히 친한 친구, 싸운 후에도 친구가 될 수 있는지에 대한 여부, 잘 도와주는 친구, 대장 역할을 하는 친구, 선생님을 잘할 것 같은 친구).	친구의 이름을 정확하게 말한다(특별히 친한 친구, 싸운 후에도 친구가 될 수 있는지에 대한 여부, 잘 도와주는 친구, 대장 역할을 하는 친구, 선생님을 잘할 것 같은 친구).	친구의 이름은 정확히 말하나 그 이유는 부정확하게 말한다(특별히 친한 친구, 싸운 후에도 친구가 될 수 있는지에 대한 여부, 잘 도와주는 친구, 대장 역할을 하는 친구, 선생님을 잘할 것 같은 친구).	친구의 이름과 이유를 모두 정확하게 말한다(특별히 친한 친구, 싸운 후에도 친구가 될 수 있는지에 대한 여부, 잘 도와주는 친구, 대장 역할을 하는 친구, 선생님을 잘할 것 같은 친구).

수준 1은 0점, 수준 2는 1점, 수준 3은 2점, 수준 4는 3점, 수준 5는 4점이다. 예를 들어, 1번 문항에서 수준 5에 해당한다고 답변했다면 4점이 된다. 총점은 44점이다.

(2) 또래 상호작용 체크리스트

✲ 목적: 유아의 또래 간 상호작용의 특징적인 유형 분석

① 또래 상호작용 체크리스트 활동

✲ 준비물: 또래 상호작용 체크리스트 및 요약 기록지

✲ 활동 방안

- 체크리스트에 유아 행동의 가장 특징적인 항목을 약 7~9개 체크하고, 항목에 없는 관찰에 대한 의견 및 전략적인 방안은 논평란에 기록한다.
- 체크리스트 완성 후 각 유아에 대한 요약을 기록한다.

② 또래 상호작용 체크리스트 루브릭

또래 상호작용 체크리스트는 유아 행동의 대표적인 유형을 협력자, 촉진자, 지도자, 독립적 행동을 하는 유아, 과도기에 있는 유아로 분류하고, 각 문항의 해당 유형에 따라 가장 많이 체크된 유형으로 판단하도록 되어 있다.

평가 항목은 '또래 상호작용 체크리스트'의 내용을 참조로 서술 평가한다.

표 3-20 또래 상호작용 체크리스트 루브릭

유 형	협력자	촉진자	지도자	독립적 행동을 하는 유아	과도기에 있는 유아
문항	1, 5, 7, 11, 16, 19	2, 9, 13, 22, 25, 27	3, 10, 14, 18, 23, 26	8, 12, 17, 20, 24, 28	4, 6, 15, 21, 29

7) 자연친화지능

(1) 개미 찾기 게임

✲ 목적: 추론 능력, 논리적 사고, 일반적 · 합리적 사고의 함양

① 개미 찾기 게임 활동

✲ 준비물

- 게임판: 뚜껑이 있는 80cm×50cm×80cm 크기의 나무상자로 만들어진 게임판
- 16개의 자연물(무당벌레 4, 개미 4, 호두 4, 나뭇잎 4)
- 무당벌레, 개미, 호두, 나뭇잎의 그림이 그려진 카드 각 4장씩
- 16개의 깃발(파란색 4, 빨간색 4, 초록색 4, 주황색 4)
- 무당벌레, 개미, 호두, 나뭇잎 보물을 담을 수 있는 분류 상자

개미 찾기 게임

✲ 활동 방안

- 유아를 옆에 앉히고 게임을 소개한다.
  - 개미 찾기 게임은 퍼즐과 비슷하며 개미가 숨겨진 자리를 찾아내는 게임이

라는 것을 알려 준다.

- 게임 방법을 소개한다.
  - 게임판을 보고 무엇이 있는지, 깃발 아래는 무엇이 있을지 이야기한다.
- 분류 상자를 소개한다.
  - 분류 상자의 색깔을 소개하고 보물을 찾을 때 도움이 된다는 것을 알려 준다.
- 게임을 한다.
  - 빨간 깃발을 시작으로 깃발 아래 구멍에는 무엇이 있는지, 어느 분류 상자에 넣을지 이야기한다. 그리고 어떻게 알았는지 이야기해 본다.

    단, 유아가 개미를 상자의 빨간 부분에 넣지 않으면 다시 한 번 물어보고 만약 또다시 틀린다면 말해 준다.
  - 여섯 번째 차례에서 카드에 그려진 물체를 찾아본다. 그리고 어떻게 맞출 수 있었는지 이야기해 본다. 이런 식으로 '무엇'과 '어디'에 대한 질문을 한다.

    단, 여덟 번째 차례에서도 유아가 분류 상자 사용법을 알지 못하면, 한 번 더 사용법에 대해 설명해 준다.
  - 마지막 차례 후에 유아에게 게임의 규칙, 개미가 숨겨진 장소를 찾는 비법이 무엇인지 물어본다. 유아가 개미 찾기 게임을 정확하게 이해하는 경우 다른 유아에게 그 게임에 대해 말하지 않도록 주의를 준다. 만약 유아가 말할 것이 염려된다면 다른 유아와의 게임에서는 곤충의 종류를 바꾸어서 실시할 수 있다.

② 개미 찾기 게임 루브릭

개미 찾기 게임 활동 점수 준거에 근거한 평가 점수는 총 26점이다. 암호 풀기, 이해하기, 법칙을 말로 표현하기, 분류 상자 사용하기 등의 평가 준거가 있다.

수준 1, 2, 3에 따라 각각 점수가 다르게 적용되며 분류 상자를 이용하는지 아닌지, 법칙을 이해하고 표현하는지에 따라 점수가 부가된다.

표 3-21 개미 찾기 게임 루브릭

요소 \ 수준	1	2	3
전략의 이해	10, 11, 12번째에서 암호를 푼다. (5점)	7, 8, 9번째에서 암호를 푼다. (10점)	4, 5, 6번째에서 암호를 푼다. (15점)
	파란 것이 비어 있다는 것을 이해한다. (3점)		
법칙의 표현	표현하지 못한다. (0점)	말로 표현하지만 정확하지 않다. (1～2점) 예 1점: 저는 원래 좀 잘 맞춰요. 전에도 했어요. 2점: 깃발 색을 잘 보면 알 수 있어요.	말로 표현을 잘한다. (3점) 예 깃발의 색깔과 분류 상자를 잘 보고 연결시키면 돼요.
분류 상자의 표현	• 이유와 예상한 규칙이 9개 모두 맞다. (5점) • 이유와 예상한 규칙이 7～8개가 맞다. (4점) • 이유와 예상한 규칙이 5～6개가 맞다. (3점) • 이유와 예상한 규칙이 3～4개가 맞다. (2점) • 이유와 예상한 규칙이 1～2개가 맞다. (1점) • 모두 틀리다. (0점)		

(2) 동물 · 식물 · 광물의 분류

✲ 목적: 유아의 자연에 대한 관찰력과 정확한 분류 및 명칭의 사용 등에 대한 이해 정도를 보다 깊이 있게 측정

① 동물 · 식물 · 광물의 분류 활동

✲ 준비물: 동물 · 식물 · 광물 분류판, 동물 · 식물 · 광물 분류 카드

✲ 활동 방안: 활동, 활동 방법, 분류판, 분류 카드에 대한 소개, 분류 활동 실시

동물 · 식물 · 광물의 분류 활동

② 동물 · 식물 · 광물 분류의 루브릭

동물 · 식물 · 광물 분류 활동 점수 준거에 근거한 평가 점수는 총 21점이다. 자연에 대한 이해 정도, 분류의 정확성, 명칭의 사용 등의 평가 준거는 모두 수준 1, 2, 3으로 구분되어 있어 해당 수준에 각각 0, 4, 7점을 준다. 그러나 개인차나 발달 특성을 고려하여 점수를 보다 세분화할 수 있다. 예를 들어, 분류의 정확성에서 수준 2 '분류는 하지만 정확하게 하지 못하고 부분적으로 잘못 분류한다.'의 경우, 분류를 정확하게 할

표 3-22 동물 · 식물 · 광물 분류의 루브릭

요소 \ 수준	1	2	3
자연에 대한 이해 정도	전혀 설명을 하지 못한다.	설명은 하지만 그 내용이 정확하지 않다.	설명할 수 있으며, 그 내용이 정확하다.
분류의 정확성	전혀 분류하지 못한다.	분류는 하지만 정확하게 하지 못하고 부분적으로 잘못 분류한다.	정확하게 모두 분류한다.
명칭의 사용	동물 · 식물 · 광물의 명칭을 전혀 사용하지 않는다.	동물 · 식물 · 광물의 명칭을 사용하지만 그 명칭이 정확하지 않다.	동물 · 식물 · 광물의 명칭을 정확하게 사용한다.

수 있는 것과 하지 못하는 것의 비율에 따라 4점을 기준으로 하향될 수 있다. 즉, 교사는 유아의 활동에서 나타나는 발달 정도를 파악하여 점수를 측정하도록 한다.

(3) 자연물 탐구하기

✲ 목적: 자연에 대한 관심과 이해 정도, 관찰력, 유사점과 차이점의 인식, 가설 성립, 실험법의 평가

① 자연물 탐구하기 활동

✲ 준비물: 10개의 자연물(조개, 솔방울, 은행나무의 잎과 열매, 고추, 배추, 땅콩, 고구마, 쑥, 돌멩이, 달걀), 물이 반 정도 채워진 플라스틱통(물탁자), 자연물의 특징과 성질을 실험할 수 있는 도구(양팔저울, 줄자, 현미경, 확대경, 돋보기, 필름통)

✲ 활동 방안: 개별 유아가 자유롭게 놀이할 수 있도록 한다.

② 자연물 탐구하기 루브릭

표 3-23 자연물 탐구하기 루브릭

요소 \ 수준	1	2	3
정밀 관찰	보기만 한다.	보고 아무 곳에나 놓는다.	보고 적절하게 사용한다.
상관관계 확인	사물이나 현상을 분류하지 못한다.	사물이나 현상을 한 가지 준거에 의해 분류한다.	사물이나 현상을 정확하게 분류, 비교, 대비한다.
가설 성립	생각나는 대로 말한다.	자연물로 할 수 있는 것들을 임의로 예측한다.	자연물로 할 수 있는 것들을 관찰에 근거하여 예측한다.
실험법	가만히 있는다.	자유롭게 실험, 극화, 조형 활동을 한다.	관찰에 근거하여 실험, 극화, 조형 활동을 자유롭고 적극적으로 시도한다.
자연 세계에 대한 태도	자연물에 대해 방관적이다.	자연물에 대한 관심을 보이거나 질문, 경험에 대한 이야기 중 한 가지만 한다.	자연물에 대해 긍정적인 관심을 보이며 질문, 경험에 대해 이야기하기를 즐긴다.
자연 세계에 대한 지식	좋아하는 것에만 관심이 있다.	자연물의 서식지와 현상, 변화에 대한 설명이 맞을 때도 있다.	자연물의 서식지와 현상, 변화에 대한 비범한 지식을 갖고 있다.

(4) 뜨고 가라앉기

✲ 목적: 예측, 분류, 자유 실험, 조직화된 실험의 과정을 거친다.

① 뜨고 가라앉기 활동

✲ 준비물: 10개의 자연물(조개, 솔방울, 은행나무의 잎과 열매, 고추, 배추, 땅콩, 고구마, 쑥, 돌멩이, 달걀), 물이 반 정도 채워진 플라스틱통(물탁자), 자연물의 특징과 성질을 실험할 수 있는 도구(양팔저울, 줄자, 현미경, 확대경, 돋보기, 필름통)

✲ 활동 방안: 예측, 분류 및 자유 실험을 하도록 한다.

② 뜨고 가라앉기 루브릭

표 3-24 뜨고 가라앉기 루브릭

수준 요소	1	2	3
예측	1~3개의 물건을 예측하여 맞힌다.	4~6개의 물건을 예측하여 맞힌다.	7개 이상의 물건을 예측하여 맞힌다.
분류	뜨는 물건과 가라앉는 물건을 1~3개로 분류한다.	뜨는 물건과 가라앉는 물건을 4~6개로 분류하고 공통점과 차이점 중 하나의 개념만 인식한다.	뜨는 물건과 가라앉는 물건을 7개 이상 분류하고, 공통점과 차이점을 정확하게 인식한다.
자유 실험	가만히 있는다.	자유 실험을 소극적으로 시도한다.	자유 실험을 적극적으로 시도한다.
조직화된 실험	가만히 있는다.	조직화된 실험을 시도하나 소극적이며, 뜨고 가라앉는 물건을 맞히나 이유는 모른다.	조직화된 실험을 성공적으로 시도하며 뜨고 가라앉는 물건을 알고, 이유를 말한다.

4. 지능 영역별 학습

살아가면서 겪게 되는 많은 문제들을 보다 효율적으로 해결할 수 있는 능력은 어려서부터 길러져야 한다. 자신의 강점과 약점을 파악하여 다중지능 영역별 학습 전략을 익혀 나간다면 현재의 학습 상황을 더욱 발전시킬 뿐 아니라 자신 있게 미래를 설계할 수 있을 것이다. 지능 영역을 강화하기 위한 학습은 교육과정의 목표를 달성하기 위한 수단으로 다루어져서 개별 또는 모둠별, 학급 전체를 대상으로 과제나 교과학습 속에서 이루어질 수 있다. 매일매일 다양한 지능을 강화하는 수업 활동을 하기보다는 단원의 특성이나 학습자의 흥미에 따라 한 가지 지능을 강화하는 방향으로 일일 수업이 전개될 수도 있다.

1) 학습 지도

(1) 언어지능을 위한 학습 전략

① 이야기하기

학생들에게 전달하고 싶은 기본 개념, 아이디어, 교수 목표를 교사의 상상력을 동원하여 이야기로 풀어내는 전략이다.

② 브레인스토밍

주제와 관련이 있는 의견을 모두 기록하고, 그 의견들을 규칙에 따라 체계화하는 전략이다. 모든 학생들에게 제시된 의견을 살펴보도록 하여 가장 좋은 아이디어가 무엇인지 생각해 보고 토의하도록 한다.

③ 녹음하기

녹음기를 이용하여 자신의 문제해결 과정이나 인지 기술에 대해 스스로 점검해 볼 수 있으며, 작문 기술도 향상시킬 수 있다.

④ 일지 쓰기

어떤 분야에 관해 중요한 것을 일지에 계속 기록해 나가는 것으로 그림, 스케치, 사진, 대화와 기타 비언어적 자료를 수록하는 방식도 가능하다.

⑤ 출판하기

출판은 글 쓰는 것이 타인에게 자기 생각을 전달하고 영향력을 행사할 수 있는 강력한 도구라는 것을 학생들에게 알려 줄 수 있다.

(2) 논리-수학지능을 위한 학습 전략

① 계산과 수량화

비수학적 교과 속에서 수리 문제를 다루는 전략이다. 고도의 논리적인 학생들은 더욱 열심히 공부하도록 할 수 있고, 또 다른 학생들은 수학이 수학시간뿐만 아니라 인간의 어떤 생활 영역 속에서도 존재하고 적용된다는 것을 알게 된다.

② 분류와 범주화

논리적 사고를 자극하고 길러 주기 위하여 정보를 합리적으로 체계화하도록 하는 것이다. 벤다이어그램, 연대표, 속성망(attribute webs), 육하원칙, 마인드맵 등을 활용할 수 있다.

③ 소크라테스식 질문

학생이 세운 가설에 대해 교사가 정교한 질문을 함으로써 학생들이 논리적 명료성, 정확성, 치밀성, 일관성, 적절성을 가지고 그 가설을 스스로 증명할 수 있도록 유도하는 전략이다.

④ 발견법

해결하고자 하는 문제에 대하여 비유나 유추하기, 문제를 여러 부분으로 나누기, 문제에 대한 가능한 해결책을 하위 목표로 단계적으로 제시하고 해결을 역방향으로 진행하기, 자신의 문제와 관련 있는 문제를 발견하여 해결하기 등으로, 어림셈이나 지침, 논리적 문제해결에 대한 하나의 대안을 가리킨다.

⑤ 과학적 사고

과학 교과목뿐 아니라 그 외 모든 교육과정에서 과학적 사고를 기를 수 있도록 지도하는 전략이다.

(3) 공간지능을 위한 학습 전략

① 시각화

학생들로 하여금 눈을 감고 방금 공부한 내용을 마음속에 그려 보게 하거나 그것에 관한 그림을 그리고 이야기해 보도록 한다. 교사는 학생들에게 새로운 개념이나 자료를 소개하는 한 방법으로 '유도적 영상(guided imagery)'을 시도할 수 있다.

② 색깔 단서

수업 시 다양한 색상의 분필, 슬라이드, 여러 색깔의 연필과 펜, 색종이 등으로 색깔을 중요한 학습도구로 사용하는 전략이다.

③ 그림 은유

어떤 사물이나 생각을 다른 것에 비유한 아이디어를 시각적 이미지로 나타내는 것으로서 은유는 학생의 배경 지식과 새로운 학습 과제를 연결시켜 준다.

④ 아이디어 스케치

과제의 핵심, 요점, 주제, 기본 개념 등을 간략한 그림으로 표현해 보도록 하는 학습 전략이다.

⑤ 상징적 그림

수업 내용의 한 부분을 언어적 표현 방식 외에 그림과 상징적 도표 등을 사용하여 묘사한다.

(4) 신체-운동지능을 위한 학습 전략

① 신체적 응답

학생들의 신체를 표현 수단으로 삼아 수업에 임하도록 하는 전략으로서 손을 드는 것 외에 여러 방식으로 변용하여 사용할 수 있다.

② 교실 연극

학생들이 학습할 교과서 내용과 문제 혹은 기타 학습 과제의 내용을 극화하여 연출하거나 역할놀이를 하는 전략이다.

③ 운동감각적 개념

신체적 설명, 즉 몸짓이나 무언극(팬터마임)을 통해 어떤 개념을 전달하거나 표현하는 전략으로 결국 이 활동은 언어적 · 논리적 정보를 신체적 · 운동적 방식으로 표현하는 것이다.

④ 체험적 사고

사물을 직접 조작하거나 손으로 만들어 보는 기회를 통해 학습하는 전략이다.

⑤ 신체적 지도

인간의 신체를 지적 영역의 준거점이나 혹은 지도로 이용하는 전략으로서 어떤 인지과정이나 개념을 나타내는 신체 동작을 반복함으로써 학생들은 자신이 실연한 것을 점차 내면화할 수 있다.

⑥ 두뇌 체조

집중력, 사고력, 창의력 등 학습에 필요한 능력을 최대한 길러 주는 전략이다.

(5) 음악지능을 위한 학습 전략

① 리듬, 노래, 랩, 창

학습 내용의 요지를 간추려 그것을 노래, 랩, 창 등 부를 수 있는 리듬 형태로 바꾸는 전략이다.

② 디스코그래피

학생들에게 전달하고자 하는 교과 내용을 잘 나타내 주는 테이프, CD 등 음악선집을 통해 교육과정을 보완하고 보충하는 전략이다.

③ 초기억 음악

음악을 배경으로 수업을 하면 정보를 더 잘 기억한다는 연구 결과에 따라 학생들이 음악을 들으면서 편안한 자세를 취하면 교사는 학습 정보를 전달한다.

④ 음악적 개념

음조나 리듬을 어떤 개념, 유형 혹은 도식을 표현하는 창의적인 도구로 사용한다.

⑤ 무드 음악

어떤 단원의 수업에 적당한 분위기를 조성할 수 있는 음악을 찾아서 들려준다.

(6) 대인관계지능을 위한 학습 전략

① 또래와 함께 공부하기

실행하기 가장 손쉬운 다중지능 학습 전략으로 어느 주제나 과제에도 적용할 수 있다. 또래 교수나 연령 간 교수로 확대될 수 있다.

② 사람 조각

학생들이 여러 가지 조각 형태로 모여 어떤 생각, 개념, 학습 목표를 집단적으로 표현하는 전략이다.

③ 협동집단

3~8명으로 구성된 소집단을 활용하여 공동 목표 달성을 꾀하는 전략으로서 학생들이 사회의 한 구성원으로 기능할 수 있는 기회를 제공하여, 실제 생활환경에서 성공적으로 제 기능을 발휘할 수 있게 한다.

④ 보드게임

비형식적 상황에서 학생들이 게임과 동시에 학습을 할 수 있도록 한다. 두꺼운 종이와 매직, 작은 장난감 차와 사람 인형, 안쪽을 색칠한 입방체 등을 주사위와 게임 말을 이용하여 쉽게 구성할 수 있다.

⑤ 시뮬레이션

여러 사람이 함께 '가상 환경'을 만들어 학생들이 학습 과제나 자료를 직접 체험해 보도록 한다.

(7) 자기이해지능을 위한 학습 전략

① 1분 반성 시간

강의나 토의, 프로젝트를 수행하거나 기타 활동 중 학생들에게 반성이나 심사숙고할 시간을 따로 제공한다.

② 개인적 관계

교사들이 학생들의 개인적 희망, 감정, 경험을 교수와 결합하여, 교수 내용을 학생들의 인생과 관련지어 준다.

③ 선택 시간

학생들에게 그들의 학습 경험을 스스로 결정할 수 있는 기회를 제공한다.

④ 감정 경험

학생들의 정서적인 뇌를 발달시키기 위하여 수업 중에 학생들에게 웃고, 화내고, 자신의 의견을 강력하게 표현하고 흥분하는 등 다양한 감정을 경험하고 표현할 수 있는 기회를 자주 제공한다.

⑤ 목표 설정

교사가 학생들에게 목표를 설정할 수 있는 기회를 제공한다.

(8) 자연친화지능을 위한 학습 전략

① 우주 프로젝트

우주에 대한 관심을 높이고 후손에게 물려 줄 위대한 자연을 잘 보존할 수 있는 방법을 스스로 찾아보도록 한다.

② 환경 친화 관련 프로그램 만들기

미래의 모든 직업은 환경 친화적인 요소가 접목될 수밖에 없는 현실을 알고, 주변을 살펴 지금 바로 실천할 수 있는 것과 먼 훗날의 모습을 상상하며 지구를 살리는 것의 중요성을 일깨워 준다.

③ 동식물 기르기

동물이나 식물을 기르는 경험을 통해 자연을 더 많이 이해하고 모든 생명이 소중하다는 것을 깨닫게 한다.

④ 생물 순환 프로젝트

각종 동식물 및 무생물이 지구상에서 어떻게 순환하고 있는지를 학습함으로써 자연을 보호하려는 마음이 생길 수 있도록 한다.

⑤ 관찰일지 쓰기

매일 변하는 주변 환경을 자세하게 관찰하는 습관을 길러 작은 배려와 민감성이 환경을 살릴 수 있다는 것을 깨닫게 한다.

2) 생활 지도

(1) 주의 집중

학생들의 주의를 집중시키기 위해 언어적 접근법 외에 다양한 접근법을 시도한다. 예를 들면, 피아노 건반을 두드리거나(음악지능), 불을 껐다 켰다 하거나(공간지능), 자기 책임을 환기시키는 침묵의 사용(자기이해지능) 등이다.

- 언어적 전략 칠판에 '조용히'라는 말을 쓴다.
- 음악적 전략 리듬에 따라 박수를 치고, 학생들이 따라 하도록 한다.
- 신체-운동적 전략 한쪽 손가락은 입에 대고 다른 한쪽 팔을 위로 들어 올린 후 학생들도 따라 하도록 한다.
- 공간적 전략 주의를 집중하여 공부하는 학생의 사진을 벽에 붙이고 모범으로 삼는다.
- 논리-수학적 전략 초시계를 사용하여 낭비되는 시간을 측정한 뒤 매 30초 간격으로 칠판에 기록하고, 낭비된 수업시간을 다음 날 보충해야 함을 알려 준다.
- 대인관계 전략 한 학생의 귀에 "공부 시작 시간이야."라고 속삭이고, 그 말을 옆 학생에게 전달하도록 한다.
- 자기이해 전략 수업시간에 학생들이 각자 자신의 행동에 책임을 지도록 한다.

(2) 이행 준비

학생들이 다음 시간이나 다른 활동으로 이행할 준비를 할 수 있도록 여러 가지 구체적인 신호나 단서를 활용한다.

- 음악적 전략
  - 휴식 준비 음악: 베토벤의 교향곡 6번 '전원'
  - 점심 준비 음악: 올리브의 '마음껏 드세요'
  - 하교 준비 음악: 드보르작 신세계 교향곡 9번 '가자 집으로'
- 공간적 전략
  - 휴식 준비 사진: 아이들이 놀고 있는 사진
  - 점심 준비 사진: 식사하는 사진
  - 하교 준비 사진: 스쿨버스를 타는 학생, 하교하는 학생 사진
- 신체-운동적 전략
  - 휴식 준비 몸짓: 기지개 펴기와 하품하기
  - 점심 준비 몸짓: 배를 문지르고, 입맛 다시기

- 하교 준비 몸짓: 교실 밖 집으로 가는 방향 쳐다보기

• 논리-수학적 전략
- 교실에 큰 디지털시계를 걸고, 다음 활동으로 이행할 때까지의 시간 계산하기

• 대인관계적 전략
- '나뭇가지 전달 모형' (한 명이 두 명에게 전달하기)

(3) 학급 규칙의 전달

• 언어적 전략 규칙을 글로 써서 교실에 게시한다.

• 논리-수학적 전략 규칙에 번호를 붙인 후, 규칙 대신 번호로 말한다(예: 규칙 4번 위반).

• 공간적 전략 기록된 규칙 옆에 적절한 행동과 부적절한 행동의 상징적 그림을 그린다.

• 신체-운동적 전략 각 규칙을 특정 몸짓으로 표현한다.

• 음악적 전략 규칙을 노래로 표현한다.

• 대인관계 전략 각 규칙을 소집단 학생들에게 위임하여 규칙에 따라 할 수 있는 일과 할 수 없는 일을 분류하고, 해석하고, 집행할 책임을 맡긴다.

• 자기이해 전략 학생들이 학기 초에 규칙을 정하고 그것을 다른 학생들에게 전달할 방법을 스스로 개발하도록 한다.

(4) 집단 편성

각 지능의 특성에 따라 다양한 이질집단을 구성하는 방법을 활용하는 것이다.

• 언어적 전략 이름 첫 자의 모음이 같은 학생 모으기

• 논리-수학적 전략 1부터 5까지 손가락을 펴고, 그 숫자를 합해 15가 되는 학생 모으기

• 공간적 전략 같은 색의 옷을 입은 학생 모으기

• 신체-운동적 전략 한 발로 뛰게 한 다음, 같은 발로 뛰고 있는 학생 모으기

• 음악적 전략 학생들이 모두 알고 있는 노래 중 서너 곡을 정하여 학생들에게 귓속말로 한 가지 단어를 말해 준 다음, 같은 노래를 부르는 학생 모으기

(5) 개별 활동 관리

학급에서 규칙을 따르지 않는 소수 학생들의 문제를 해결하는 데 효과적인 훈육 방법이다. 다중지능이론은 학생들의 상황과 상태가 다양한 만큼 여러 가지 개별적인 훈육 전략을 적용할 것을 권한다.

• 언어적 전략
- 대화하기
- 문제해결 방법이 제시된 책 제공하기
- 자기통제를 위하여 '자신에게 스스로 말하는 전략'을 사용하도록 도와주기
- 교훈적 이야기 들려주기

• 논리-수학적 전략
- 드레이커의 '당연한 논리적 결과' 방법 사용하기(예: 다른 사람에게 해를 끼치면 그 대가로 벌을 받게 마련이다.)
- 학생들에게 자신의 부정적 · 긍정적 행동의 빈도를 세어 표로 그리게 하기(자기 점검법)

• 공간적 전략
- 적절한 행동을 그림으로 그리거나 시각화하기(눈앞에 없는 것을 마음속에 그려 보기)
- 나쁜 상황에 처했을 때 도움이 되는 은유 제공하기(나쁜 말: 네가 피해야 할 화살)
- 문제를 잘 처리하는 적절한 행동 모델이 등장하는 영화나 슬라이드 보여 주기

• 신체-운동적 전략
- 적절한 행동과 적절하지 못한 행동을 역할극으로 표현해 보기
- 스트레스 유발 상황을 해소하기 위해 신체적 단서 사용하기(심호흡, 근육 긴장과 이완)

- 음악적 전략
  - 학생이 직면한 문제해결에 도움되는 음악 찾기
  - 행동 통제에 도움되는 음악 들려주기
  - 스스로 통제할 수 없다고 느낄 때, 마음속으로 자신이 가장 좋아하는 음악을 듣거나 부르도록 하기
- 대인관계 전략
  - 또래 집단상담 실시하기
  - 학생들이 역할 모델과 친숙해지도록 지도하기
  - 자기보다 어린 학생을 가르치거나 돌보게 하기
  - 학생들에게 에너지 방출의 출구 마련해 주기(집단 이끌기)
- 자기이해 전략
  - 자신을 통제하기 위하여 자발적으로 타임아웃 영역을 찾아가도록 가르치기
  - 일대일 개인 상담 실시하기
  - 행동계약 체결하기
  - 학생이 가장 흥미 있어 하는 프로젝트에 참여할 수 있는 기회 마련해 주기
  - 자기 존중감을 높이는 프로그램에 참여하도록 하기

(6) 관점 넓히기

다중지능이론은 여러 가지 문제 행동의 치료 전략과 훈육 전략은 물론, 개인차를 고려한 중재 방법을 선택하는 데 있어 지침을 제공한다. 또한 학교의 일과가 항상 학생의 개인적 욕구를 존중하고 배려하는 환경으로 조성되는 것이 학생들의 행동에 긍정적인 영향을 미친다는 것을 시사한다. 이와 같은 환경에서는 학생들이 혼란에 빠지지 않고, 좌절감이나 압박감을 느낄 가능성도 그만큼 줄어든다.

3) 교수-학습의 실제

(1) 마인드맵

공간지능 영역 교수-학습 과정안

<table>
<tr><th>학 년</th><td>5-1</td><th>교 과</th><td colspan="3">재량</td></tr>
<tr><th>학습 목표</th><td colspan="3">마인드맵 기법을 이용하여 자기소개를 할 수 있다.</td><th>단 원</th><td>학년 초
자기소개하기</td></tr>
<tr><th>학습 자료</th><td colspan="3">사인펜, 국어 공책, A4용지</td><th>시 간</th><td>80분</td></tr>
<tr><th>수업 방향</th><td colspan="5">새로운 학년이 되어 교사가 학생들과 하는 활동 중 빼놓을 수 없는 것이 자기소개입니다. 낯선 환경에서 서먹서먹해하는 학생들이 서로 가까워질 수 있는 소중한 시간이지요. 자기소개를 당당하고 자신 있게 하는 학생들이 있는 반면, 공책에 얼굴을 파묻고 모기만한 목소리로 이야기하는 학생도 있습니다. 여러 사람 앞에서 자신에 대하여 말하는 시간이 아니라 공책에 있는 것을 그대로 읽는 '읽기' 시간이 되어 버리는 것이지요. 다음의 활동은 자기소개를 마인드맵으로 정리한 것을 보고 이야기하듯이 말하는 활동입니다.

* 마인드맵이란?
창의성은 통찰력을 바탕으로 확산과정을 통해 새롭고 유용한 아이디어를 산출하는 정신 기능이며, 이러한 사고력을 증진시킬 수 있는 프로그램 중 하나가 마인드맵이다. 마인드맵은 두뇌이론에 기초하여 두뇌가 사고하는 방법으로 마음 속에 지도를 그리듯 글자와 기호와 그림을 사용해 생각을 표현하고 인식하는 방법이다. 마인드맵은 이미지와 언어를 연결하는 시각적인 노트 작성법이므로 좌우 뇌 기능을 고르게 발달시킬 수 있는 사고력 중심의 두뇌 계발 프로그램이라고 할 수 있다.</td></tr>
<tr><th colspan="6">교수-학습 과정</th></tr>
<tr><td colspan="6">[도입] 주위를 둘러봅시다. 어떤 얼굴들이 보이나요? 어떤 얼굴은 이전에 같은 반이어서 익숙한 얼굴이고 또 어떤 얼굴은 이름도 모르는 낯선 얼굴입니다. 이번 시간에는 친구들이 나를 친근하고 익숙한 얼굴로 생각하도록 자기소개 시간을 갖겠습니다. (3′)

[전개]
1. 자기소개를 주제로 마인드맵하기 (35′)
• 교사가 칠판에 마인드맵 형식으로 먼저 자기소개를 한다.</td></tr>
</table>

• 교사가 보여 준 마인드맵을 참고로 학생들이 자신의 마인드맵을 하고 난 후 글로 정리해 본다.

2. 자기소개 연습하기 (5′)

• 학생들은 자기 자리에 앉아서 동시에 마인드맵한 것을 보며 자기소개를 연습한다.
• 큰 목소리로 자신 있게 연습을 몇 차례 반복한다.

㉮ 자, 이제 여러분이 마인드맵으로 자기소개한 내용을 발표해 보겠습니다. 친구들에게 자신을 소개하는 일인 만큼 모두 잘하고 싶을 것입니다. 아무리 준비를 잘했어도 여기 나와서 발표를 잘하지 못하면 친구들이 나를 기억할 수 없겠지요? 처음 시작할 때는 “안녕하세요? 제 이름은 OOO입니다. 지금부터 제 소개를 하겠습니다.” 와 같이 말해도 좋고 다른 재미있는 소개말을 사용해도 좋습니다.

3. 자기소개하기 (35′)

• 순서대로 나와서 마인드맵한 것을 보며 자연스럽게 이야기하듯 발표한다.

정리 오늘 여러분들이 자기소개하는 것을 잘 들었습니다. 이번 활동을 통해 서로 서먹서먹한 것을 없애고 서로에게 조금씩 다가갔으면 좋겠습니다. (2′)

루브릭(평가 준거표)			
활동 주제	메모한 것을 보며 자기소개하기		
평가 항목 \ 수준	1(1점)	2(2점)	3(3점)
자기를 소개하는 요소가 포함되었는가?	자기를 소개하는 요소가 포함되지 않음	자기를 소개하는 기본적인 요소가 포함되어 있음	자기를 소개하는 요소가 빠짐없이 포함되어 있음
말하기	목소리가 작고 청중을 바라보면서 말하지 않음	목소리의 크기가 적당하고 청중을 바라보면서 말함	크고 또렷한 목소리로 청중을 바라보면서 조리 있게 말함

척 도	점 수
A	6
B	4~5
C	3
D	2

최종 점수: ____________ 최종 척도: ____________

* 평가 척도는 학급의 상황에 따라 적절하게 조정할 수 있음

<table>
<tr><td>유의점</td><td>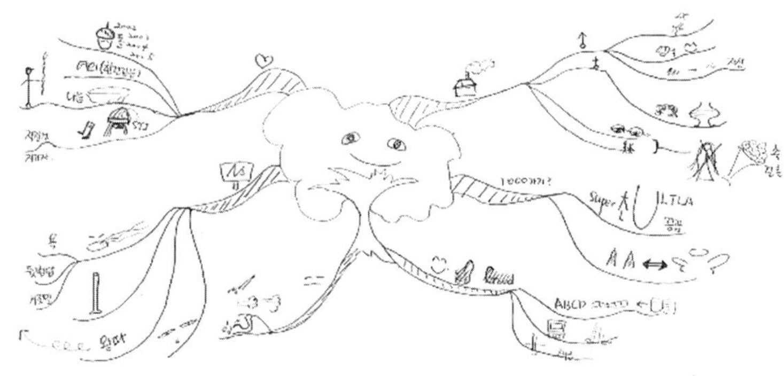
마인드맵핑을 할 때 중심 이미지는 '자신을 나타내는 이미지'로 합니다. 중심 이미지에서 가지를 뻗어 나가며 관련된 소개 내용을 기록합니다.</td></tr>
</table>

(2) 꼬리잡기

논리-수학지능 영역 교수-학습 과정안

<table>
<tr><td>학 년</td><td>6학년</td><td>교 과</td><td colspan="2">수학</td></tr>
<tr><td>학습 목표</td><td colspan="2">꼬리잡기 놀이를 통해 사칙연산을 활용한 계산을 능숙하게 할 수 있다.</td><td>단 원</td><td>수학 6 (나)-1
분수의 나눗셈</td></tr>
<tr><td>학습 자료</td><td colspan="2">종이와 필기도구(인원수만큼)</td><td>시 간</td><td>40분</td></tr>
<tr><td>수업 방향</td><td colspan="4">꼬리잡기 놀이를 통해 6학년 수준까지 배운 소수와 분수의 개념을 동원하여 사칙연산을 능숙하게 함으로써 수리력을 길러 주는 것은 물론, 함께 꼬리를 완성해 가기 위해 모둠 전원이 집중하여 게임에 참여하면서 협동심을 키울 수 있습니다. 놀이의 규칙을 익혀 학습 모둠 전체가 완전학습에 도달할 수 있는 효과를 갖습니다.</td></tr>
<tr><td colspan="5">교수-학습 과정</td></tr>
</table>

도입 지금까지 함께 학습했던 분수와 소수를 '꼬리잡기' 놀이를 통해 재미있게 정리해 봅시다. 모둠이 협동하여 누가 자신의 꼬리를 잡고 있는지 잘 찾아봅시다. (2′)

전개

1. 방법 설명하기 (4′)
   - 조별 활동으로 진행하되 학급의 상황에 따라 조별 인원수를 조성한다.
   - 32절지 종이를 개인별로 한 장씩 갖고, 종이 왼쪽 상단에 100부터 10,000 사이의 자연수를 쓴다.

- 나의 오른편에 있는 사람의 숫자를 오른쪽 상단에 쓴다.
- 각자 왼쪽 상단의 나의 수에 셈(+, -, ×, ÷)을 하여 오른쪽 수가 되도록 만든다. 그리고 예시와 같이 진술한다.
- 소수와 분수를 사용한 셈을 하며 어려운 경우에는 굳이 사용하지 않아도 된다.

  ㉔ 나에게 (내가 쓴 숫자)가 있습니다.

  그 수를 (+, -, ×, ÷를 사용하여 오른쪽 수가 답이 되도록 씀) 가지고 있는 사람은 누구입니까?

- 문제를 맞게 냈는지, 모두 확인한 뒤 카드를 섞어 한 장씩 무작위로 갖고, 한 사람이 먼저 큰 소리로 천천히 읽고, 답은 말하지 않는다. 그 답을 가지고 있는 사람이 "나에게 ○○가 있습니다."라고 자신의 카드 내용을 말한 다음 순서대로 돌아가서 모두 한 차례 돌고 난 뒤 제자리로 오면 끝이 난다.

2. 꼬리잡기 문제 내기 (12′)
   - 분수의 나눗셈을 한 번씩은 사용하도록 한다.
   - 어려운 경우 '0'을 사용하여 조금 더 쉽게 할 수 있도록 한다.
   - 게임을 본격적으로 할 때는 카드 상단에 적은 숫자를 지우고 시작한다.

3. 꼬리잡기 놀이하기 (20′)

   ㉔ 자, 자기 꼬리를 찾아봅시다.

정리 이 활동을 통해 우리가 수학시간에 공부한 분수와 소수를 이용하여 능숙한 셈을 할 수 있었습니다. 다들 귀를 쫑긋 세우고 열심히 문제를 푸는 모습이 아주 보기 좋았습니다. 이상 수업을 마칩니다. (2′)

유의점	• 처음 꼬리잡기를 시작할 때는 간단한 자연수를 사용하여 꼬리잡기 규칙을 익히도록 합니다. 그런 다음 교과와 관련하여 바꿔 적용합니다. • 놀이 시 답을 알고 있는 사람이 먼저 알려 주지 않고 기다렸다가 해당 꼬리를 갖고 있는 사람이 알아차리도록 도와줍니다.
응용하기	• 꼬리잡기는 수학과가 아닌 여러 과목, 여러 학년에 응용하여 사용할 수 있습니다. 사회과, 과학과 등 개념 조사학습에서는 카드 작성 방법과 진행 방법이 조금 다릅니다. • 중요한 개념을 조사한 뒤 다른 사람의 답을 위에 적고 내가 적은 것에 대한 설명은 아래에 적습니다. 읽을 때는 아래의 조사 내용만 읽되 수학과에서처럼 위의 답을 "나에게 ○○이 있습니다."라고 말하지 않습니다. 모두가 그날의 주요 개념에 대해 완전학습이 된 다음 복습용으로 사용하면 좋습니다.

루브릭(평가 준기표)			
활동 주제	단원에서 배운 내용을 꼬리잡기 놀이를 통해 복습하기		
수준 / 평가 항목	1(1점)	2(2점)	3(3점)
문제 내기	단원의 내용을 이해하지 못하여 문제를 전혀 출제하지 못함	단원의 내용을 이해하지만 문제를 출제하는 것을 조금 어려워함	단원의 내용을 잘 이해하여 문제를 바르게 출제할 수 있음
말하기	다른 사람의 차례에 세번 이상 끼어들거나 게임 참여에 전혀 의욕이 없음	다른 사람의 차례에 한 두 번 끼어들거나 게임 참여 태도가 보통임	자신의 차례를 기다리며 게임에 열심히 참여함

척 도	점 수
A	5~6
B	3~4
C	2

최종 점수: ____________ 최종 척도: ____________

* 평가 척도는 학급의 상황에 따라 적절하게 조정할 수 있음

수업 장면(1) **[10인 1조 꼬리잡기 카드 예시(수학 6-나)]**

나에게 109가 있습니다.

그 수를 10배 한 다음 140을 더한 수를 가지고 있는 사람은 누구입니까?

나에게 1,230이 있습니다.

그 수에 $\frac{1}{3}$을 곱하고 210을 뺀 수를 가지고 있는 사람은 누구입니까?

나에게 200이 있습니다.

그 수에 5를 곱한 다음 1을 뺀 수를 가지고 있는 사람은 누구입니까?

나에게 999가 있습니다.

그 수를 3으로 나누고 0을 곱한 다음 504를 더한 수를 가지고 있는 사람은 누구입니까?

나에게 504가 있습니다.

그 수에서 4를 빼고 두 배를 한 수를 가지고 있는 사람은 누구입니까?

나에게 1,000이 있습니다.

그 수에 $\frac{1}{2}$을 곱하고 다시 3을 곱한 수를 가지고 있는 사람은 누구입니까?

나에게 1500이 있습니다.

그 수를 $\frac{3}{2}$으로 나누고 그 수에 10배를 한 수를 가지고 있는 사람은 누구입니까?

나에게 10000이 있습니다.

그 수에 0.01을 곱하고 $\frac{2}{3}$로 나눈 수를 가지고 있는 사람은 누구입니까?

나에게 150이 있습니다. 그 수를 $\frac{5}{7}$ 로 나누고 그 수에 $\frac{1}{2}$ 을 곱한 수를 가지고 있는 사람은 누구입니까?	나에게 105가 있습니다. 그 수에 $\frac{2}{5}$ 를 곱하고 67을 더한 수를 가지고 있는 사람은 누구입니까?

수업 장면(2) [8인 1조 꼬리잡기 카드 예시(수학 6-1)]

나에게 신장이 있습니다. 신경을 통해 전달된 자극을 느끼고, 우리 몸의 행동을 판단하는 중요한 이 기관은 무엇일까요?	나에게 뇌가 있습니다. 우리 가슴의 양쪽에 하나씩 있으며 수많은 꽈리로 이루어져 있고, 이 꽈리들의 모세혈관에서 산소와 이산화탄소가 교환되는 이것은 무엇일까요?
나에게 허파(폐)가 있습니다. 우리 몸을 구성하는 뼈로 머릿속의 대뇌와 소뇌 등을 보호하는 것으로 둥그런 모양의 이것은 무엇일까요?	나에게 머리뼈가 있습니다. 위와 작은창자를 연결하는 소화기관으로 손가락 12개를 옆으로 붙였을 때와 같은 길이라는 의미로 붙여진 이름의 이것은 무엇일까요?
나에게 십이지장이 있습니다. 우리 몸의 혈액을 순환시키는 중심 기관으로 펌프작용을 하는 이것은 무엇일까요?	나에게 심장이 있습니다. 우리 몸을 이루는 뼈로 굵고 큰 기둥 모양으로 여러 마디의 뼈가 길게 연결되어 있는 이것은 무엇일까요?
나에게 등뼈가 있습니다. 소화기관 중 하나로 갈비뼈 아래 왼쪽 배에 있으며 주머니 모양으로 내부에는 주름이 있습니다. 여기서 나온 소화액은 단백질을 분해시키는데, 이것은 무엇일까요?	나에게 위가 있습니다. 배설기관 중 하나로 혈액 속의 노폐물을 걸러 소변으로 만들며 허리 뒤편의 양쪽에 하나씩 있습니다. 강낭콩 모양으로 생겼으며 방광과도 연결되는 이것은 무엇일까요?

(3) 박물관 꾸미기

음악 · 공간 · 언어지능 영역 교수-학습 과정안

<table>
<tr><td>학 년</td><td>4-1</td><td>교 과</td><td colspan="2">음악, 미술, 국어</td></tr>
<tr><td>학습 목표</td><td colspan="2">음악과 관련된 주제를 정하여 음악 박물관을 꾸밀 수 있다.</td><td>단 원</td><td>24. 별 보며 달 보며
10. 놀이터와 공원</td></tr>
<tr><td>학습 자료</td><td colspan="2">음악 관련 자료, 가위, 풀, 색종이, 사인펜, 색연필, 색볼펜, 크레파스, 음악 일기장, 2절 색상지 12장, 박물관 전시실 사진, 소감문 양식, 집게자석 12개, A4용지, 비닐</td><td>시 간</td><td>80분</td></tr>
<tr><td>수업 방향</td><td colspan="4">각 모둠별 음악 관련 주제를 확인하고 구성 방법과 전시 방향에 대한 토의를 통해 깊이 있는 음악 탐구를 함으로써 음악 주제를 깊이 이해하고, 다른 모둠의 작품 감상을 통해 서로의 주제를 이해하고 내면화하는 데 목적이 있다.</td></tr>
<tr><td colspan="5">교수·학습 과정</td></tr>
</table>

도입 몸과 마음 열기 (5′)

- 박물관 전시실을 사진으로 함께 본다.
- 박물관을 견학했을 때 전시실이 어떤 형태로 꾸며져 있었는지 발표한다.

전개

1. 박물관 계획하기 (10′)
   - 각 모둠별 음악 관련 주제를 확인한다.
     - 제1전시실: 악기 종류(타악기, 관악기, 현악기)
     - 제2전시실: 국악기
     - 제3전시실: 음악가(작곡가, 성악가)
     - 제4전시실: 연주 형태(오케스트라, 현악합주, 관악합주)
     - 제5전시실: 음악의 역사
     - 제6전시실: 음악의 장르(동요, 가요, 트로트, 팝송, 민요, 클래식, 가곡)
   - 각 모둠별 주제에 따른 자료를 어떻게 수집하였는지 발표한다.
   - 각 모둠별로 준비해 온 자료를 분류 · 정리한다.
   - 자료를 4절지에 어떻게 배치할 것인지 계획을 세운다.

2. 박물관 만들기 (40′)
   - 전시실을 꾸밀 때 주의할 점에 대해서 발표한다.

- 무엇을 보여 줄 것인가?
- 누구를 대상으로 하는 전시인가?
- 어느 장소가 전시하기에 적합한가?
- 어느 자료를 사용하는 것이 효과적인가?
- 전시 설명은 어떤 순서로 할 것인가?
- 무엇을 평가할 것인가?

• 모든 모둠원이 참여할 수 있도록 수준에 따라 역할을 분담한다.
• 배치 계획에 따라 준비해 온 그림, 사진 자료, 참고 내용을 활용하여 전시실을 꾸민다.

3. 멋지게 전시하기 (20′)

• 전시실 꾸미기가 끝난 모둠은 칠판에 붙인다.
• 모든 모둠이 전시판 만들기를 끝내면 모둠별로 1명씩 나와서 전시실에 대한 설명을 간략하게 한다.

㉔ 우리 모둠에서 준비한 것은 음악 역사박물관입니다.

＊바로크 음악

16세기 말에서 18세기 중엽까지 이탈리아와 독일을 중심으로 발전한 음악의 흐름을 말한다. 대표적인 음악가로는 코렐리, 비발디, 바흐, 헨델 등이 있다.

＊고전파 음악

18세기 중엽에서 19세기 초에 걸친 고전파 시대에 프랑스와 독일을 중심으로 한 계몽주의 사상을 기반으로 오스트리아를 중심으로 발전한 음악의 흐름을 말한다. 대표적인 음악가로는 하이든, 모차르트, 베토벤 등이 있다.

＊낭만파 음악

고전파 이후 19세기에 발전한 음악 사조로 음악 형식의 구조보다는 주관적인 감정을 더욱 중요하게 생각한다. 대표적인 음악가로는 베버, 슈베르트, 멘델스존, 쇼팽, 슈만, 리스트, 바그너, 베르디, 브람스, 차이코프스키 등이 있다.

＊국민악파 음악

19C 말에는 개인의 자유와 개성을 존중하는 낭만파 음악이 러시아를 비롯한 유럽의 변두리 지역으로 확산되었다. 대표적인 음악가로는 스메타나, 드보르작, 시벨리우스, 그리그, 무소르크스키, 보로딘, 림스키 코르사코프 등이 있다.

*20세기 음악(근대 · 현대 음악)

현대 음악의 시대적인 구분에 있어서는 시대 양식으로서의 뚜렷한 통일적 기준은 없으나, 제1차 세계대전이 끝난 1945년을 기점으로 근대와 현대로 나눌 수 있다. 20세기 음악의 특징적인 양식으로는 다음과 같은 것이 있다.

- 12음 음악: 오스트리아의 아놀드 쇤베르크에 의해 창안된 무조 음악으로 12음 기법을 사용함
- 재즈 음악: 미국의 흑인 음악이 바탕을 이루며, 현재에는 전 세계에 퍼져 미국을 대표하는 음악이 됨
- 전자 음악, 컴퓨터 음악: 자연의 소리를 녹음 · 편집해서 만드는 구체 음악과 전자파에서 얻은 음향을 변화 · 합성한 음악

• 전시실은 교실 뒤, 교실 옆 벽 또는 복도 벽을 활용한다.

정리 전시에 대한 느낌 나누기 (5′)

• 음악 박물관을 꾸민 소감을 정리한다.

㉮ 음악 박물관을 만드는 나의 역할과 참여도는 어땠나요? 어떤 작업을 또 해 보고 싶나요? 어떤 느낌을 새롭게 받았나요?

• 나의 느낌과 어떻게 다른지 비교해서 말해 본다.

㉮ 친구가 받은 느낌과 표현 방법, 의도는 무엇이며 나와 친구의 느낌과 표현은 어떤 점에서 같고 다른가요?

유의점	박물관 꾸미기를 시작하기 전에 가지고 온 자료를 정리하여 배치 계획을 세워 보도록 하는 것이 효과적입니다. 정말 중요한 자료를 선택하고, 생략할 자료는 과감히 버리도록 합니다. 처음에는 모둠마다 4절 색상지를 한 장씩 나누어 주고, 모둠마다 준비한 자료에 따라서 필요한 모둠은 한 장을 더 나누어 줍니다.
응용하기	박물관 꾸미기를 끝낸 후에는 집게자석으로 집어서 칠판에 모두 전시해 놓으면 서로 어느 모둠이 잘했는지, 잘 못했는지에 대해서 자유롭게 이야기를 나누고 가까이 다가와서 다른 모둠의 내용을 유심히 살펴봅니다.

루브릭(평가 준거표)			
활동 주제	음악과 관련된 주제를 정하여 음악 박물관 꾸미기		
수준 / 평가 항목	1(1점)	2(2점)	3(3점)
자료 수집과 자료 분류, 계획 세우기에 대한 참여도	토의에 참여하지 못하고 자료 수집과 분류에 소극적임	토의에 참여하여 자신의 생각을 말하고 자료 수집에 참여함	토의에서 적극적으로 자신의 의견을 말하고 체계적인 자료 수집과 분류를 함
박물관 만들기	고정된 틀을 벗어나지 못하고 표현 활동에 어려움을 느끼며 소극적임	주어진 자료와 주제에 맞는 박물관을 만듦	주어진 자료를 창의적으로 배치하고 주제에 어울리는 박물관을 만들고 배치함
느낌 나누기	모둠 박물관과 느낀 바를 설명하지 못하고 친구들의 작품에 대해 느낀 점이나 재미있고 특징적인 표현을 찾아내지 못함	모둠 박물관과 느낀 바를 설명할 수 있으나 친구들의 작품에 대해 느낀 점이나 재미있고 특징적인 표현을 찾는 데는 어려움을 느낌	다른 모둠의 박물관 작품이 주는 느낌과 그에 대한 이유를 설명하고 자신이 소속된 모둠의 박물관을 적극적으로 설명함

척 도	점 수
A	7~9
B	4~6
C	3

최종 점수: ____________ 최종 척도: ____________

* 평가 척도는 학급의 상황에 따라 적절하게 조정할 수 있음

재량과- 음악지능 학습지

음악 박물관을 전시해 보니……

이름: ________

☆ 우리 모둠이 꾸민 전시실 주제	
☆ 내가 준비한 자료	
☆ 내가 맡은 역할	
☆ 나의 참여도는 어땠나요?	낯선 행성에 도착한 우주인처럼 …… 물속에서 헤엄치는 물고기처럼 1 | 2 | 3 | 4 | 5 | 6 | 7 | 8 | 9 | 10
☆ 꾸미기 후의 소감 (잘된 점, 고쳐야 할 점 등)	

(4) 몸으로 말해요

신체-운동지능 영역 활동 교수-학습 과정안

학 년	저학년	교 과	재량
학습 목표	몸으로 사물의 모양을 흉내 낼 수 있다.	단 원	
학습 자료	여러 가지 사물의 사진 자료	시 간	50분
수업 방향	학생들은 몸짓을 통해 내가 아닌 다른 무언가가 되어 보는 것을 매우 즐거워합니다. 몸으로 사물의 특징을 표현함으로써 사물의 모양을 몸으로 본떠 보고 그 사물에 대한 이해도를 높일 수 있습니다.		

교수-학습 과정

도입 주위에는 몸으로 표현할 수 있는 사물이 많습니다. 우리 주변의 사물을 살펴보고 몸으로 그 모양을 표현해 보고 맞추어 보겠습니다. (3′)

- 교사가 두세 가지 사물을 몸으로 표현하는 시범을 보이고 학생들이 알아맞힌다.

전개

1. 사물의 특징과 쓰임새 알아보기 (3′)
   - 여러 사물의 사진 자료를 보고 관찰한다.
   - 제작자와 관계없이 그 사물의 보편적인 모양이 있는지 알아본다.

   예 연필의 보편적인 모양 - 길다, 끝이 뾰족하다.
   가위의 보편적인 모양 - 날이 두 개가 있다.

   - 사물의 쓰임새를 알아본다.

2. 내 몸이 물체의 일부가 되어 보기 (24′)
   - 물체의 특징을 몸으로 표현하기 위한 방법을 생각해 본다.
   - 혼자 표현할 수 없는 사물은 짝과 함께 표현해 본다.
   - 물질이 사용되는 상황을 설정하여 정지 상태를 유지하는 동안 어떤 사물을 설명하고 있는지를 다른 학생들이 알아맞히도록 한다.

3. 사물을 몸으로 표현하기 (15′)
   - 의논할 시간을 충분하게 주고 난이도가 좀 더 높은 사물의 정지 동작을 몸으로 표현해 보도록 한다.

㉮ 자전거의 여러 모양을 보여 주고 공통적인 모양을 찾아본 후 사물의 특성을 살려 몸으로 표현해 본다. 복사기, 세탁기 등 가전제품은 사용 시 약간의 동작이 보태져 더욱 흥미가 있다

• 다른 모양으로 만들 수는 없는지 토의해 보고 좀 더 실용적인 아이디어가 있으면 발표해 본다.

정리 이 활동을 통해 여러분은 물체가 어떤 모양으로 되어 있는지 알게 되었을 것입니다. 여러 가지 사물의 모양을 알아보고 몸으로 표현해 봄으로써 사물에 대해 좀 더 잘 알게 되었습니다. 이제부터 사물을 알맞게 잘 사용하도록 노력해 봅시다. (5′)

유의점	처음에는 간단한 사물로 하다가 익숙해지면 추상적인 개념을 몸으로 표현해 보는 활동도 할 수 있습니다.
응용하기	• 정지 동작이 익숙해지면 움직이는 사물을 몸으로 표현해 볼 수 있습니다. • 복잡한 사물을 여러 사람이 함께 꾸며 볼 수 있습니다. • 3학년 1학기 과학 1단원 '우리 주위의 물질'에서 각 사물을 구성하는 물질 수업 중 모둠원이 물체를 구성하는 일부가 되어 몸으로 표현해 볼 수도 있습니다.

루브릭(평가 준거표)

활동 주제	물체의 모양을 몸으로 표현해 발표하기			
수준 / 평가 항목	**1(1점)**	**2(2점)**	**3(3점)**	**4(4점)**
사물의 특징 찾기	사물의 특징을 전혀 찾아내지 못함	사물의 특징을 한두 가지 찾아낼 수 있음	사물의 특징을 서너 가지 찾아낼 수 있음	사물의 특징을 네가지 이상 찾아낼 수 있으며 주위 환경에 따라 사물의 모양이 변하는 것을 설명할 수 있음
발표하기	참여하는 자세가 바르지 못하고 자신감이 부족함	사물의 성질은 알고 있으나 어떻게 표현해야 할지 모름	사물의 성질을 알고 있으며 모양을 몸으로 표현함	독창적인 아이디어와 상황 설정으로 사물의 모양을 동작으로 잘 표현함

척 도	점 수
A	7~8
B	5~6
C	3~4
D	2

최종 점수: ____________ 최종 척도: ____________

* 평가 척도는 학급의 상황에 따라 적절하게 조정할 수 있음

(5) 장애 체험하기

대인관계지능 영역 교수-학습 과정안

학 년	5-1(전 학년)	교 과	도덕
학습 목표	장애 체험 활동을 통해 다른 사람의 권익을 존중해야 하는 까닭을 이해할 수 있다.	단 원	더불어 사는 생활
학습 자료	손을 묶을 수 있는 끈이나 천, 안대, 학습지	시 간	40분
수업 방향	자기 자신만 알고 이기적인 행동을 하는 학생들에게 이야기나 동영상 자료 등을 활용한 수업으로 큰 효과를 기대하기는 어렵습니다. 이에 본 수업에서는 직접 장애우 체험을 해 봄으로써 장애우들의 처지를 이해하는 것은 물론, 다른 사람의 권리와 이익도 존중받아야 함을 깨달을 수 있습니다.		

교수-학습 과정

도입 '슈퍼맨 닥터 리' 이야기해 주기 (5′)

미국 존스홉킨스 병원 재활의학과 수석 전문의 이승복이라는 사람에 대해 들어 보았나요? 이승복은 장래가 촉망되는 체조 선수였어요. 그런데 연습 도중 입은 부상으로 사지가 마비된 후 불굴의 의지로 미국에서도 두 명밖에 없는 사지마비 장애인 의사 중 한 명이 되었어요. 이승복의 별명은 '슈퍼맨 닥터 리'인데, 자신의 장애를 뛰어넘어 많은 일을 하고 있어서 친구들이 붙여 준 별명이에요. 그런 이승복의 말 한마디가 선생님의 마음을 너무나도 아프게 했어요. "내가 한국에서 자랐어도 의사가 될 수 있었을까요?"

여러분은 어떻게 생각하나요? 이승복이 우리나라에서 공부했어도 '슈퍼맨 닥터 리'가 될 수 있었을까요? 우리 사회는 우리와 조금이라도 다른 사람들에 대해서는 배려가 많이 부족해요. 특히 장애우의 경우는 더욱 그러하죠. 그렇다면 여러분은 어떤가요? 친구들을 이해하고 존중해 주나요? 이번 시간을 통해 다른 사람의 권리와 이익을 존중하는 것이 얼마나 중요한지 깨달았으면 해요.

전개

1. 학습 활동 안내하기 (3′)
   - 다양한 장애우의 유형을 안내한다.

   ㉮ 장애우 유형에는 신체적 장애(외부 신체 기능 장애: 시각 · 청각 · 지체 · 언어 · 안면 장애 등, 내부기관 장애: 심장 · 신장 · 간 · 호흡기 · 장 장애 등), 정신적 장애(정신지체, 정신 · 발달 장애 등) 등이 있어요. 그중에서 이번 시간에 우리가 함께 경험해 볼 장애우의 모습은 시각장애, 언어장애, 지체장애 등이에요.

• 주의 사항을 안내한다.

예 친구와 의논해서 장애의 유형을 선택해 주세요. 자기가 경험하고 싶은 장애우의 모습을 직접 선택하되 지체장애의 경우는 짝과 함께 손목을 묶어 경험하도록 합니다. 또 시각장애와 언어장애는 짝이 서로 다른 장애 유형을 선택해야겠죠? 모두 시각장애를 선택하면 서로 도움을 줄 수 없으니까 활동이 어려워질 거예요. 또 다른 친구들의 활동을 방해하는 일이 있어서는 안 돼요. 모두 진지하게 참여해 주세요. 준비되었나요?

2. 학습 활동하기 (25′)

• 학생들 스스로 선택한 장애 유형에 따라 활동한다.

예 이제부터 여러분은 장애우가 되었어요. 자신의 모습을 항상 기억하면서 진지하게 참여해 주세요. 시각장애는 앞을 볼 수 없고 언어장애는 말을 할 수 없으며 지체장애는 손을 자유롭게 움직일 수 없습니다.

- 선생님이 불러 주는 말을 공책에 받아쓰도록 해요(문장을 몇 가지 불러 준다).
- 이번에는 선생님이 칠판에 그린 그림을 보고 공책에 그려 보세요(칠판에 간단한 그림을 제시한다).

• 각자 활동한 내용을 바탕으로 학습지에 정리한다.

예 이제 장애우 체험 시간은 끝나고 여러분은 예전의 몸으로 돌아왔어요. 선생님이 나누어 준 학습지에 활동하면서 느끼거나 생각한 내용을 적어 보세요.

3. 의견 발표하기 (2′)

• 정리한 학습지를 바탕으로 자신의 의견을 자유롭게 발표한다.

예 여러분이 장애우 체험을 하고 느낀 점을 자유롭게 발표해 보도록 해요.

정리 오늘 우리는 아주 특별한 체험을 했어요. 평소에는 알지 못했던 장애우들의 마음을 이해할 수 있었지요. 또 장애 체험을 하는 가운데 나 자신만의 생각을 내세우면 친구뿐만 아니라 나 자신도 얼마나 불편해지는지 알았어요. 이제 우리 모두 자신뿐만 아니라 다른 사람의 생각도 존중해 주도록 해요. 내 권리와 이익만큼 다른 사람의 권리와 이익도 중요하답니다. (5′)

유의점	이 수업은 도덕과 수업으로 설정되었다. 하지만 굳이 교과 수업시간에 국한시키지 말고 점심시간에 적용해도 좋다. 또 하루를 온전히 장애 체험의 날로 지정하여 활동함으로써 보다 깊이 장애우들의 마음을 이해할 수 있고, 다른 사람을 배려하고 존중해 주는 마음이 얼마나 중요한지 깨닫는 시간이 될 것이다.

루브릭(평가 준거표)				
활동 주제	장애 체험을 통해 다른 사람의 권익을 존중해야 하는 이유를 이해하기			
평가 항목 \ 수준	1(1점)	2(2점)	3(3점)	4(4점)
활동 참여도 (장애 체험, 짝꿍 도와주기)	장애 체험에 참여하지 않고 짝꿍도 전혀 도와주지 않음	장애 체험에만 집중하거나 짝꿍만 도와줌	장애 체험 참여도와 짝꿍을 도와주는 태도가 보통임	장애 체험에 성실하게 참여하고 짝꿍을 잘 도와줌
반성 (학습지 작성, 의견 발표)	장애 체험 학습지를 작성하지 않고 발표도 하지 않음	장애 체험 학습지만 작성하거나 학습지는 작성하지 않고 발표만 함	장애 체험 학습지를 작성하고 발표하는 자세가 보통임	장애 체험 학습지를 열심히 작성하고 자신의 생각을 잘 발표함

척 도	점 수
A	7~8
B	5~6
C	3~4
D	2

최종 점수: ____________ 최종 척도: ____________

* 평가 척도는 학급의 상황에 따라 적절하게 조정할 수 있음

도덕과- 대인관계지능 학습지

장애 체험을 하고 나서……

이름: ________

☆ 장애 유형	
☆ 힘들었던 점	
☆ 짝꿍에게 고마운 점	
☆ 짝꿍에게 미안한 점	
☆ 이번 활동에 대한 나의 점수와 그 이유는?	• 내가 주는 나의 점수는 ( )점입니다. • 그 이유는:
☆ 이번 활동에 대한 짝꿍의 점수와 그 이유는?	• 내가 주는 내 짝꿍의 점수는 ( )점입니다. • 그 이유는:
☆ 느낀 점	

(6) 구체물로 어림하기

자연친화 · 대인관계지능 영역 교수-학습 과정안

학 년	5-1	교 과	수학
학습 목표	평면도형의 둘레와 넓이를 구하는 방법을 이용하여 여러 가지 평면도형을 그릴 수 있다.	단 원	6. 평면도형의 둘레와 넓이
학습 자료	자, 줄자, 삼각자, 연습장, 필기구	시 간	80분
수업 방향	수업을 정리하는 차시로 교과서라는 한정된 공간을 벗어나 운동장과 주변 환경에서 평면도형을 생각하고 넓이와 둘레를 구하는 방법을 적용해 보는 수업입니다.		

교수-학습 과정

도입 우리는 여러 차시의 수업을 통해 평면도형의 둘레와 넓이를 구하는 방법을 배웠습니다. 이번 시간은 단원을 정리하는 차시로 선생님이 새 공책을 주도록 하겠습니다. 선생님이 공책을 창밖에 내놓았습니다. 한번 창밖으로 가서 보세요. (학생들이 창밖의 운동장을 본다.) 자, 저기 보이는 운동장이 여러분이 이번 수업에 사용할 공책입니다. 이번 수업은 모둠별로 활동하겠습니다. 자, 줄자, 삼각자, 연습장, 필기구를 들고 운동장으로 나가도록 합시다. (5′)

전개

1. '운동장은 거대한 수학공책' 활동하기 (40′)
   - 거대한 수학공책인 운동장에 모둠별로 다음 조건의 도형을 그려 본다.
     - 1, 9모둠: 둘레가 100cm인 직사각형 그리기
     - 2, 8모둠: 둘레가 200cm인 직사각형 그리기
     - 3, 7모둠: 둘레가 300cm인 직사각형 그리기
     - 4, 6모둠: 둘레가 400cm인 직사각형 그리기
     - 5모둠: 둘레가 500cm인 직사각형 그리기
   - 모둠원 한 명이 모둠의 도형을 지킨다. 나머지 모둠원들은 다른 모둠의 도형의 가로세로 길이를 모둠 지킴이에게 물어 넓이를 구한다. 모둠 지킴이 역할은 돌아가면서 한다.

2. '누가 누가 더 가깝나?' 활동하기 (30′)
   - 학교 운동장에서 둘레가 50cm에 가장 가까운 물건 찾기
   - 학교 운동장에서 둘레가 200cm에 가장 가까운 물건 찾기

- 학교 운동장에서 넓이가 $4m^2$에 가까운 직사각형 찾기
- 학교 운동장에서 넓이가 $1m^2$에 가까운 정사각형 찾기
- 학교 운동장의 놀이기구를 관찰하고 가장 많이 보이는 도형 찾기

정리 여러분은 100m가 어느 정도 길이인지 알고 있나요? 선생님은 알고 있습니다. 선생님이 어렸을 적에 다녔던 초등학교는 운동장이 굉장히 작았습니다. 그래서 100m 달리기를 할 때면 항상 교문 밖으로 나가서 담벼락 옆의 길로 달리곤 했답니다. 선생님은 '100m 길이' 하면 그 길의 전체 길이가 생각납니다. 여러분은 '$1m^2$' 하면 무엇이 떠오르나요? 둘레가 50cm면 대략 어느 정도가 되는지 떠오르나요? 오늘 여러분은 길이와 넓이에 대한 어림을 배운 것입니다. 오늘 보았던 물건들이 기준이 되어 더욱 긴 길이와 넓은 면적에 대한 감각이 생겨났기를 바랍니다. (5′)

루브릭(평가 준거표)			
활동 주제	평면도형의 둘레와 넓이 구하기		
수준 / 평가 항목	**1(1점)**	**2(2점)**	**3(3점)**
평면도형의 둘레 구하기	평면도형의 둘레 계산 시 어려움을 느낌	평면도형의 둘레를 계산하거나 특정한 둘레를 가진 물건을 찾아냄	평면도형의 둘레를 정확하게 계산하고 특정한 둘레를 가진 물건을 잘 찾아냄
평면도형의 넓이 구하기	평면도형의 넓이 계산 시 어려움을 느낌	평면도형의 넓이를 계산하거나 특정한 넓이를 가진 물건을 찾아냄	평면도형의 넓이를 정확하게 계산하고 특정한 넓이를 가진 물건을 잘 찾아냄
활동 참여도	모둠원과 협동하지 못함	모둠원과 협동하는 모습이 보임	모둠원과 협동하여 과제를 끝까지 책임감 있게 수행함

척 도	점 수
A	7~9
B	5~6
C	4
D	3

최종 점수: ____________ 최종 척도: ____________

* 평가 척도는 학급의 상황에 따라 적절하게 조정할 수 있음

수학과- 자연친화지능 학습지

평면도형의 둘레와 넓이

모둠: __________

이름: __________

1. '운동장은 거대한 공책' 활동

거대한 수학공책인 운동장에 모둠별로 다음 조건의 도형을 그립니다. 모두 그린 후 모둠원 한 명이 모둠의 도형을 지킵니다. 나머지 모둠원들은 다른 모둠의 도형의 가로세로 길이를 모둠 지킴이에게 물어 넓이를 구합니다. 모둠 지킴이 역할은 돌아가면서 합니다.

* 1, 9모둠: 둘레가 100cm인 직사각형 그리기
* 2, 8모둠: 둘레가 200cm인 직사각형 그리기
* 3, 7모둠: 둘레가 300cm인 직사각형 그리기
* 4, 6모둠: 둘레가 400cm인 직사각형 그리기
* 5모둠: 둘레가 500cm인 직사각형 그리기

	평면도형의 둘레(cm)	평면도형의 가로 길이(cm)	평면도형의 세로 길이(cm)	평면도형의 넓이(cm^2)
1모둠				
2모둠				
3모둠				
4모둠				
5모둠				
6모둠				
7모둠				
8모둠				
9모둠				

2. '누가 누가 더 가깝나?' 활동

① 학교 운동장에서 둘레가 50cm에 가장 가까운 물건을 찾아 이름을 쓰세요.

② 학교 운동장에서 둘레가 200cm에 가장 가까운 물건을 찾아 이름을 쓰세요.

③ 학교 운동장에서 넓이가 $4m^2$에 가까운 직사각형을 찾아 이름을 쓰세요.

④ 학교 운동장에서 넓이가 $1m^2$에 가까운 정사각형을 찾아 이름을 쓰세요.

⑤ 학교 운동장의 놀이기구를 관찰해 보세요. 가장 많이 보이는 도형은 무엇입니까?

(7) 자기평가하기

자기이해지능 영역 교수-학습 과정안

학 년	6(4~6학년)	교 과	재량		
학습 목표	한 학기 동안 자신의 생활을 평가하고 반성하며 스스로 통지표를 작성할 수 있다.		단 원	학기 말 · 학년 말	
학습 자료	학습지		시 간	60분	
수업 방향	교사 주도의 학습을 강조하다 보면 학생들은 자칫 자신이 무엇을 배우는지도 모른 채 학습을 무비판적으로 수용하기 쉽다. 그러므로 교사의 기준에 따라 평가하는 것을 넘어서 학생이 평가에 참여한다면 학습의 주체로서 자신을 인식할 수 있게 된다. 학습에서 자신이 도달하고자 하는 목표를 세우고 관련되는 하위 범주와 평가 항목을 스스로 만들고 평가하는 것은 다른 학생과의 비교로 자신의 순위를 매기고자 하는 평가의 역기능을 극복할 수 있다. 또한 이 시간을 통해 자신의 학습에 대해 반성하고, 스스로 자기 발전을 위한 계획을 세울 수 있게 된다.				

교수-학습 과정

도입 동기 유발하기 1′

㉠ 우리가 함께 보낸 시간도 어느덧 5개월이 지났습니다. 많은 일들이 있었고 그 중에는 우리의 마음과 머리를 살찌우는 일도 있었지만 그렇지 않은 일도 있었지요. 그러한 여러분의 생활을 점검해서 잘한 부분은 칭찬해 주고 부족한 부분은 더 발전할 수 있도록 도와주는 것이 통지표입니다. 선생님은 얼마 전 여러분의 통지표를 작성하면서 여러분이 선생님이라면 자신의 통지표를 어떻게 쓸까 궁금해졌어요.

전개

1. 활동 소개하기 2′

㉠ 여러분이 선생님에게 써 주었던 '사랑의 통지표' 처럼 한 학기 동안 여러분의 학교생활에 대해서 마치 자신이 선생님이 된 것처럼 스스로 통지표를 써 볼까 해요. 선생님에게 받던 통지표가 아니라 내가 중요하게 생각하고 목표로 정했던 것을 달성하려고 얼마나 열심히 노력했는지 되돌아보고 앞으로 더 잘하려면 어떻게 해야 할지 알아보는 기회라고 생각해 봐요.

2. 활동 안내: 평가 항목 만들기 (10′)

- 교사 평가 설문지 '선생님께 드리는 사랑의 통지표'를 써 보고 자기평가에 어떤 것이 필요한지 확인한다.
- 일 년 동안 자신이 목표한 바가 무엇인지 확인한다.
- 학교생활의 큰 영역을 나눈다.
- 자신이 생각하는 학교생활의 세부 평가 항목으로 무엇이 있을지 확인한다.
- 자신의 평가 항목을 발표하여 공유한다. (10′)
- 친구들의 발표를 듣고 자신의 평가 항목을 수정한다.

수준 1	수준 2	수준 3
평가 항목 및 구성을 창의적으로 변형한다.	예시로 평가 항목의 일부를 제시한다.	평가 항목을 미리 준비하여 제시한다.

3. 활동 안내: 평가하기 (25′)

- 평가 항목별 체크리스트에 5단계 평가하기, 구술 평가하기, 종합 평가하기
- 친구 평가란에 친구의 평가받기

4. 발표 및 공유하기 (10′)

㉮ 자신의 통지표를 바탕으로 자신이 한 학기 동안 열심히 한 점과 부족했던 점을 발표해 볼까요? 종합 의견을 중심으로 이야기하면 좋을 것 같네요.

정리 활동의 의의 찾기 (2′)

㉮ 성공하는 사람들의 공통점은 자기 자신을 되돌아보고 자신이 뛰어난 부분이 무엇인지 알고 그것을 더욱 계발하려는 자세와 부족한 부분이 무엇인지 알고 그것을 채우려는 자세를 갖추었다는 것이죠. 우리에게도 진지하게 자기 자신에 대해서 고민할 수 있는 자세가 필요합니다.

유의점	• 시간과 학생의 수준을 고려하여 평가 분량을 조절하고, 특히 교사가 평소 강조하고자 했던 부분만 추출하여 평가하는 등 평가 항목의 큰 범주는 학급 경영 방침에 따라 교사가 탄력적으로 조정할 수 있다. • 교사가 세부 평가 항목을 일부 제시하여 학생이 평가 분량에 대해 부담을 느끼지 않도록 한다. • 통지표 양식은 자유롭게 조정할 수 있다.
응용하기	• 각종 활동을 마친 후 '스스로 통지표' 양식을 단순화하여 활동에 대한 자기평가로 활용할 수 있다. ㉮ ○○ 만들기를 한 후 평가하기, ○○에 대해 글을 쓰고 평가하기 • 책에 등장하는 인물을 '스스로 통지표' 형식으로 평가하기 ㉮ 안도현의 『연어』에 나오는 연어의 자기 통지표

루브릭(평가 준거표)				
활동 주제	'내가 작성한 통지표'를 통한 자기평가 및 상호 평가			
수준 / 평가 항목	1(1점)	2(2점)	3(3점)	4(4점)
학교생활의 영역 구분하기	학교생활의 영역을 구분하지 못함	도움을 받아 학교생활의 영역을 구분함	학교생활의 영역을 분명히 구분함	나를 중심으로 학교생활의 영역을 탄력적으로 편성함
자신의 목표에 적합한 평가 항목 만들기	목표를 전혀 고려하지 않고 무작정 평가 항목을 만듦	일반적인 목표 달성과 관련된 평가 항목을 만듦	자신의 목표 달성과 관련된 평가 항목을 만듦	자신의 목표 달성에 필수적인 평가 항목을 만듦
자신에 대해 고민하고 반성하기	성의 없이 답함	특징적인 사건 몇 가지에 대해서만 반성함	자신에 대해 깊이 반성함	자신에 대해 깊이 반성하고 개선 방안을 궁리함
동료 평가에 성실하게 참여하기	건성으로 답함	특징적인 사건 몇 가지에 대해서만 평가함	동료에 대해 구체적으로 정확하게 평가함	동료 평가와 더불어 개선 방법을 제시함

척 도	점 수
A	13~16
B	9~12
C	5~8
D	4

최종 점수: ____________ 최종 척도: ____________

* 평가 척도는 학급의 상황에 따라 적절하게 조정할 수 있음

재량과- 자기이해지능 학습지

내가 작성하는 통지표

_____ 학년 _____ 학기 이름_______

1. 학습 영역

평가 항목		매우 잘함	잘함	보통	부족	매우 부족	도움말
과제 · 준비물							
교과 학습							
프로젝트							
독서							
친구 의견							
종합 의견							

2. 생활 영역

평가 항목		매우 잘함	잘함	보통	부족	매우 부족	도움말
성실성							
적극성							
준법성 (학급 규칙)							
대인관계							
양보							
친구 의견							
종합 의견							

※ 나는 ____년 ____학기를 성실하게 마치고 스스로 평가할 수 있는 뛰어난 능력을 가진 어린이입니다.

사 인 ____________

5. 프로젝트

프로젝트 학습의 사례로 유치원의 유아들을 대상으로 한 '직업 프로젝트'와 초등학교 2학년의 '진로 탐색 프로젝트', 4학년의 '개별 관심 주제 프로젝트' 그리고 6학년의 '세계 문화 홍보 프로젝트'에 대해 소개하고자 한다.

유치원 직업 프로젝트

1) 프로젝트의 선정 이유

하원하는 길에 유아들이 식품영양관을 지나가면서 음식 냄새를 맡으며 "도대체 여기는 뭐하는 곳이에요?"라며 궁금증해하곤 하였다. 교사는 식품영양관 견학을 계획하고 유아들에게 그곳에는 어떤 사람들이 있을지, 어떤 물건들이 있을지 상상해 보도록 하였다. 견학 후 유아들은 식품영양관이 조리사, 영양사뿐만 아니라 조교, 교수, 푸드코디네이터 등 다양한 직업을 갖기 위해 학생들이 공부하는 곳이라는 것을 알게 되었으며, '직업'에 대한 관심이 높아졌다.

인간은 평생 어떤 형태로든 직업과 관련된 삶을 살아가기 때문에 자신이 좋아하는 일, 잘할 수 있는 일을 직업으로 가질 때 행복한 삶을 누릴 수 있을 것이다. 이처럼 직업에 대한 가치관을 확립하는 데 중요한 시기인 유아기에 아직까지 팽배해 있는 성별 직업의 종류에 따른 편견을 바로잡고 여러 가지 직업에 대해 탐색해 봄으로써 자신이 원하고 좋아하는 일을 향해 미래의 꿈을 키워 나갈 수 있도록 하기 위해 프로젝트를 시작하였다.

2) 프로젝트의 목표

- 우리 주변에 다양한 직업이 있음을 알고, 직업에 따라 역할이 다르다는 것을

안다.

- 다양한 직업에 관심을 갖고 각 역할의 필요성과 중요성을 깨달으며 감사하는 마음을 갖는다.
- 내가 희망하는 직업에 대해 탐색한 것을 표현하고, 미래에 대한 계획을 세운다.

3) 프로젝트 조직망

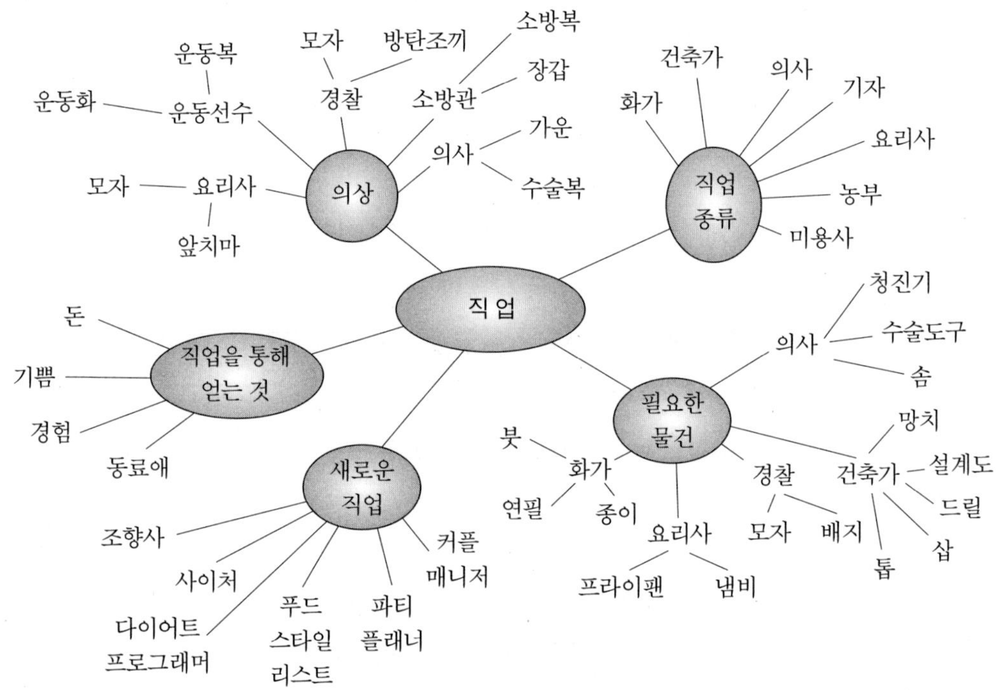

[그림 3-7] 교사의 직업 프로젝트 조직망

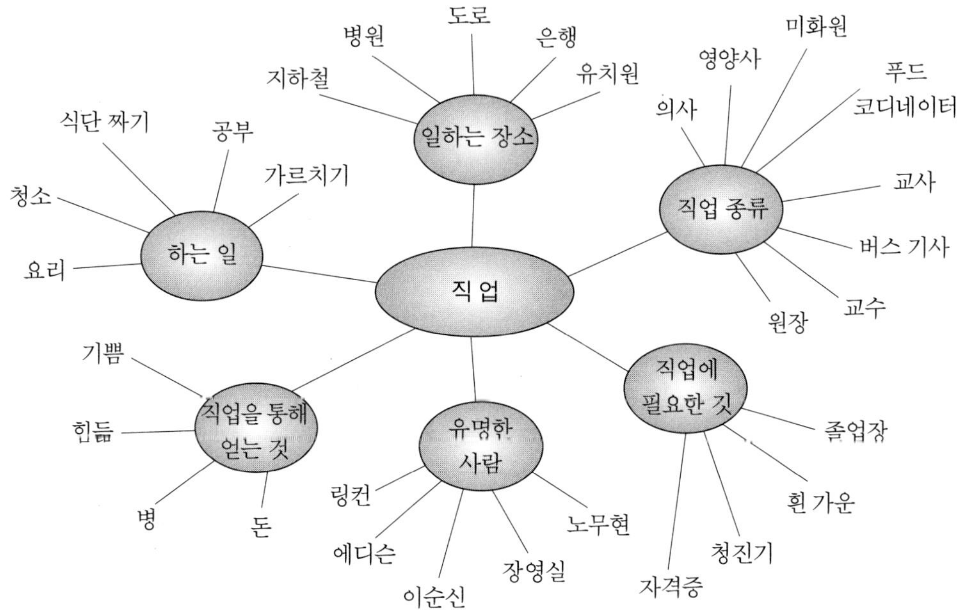

[그림 3-8] 유아의 직업 프로젝트 조직망

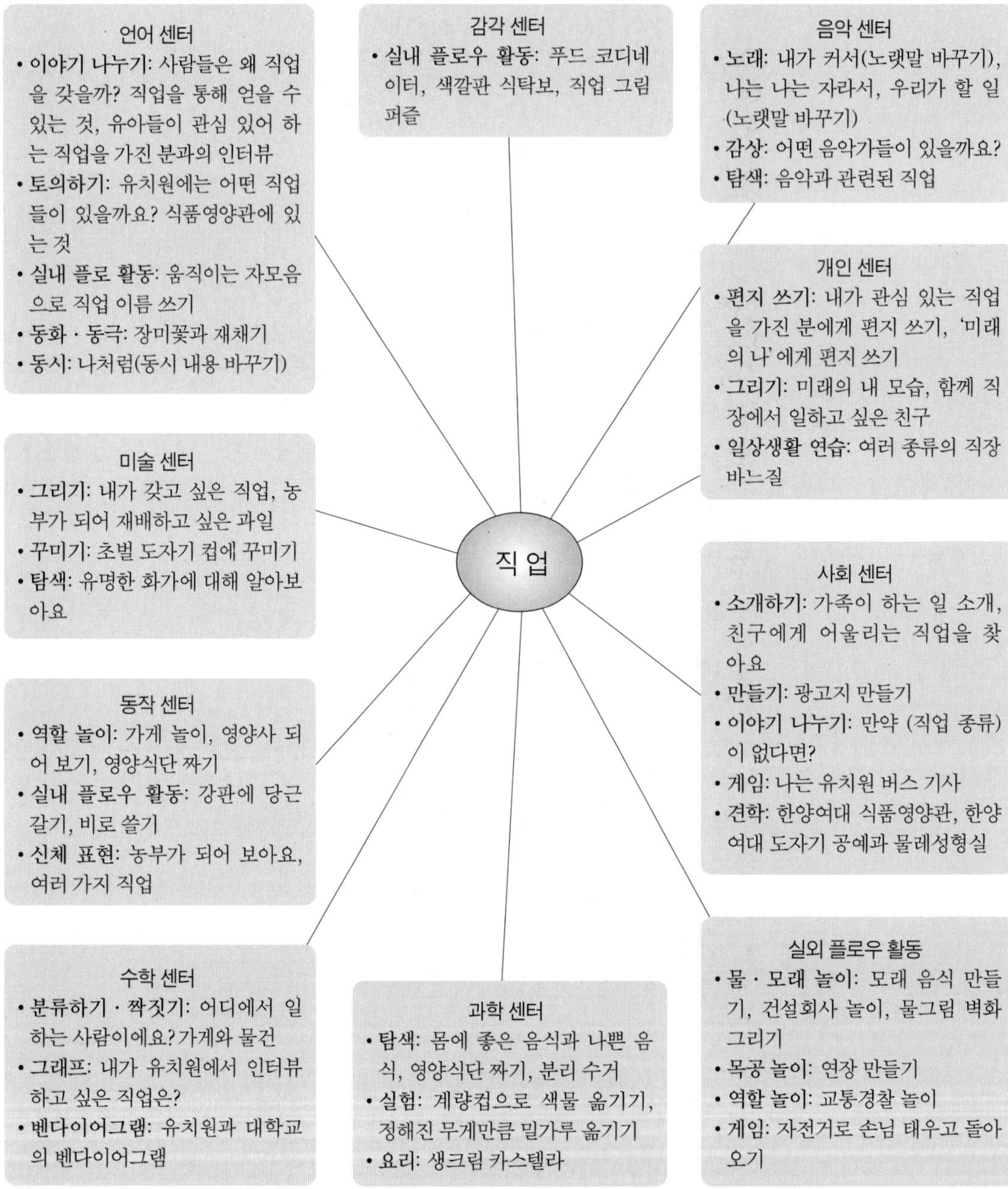

[그림 3-9] 직업 프로젝트의 센터별 활동

4) 프로젝트 실행과정

(1) 1단계: 계획 및 시작

유아들은 '직업'이라는 단어를 듣고 영양사, 교사, 버스 기사, 대통령, 장영실, 링컨, 이순신, 돈, 기쁨, 공부, 청소, 요리, 은행, 병원, 유치원, 자격증 등을 떠올렸다. 이러한 생각들은 직업의 종류, 직업에 필요한 것, 유명한 사람, 직업을 통해 얻는 것, 하는 일, 일하는 장소로 유목화할 수 있었고, 이처럼 생각 모으기를 통하여 유아들이 여러 직업에 대해 관심을 갖고 있음을 알게 되었다.

(2) 2단계: 탐색 및 표상 활동

유아들은 '유치원에서 인터뷰하고 싶은 직업'에 대한 그래프 활동을 하게 되었고, 원장, 영양사, 버스 기사, 미화원에 대해 질문 목록을 작성하여 궁금한 것을 토의해 보았다. 또한 식단 짜기, 식탁 꾸미기, 비로 쓸기, 버스 기사가 되어 집에 데려다 주기 게임, 교수 되어 보기 등의 활동을 하였으며, 활동 후 어떤 느낌이 들었는지, 어떤 점이 힘들 것 같은지, 어떤 점이 좋을 것 같은지에 대해서도 생각해 보는 시간을 가졌다. 유아들은 유치원에 소속된 분들의 직업을 탐색하면서 직업이라는 것이 중요하다는 사실을 알게 되었다. 또한 각자 부모님의 직업에 대해서도 탐색하고 서로 소개하는 시간을 가짐으로써 새로운 직업에 대해서도 알 수 있다. '내가 커서' 노랫말 바꾸기 등의 활동을 통해, 남성이 하는 일과 여성이 하는 일이 고정되어 있는 것이 아니라는 것을 알게 되었으며, 직업에 필요한 물건, 직업을 갖기 위해 필요한 것에 대해서도 관심을 갖고 탐색하였다.

(3) 3단계: 마무리

유아들은 자신들이 탐색한 직업을 제목으로 하여 동시를 지어 보기도 했으며 프로젝트가 마무리되면서 '내가 커서 갖고 싶은 직업'이 무엇인지 더욱 깊이 생각해 보았고, '친구에게 어울리는 직업 찾기', '직장에서 함께 일하고 싶은 친구는?' 등의 활동을 통해 각각의 직업에 꼭 필요한 것이 무엇인지 알아보았다.

마무리 활동으로 자신이 하고 싶은 일을 하기 위해 앞으로 할 수 있는 일들을 탐색하고, 그 직업 분야에서 유명한 사람을 찾아본 후 토의한 것을 발표해 보았으며, '미래의 나의 모습 그리기', '미래의 나에게 편지 쓰기' 활동을 통해 자신의 미래 모습을 상상하여 소개하는 시간을 가졌다.

5) 프로젝트 활동의 예

언어 센터

활동 1: 유치원에는 어떤 직업들이 있을까요?

- 목표: 유치원 안에 다양한 직업이 있음을 안다.
- 자료: 화이트보드, 보드마카, 모둠 조사지, 연필, 지우개
- 방법: ① 수수께끼를 내어 유치원에서 어떤 일을 하는 사람인지 유아가 맞추어 보도록 한다.
  ② 모둠별로 4~5명이 되도록 앉는다.
  ③ 모둠별로 유치원에 어떤 직업들이 있는지 토의한 후 조사지에 기록한다.

④ 토의 활동이 끝나면 모둠별로 기록한 것을 발표한다.

활동 2: 사람들은 왜 직업을 갖을까요?

- 목표: 직업이 무엇인지, 왜 필요한지 안다.
- 자료: A4용지, 색연필, 사인펜
- 방법: ① 교사는 가정에서 자신의 역할(막내딸, 동생), 교회에서의 역할(성가대), 유치원에서의 역할(선생님)을 이야기하면서 이 중에서 어떤 것이 직업인지 유아에게 물어본다.
  ② 유아의 대답을 듣고 왜 그렇게 생각하는지, 그렇다면 직업은 왜 필요한지 이야기를 나눈다.
  ③ 유아는 각자 생각한 것을 그림이나 글로 A4용지에 표현한다.
  ④ 유아들이 각각의 생각을 표현한 A4용지를 모아 '직업이 필요한 이유' 책을 만든다.

활동 3: 동시 '나처럼' 내용 바꾸기

- 목표: 직업과 관련된 소품을 연결시켜 동시 내용을 구성한다.
- 자료: '나처럼' 동시판, 빈 종이, 네임펜, 스카치테이프
- 방법: ① 사전 활동으로 동시 '나처럼'을 읊는다.
  ② 동시 내용 중 미화원, 경찰, 의사 등의 직업에 필요한 물건들이 무엇이 있는지 이야기한다.
  ③ 유아들이 이야기한 물건들을 빈 종이에 적어 동시 내용을 바꾸어 본다.
  ④ 바꾼 내용으로 동시를 읊고, 도구에 어울리는 동작도 함께 표현한다.

동시

나처럼

미화원 아저씨는 비를 들고, 나처럼
경찰 아저씨는 호루라기를 불고, 나처럼
의사 아저씨는 청진기를 들고, 나처럼
그리고 모두들 언제나 즐겁다, 나처럼

✲ 활동 4: 유치원에서 유아들이 관심 있어 하는 직업을 가진 사람과의 인터뷰

- 목표: 궁금한 것을 미리 적어 문장력을 기르고 어른에게 존대어를 사용하여 대화할 수 있다.
- 자료: 유아들이 작성한 질문 목록
- 방법: ① 사전 활동으로 유아들은 유치원 직원들 중에서 관심 있는 직업을 가진 사람에게 질문할 내용을 글로 기록한다.
  ② 유아들이 인터뷰하고자 하는 유치원 직원을 교실로 초대한다.
  ③ 인터뷰를 하기로 하고, 한 사람씩 손을 들어 궁금한 것을 질문한다.
  ④ 하나의 질문에 대한 답변을 들은 후 다른 유아가 질문을 한다.

활동 5: 식품영양관에 있는 것

- 목표: 견학을 가기 전에 모둠별로 식품영양관에 어떤 것들이 있을지 이야기를 나눈다.
- 자료: 화이트보드, 보드마카, 기록지(A4용지)
- 방법: ① 식품영양관에서 어떤 것들을 볼 수 있을지 함께 이야기하면서 화이트보드에 적는다.
  ② 유아들이 생각을 자유롭게 표현할 때, 4모둠 정도로 나누어 모둠별로 생각을 모아 기록지에 적도록 한다.
  ③ 모둠별로 토의가 끝나면, 모둠별로 한 사람씩 나와 토의 내용을 발표한다.
  ④ 유아들은 발표 내용을 들으면서 모둠별로 같은 생각과 다른 생각을 비교해 본다.

수학 센터

활동 1: 내가 유치원에서 인터뷰하고 싶은 직업은?

- 목표: 직업에 대한 유아들의 관심을 그래프로 표현하고 그래프의 특성을 안다.
- 자료: 반 친구들의 이름표, 4절지(색상지: 가로줄에 직업 이름이 표시되어 있고, 세로줄에는 숫자가 표시되어 있음), 스카치테이프
- 방법: ① 유아들과 유치원에는 어떤 직업을 가진 사람들이 있는지 이야기하며, 준비된 직업 이름 카드를 그래프의 맨 아래 칸에 붙인다.
  ② 유아는 한 명씩 나와서 자신이 더 자세히 탐색하고 싶고, 인터뷰해 보고 싶은 직업 이름 위에 이름표를 붙인다.
  ③ 이름표가 가장 많이 붙은 직업과 가장 적게 붙은 직업을 비교해 보고, 같은 직업에 관심을 갖는 유아들이 누구인지 확인한다.

활동 2: 가게와 물건

- 목표: 가게에 따라 파는 물건이 다름을 알고 종류에 따라 분류할 수 있다.
- 자료: 가게 이름과 간판이 붙은 삼각대 6개, 가게 물건 그림 36컷
- 방법: ① 우리 주변에는 어떤 가게들이 있는지 이야기를 나눈다.

  ② 준비된 가게의 간판을 보여 주고, 어떤 물건을 파는지 이야기를 나눈다.

  ③ 가게의 간판이 붙은 삼각대 뒤편에 가게에서 파는 물건을 붙여 본다.

✲ 활동 3: 유치원과 대학교의 벤다이어그램

- 목표: 유치원과 대학교의 같은 점과 다른 점을 한눈에 구분할 수 있도록 벤다이어그램을 구성한다.
- 자료: 유치원과 대학교의 벤다이어그램이 그려진 4절 색상지, 포스트잇, 사인펜, 화이트보드
- 방법: ① 유치원과 대학교의 같은 점과 다른 점을 이야기해 본다.
  ② 유아가 말한 내용을 포스트잇에 적어 화이트보드에 붙인다.
  ③ 벤다이어그램을 보여 주고, 같은 점과 다른 점을 각각 어디에 붙이면 좋을지 이야기를 나눈다.
  ④ 유아가 나와서 자신의 생각대로 포스트잇을 벤다이어그램에 옮겨 붙인다.

✲ 활동 4: 어디에서 일하는 사람이에요?

- 목표: 일하는 장소에 따라 일하는 사람들의 차림새가 다름을 알고, 공통점이 있는 것끼리 짝지어 분류할 수 있다.
- 자료: 병원 · 은행 · 학교 · 백화점 · 식당 · 도서관 · 우체국 등의 그림 자료, 직업을 나타낼 수 있는 사람 모형(의사, 간호사, 경비원, 청소부, 요리사, 은행원, 선생님, 점원, 식당 종업원, 집배원 등)
- 방법: ① 다양한 장소의 그림 자료 중 한 가지를 선택한다.
  ② 직업을 나타내는 사람 모형 중, 선택한 장소에서 일하는 사람 모형을 찾아서 그림 자료 앞에 놓는다.
  ③ 선택한 장소는 무엇을 하는 곳인지 말하고, 거기서 사람들은 어떤 일을 하는지 이야기를 나눈다.
  ④ 여러 장소의 그림을 동시에 놓고, 여러 가지 사람 모형 중에서 차례로 하나씩 골라 알맞은 곳에 놓아 분류한다.

감각 센터

✲ 활동 1: 푸드 코디네이터

- 목표: 행사에 따라 색상과 분위기가 잘 어우러지도록 식탁을 꾸민다.
- 자료: 함석판으로 덧댄 다양한 무늬의 식탁보 그림책, 고무자석을 덧댄 음식 사진이나 소품 그림
- 방법: ① 푸드 코디네이터가 하는 일을 이야기하고, 푸드 코디네이터가 되어 보기로 한다.
  ② 행사별로 대표 음식이 소개된 책에서 행사를 선택한 후 그에 어울리는 식탁보를 고른다.
  ③ 행사에 필요한 음식과 소품을 골라 식탁보에 구성한다.
  ④ 완성이 되면 다른 식탁보에 음식을 구성하여, 서로 비교해 본다.

활동 2: 직업 그림 퍼즐

- 목표: 여러 조각으로 분리된 다양한 모양의 직업 그림 퍼즐을 맞추면서 시각을 예민하게 한다.
- 자료: 나무 재질로 만들어진 직업 그림 퍼즐(경찰 · 소방관 · 요리사 그림 등)
- 방법: ① 직업 그림 퍼즐을 책상 위로 가지고 온다.
  ② 어떤 직업의 그림인지 확인하고, 퍼즐판에서 퍼즐 조각을 꺼내어 책상 위에 놓는다.
  ③ 퍼즐의 그림과 모서리 부분을 확인하며, 퍼즐판 안에 퍼즐을 놓는다.
  ④ 퍼즐 조각의 각 부분이 잘 연결되는지 확인하며 맞춘다.
  ⑤ 완성 후 제자리에 정리하고 다른 직업 그림 퍼즐을 맞추어 본다.

✲ 활동 3: 색깔판 식탁보

- 목표: 식탁보를 꾸미면서 식탁보에 어울리는 색깔을 탐색하고 색채 감각을 키운다.
- 자료: 색깔판 상자(빨강, 노랑, 파랑, 주황, 초록, 보라, 분홍, 갈색, 검정의 아홉 가지 색깔의 7단계 명도로 되어 있는 총 63장의 색깔판), 여러 색깔과 모양의 천
- 방법: ① 푸드 코디네이터가 하는 일에 관해 이야기를 나눈다.
  ② 여러 가지 색깔의 천 중 한 장을 선택한다.
  ③ 선택된 천에 어울리는 색깔판이 어떤 것일지 생각하고, 색깔판을 놓는다.
  ④ 색깔이 잘 나타나는지 살펴보고, 잘 어울리는 색깔을 명도대로 놓는다.
  ⑤ 완성 후 색깔판을 정리하고 다른 천을 선택하여 색깔판을 놓아 본다.

동작 센터

✲ 활동 1: 신체 표현 '농부가 되어 보아요'

- 목표: 농부가 사용하는 도구의 쓰임새를 알고 몸으로 표현한다.
- 자료: 농기구 그림 카드, 벼농사를 짓는 농부가 하는 일을 소개한 책자
- 방법: ① 사전 활동으로 농부가 하는 일, 농부가 사용하는 도구 등에 대해 이야기를 나눈다.
  ② 농기구 그림 카드를 보며 각각의 쓰임새와 사용 방법을 소개한다.
  ③ 유아들이 농기구 그림 카드를 보며 몸으로 농기구를 사용하는 모습을 표현한다.
  ④ 신체 표현 후 농부가 얼마나 힘들지, 어떤 느낌이 들었는지 이야기를 나눈다.

✲ 활동 2: 신체 표현 '여러 가지 직업'

- 목표: 신체를 이용하여 다양한 직업을 표현할 수 있다.
- 자료: 다양한 직업(교통경찰, 미용사, 의사, 화가, 선생님, 지휘자 등)의 그림
- 방법: ① 교사는 한 명의 유아에게만 직업 그림을 보여 준다.
  ② 직업 그림을 본 유아는 자신이 본 그림의 직업이 하는 일을 몸짓으로 표현한다.
  ③ 다른 유아들은 ②의 유아가 어떤 직업을 표현했는지 알아맞힌다.
  ④ 정답을 맞힌 유아가 다른 직업 그림을 보고, 그 직업을 표현하는 동작을 한다.

✲ 활동 3: 강판에 당근 갈기

- 목표: 요리 도구를 사용하여 눈과 손의 협응력을 기른다.
- 자료: 강판, 당근, 뚜껑이 있는 용기 2개, 숟가락
- 방법: ① 요리 도구 중 강판을 보여 주며 어디서 보았는지, 언제 사용하는지 이야기를 나눈다.
  ② 손을 깨끗이 씻고 당근이 들어 있는 용기에서 당근을 한 조각 꺼낸다.
  ③ 왼손으로는 강판의 손잡이를 누르고, 오른손으로는 당근 조각을 잡고 위아래로 손을 움직이며 강판에 당근을 간다.
  ④ 당근이 갈리는 것을 관찰하고, 당근이 작아질수록 가는 것이 어려워짐과 손을 베지 않도록 조심해야 함을 경험한다.
  ⑤ 당근을 다 갈면, 강판의 뚜껑을 열고 숟가락을 사용하여 갈린 당근을 빈 용기에 옮겨 담는다.
  ⑥ 강판을 물로 씻어 낸 후 제자리에 정리한다.

✲ 활동 4: 비로 쓸기

- 목표: 환경을 깨끗이 해야 한다는 것을 깨닫고, 비로 쓰는 방법을 안다.
- 자료: 비, 쓰레받기, 라인테이프
- 방법: ① 교실 바닥의 적당한 곳에 라인테이프를 작은 사각형 모양으로 붙인다.
  ② 두 손으로 비를 들어 쓰레기를 천천히 사각형 안으로 쓸어 모은다.
  ③ 왼손에는 쓰레받기, 오른손에는 비를 들고 모은 쓰레기를 쓰레받기에 담는다.
  ④ 비를 쓰레받기에 포개어 잡고 쓰레기통으로 걸어가서 쓰레기를 버린다.
  ⑤ 쓰레받기와 비를 제자리에 가져다 놓는다.

미술 센터

✲ 활동 1: 내가 희망하는 직업

- 목표: 내가 희망하는 직업을 생각하며, 재료의 특성을 살려 그림으로 그린다.
- 자료: 면봉, 표백제, 여러 가지 색도화지, 일회용 접시, 키친타월
- 방법: ① 커서 어떤 직업을 갖고 싶은지 이야기해 본다.

② 표백제가 담겨 있는 접시를 준비한 뒤 어떤 냄새가 나는지 이야기해 보고, 여러 가지 종이의 한쪽 면을 접시에 올려놓는다.
③ 여러 가지 종이들이 점점 변해 가는 것을 관찰한다.
④ 색이 없어지는 것을 이용하여 색도화지에 내가 커서 갖고 싶은 직업의 그림을 면봉으로 자유롭게 그린다.
⑤ 그림을 모두 그린 후 어떤 직업을 표현했는지 발표한다.

활동 2: 유명한 화가에 대해 알아보기

- 목표: 유명한 화가들에 대해 알아보고, 화가들의 작품을 감상하며 미적 감각을 기른다.
- 자료: 화가의 일대기와 작품을 담은 파워포인트 자료, 프로젝션 TV
- 방법: ① 화가는 어떤 사람들이 될 수 있는지 이야기해 본다.
  ② 프로젝션 TV를 통해 파워포인트를 보며, 화가의 어린 시절과 성장과정, 작품을 감상한다.
  ③ 감상 후 어떤 느낌이 드는지 각자의 생각을 이야기한다.

활동 3: 농부가 되어 재배하고 싶은 과일

- 목표: 재배하고 싶은 과일의 특징을 살려 그림을 그린다.
- 자료: 도화지, 크레파스, 사인펜, 바구니 모양의 갈색 도화지, 가위, 풀
- 방법: ① 내가 만약 농부라면 어떤 과일을 재배하고 싶은지 이야기를 나눈다.
  ② 그리고 싶은 과일이 어떻게 생겼는지 이야기하고 도화지에 그린다.
  ③ 완성된 과일 그림을 가위로 오린다.
  ④ 과일 바구니 모양의 도화지에 오려 놓은 과일을 붙이고, 교실에 전시한다.

활동 4: 초벌 컵(도자기) 꾸미기

- 목표: 도예 작가가 하는 일을 체험해 보고, 미적 감각을 기른다.
- 자료: 초벌 컵, 세라믹펜
- 방법: ① 도자기 공예실과 물레성형실에 견학을 간다.
  ② 초벌구이 작업이 된 컵에 세라믹펜으로 그림과 글씨를 새겨 컵을 꾸민다.
  ③ 완성되면 이름을 쓰고 재벌구이하기 위해 초벌 컵을 모아 둔다.
  ④ 며칠 후 유아가 꾸민 컵이 한 번 더 구워져서 어떻게 변화되었는지 감상한다.

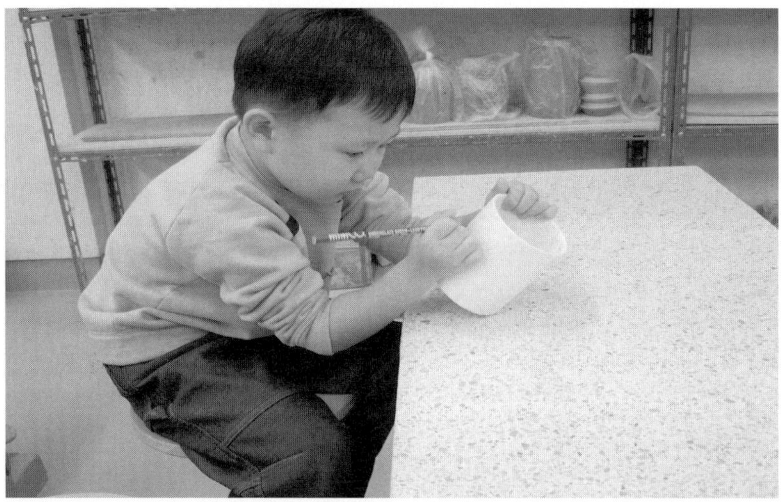

음악 센터

✲ 활동 1: '내가 커서' 노랫말 바꾸기

- 목표: 남녀가 하는 일이 고정되어 있지 않음을 알고, 리듬에 맞게 작사를 한다.

- 자료: 가사판, 키보드, A4용지, 연필, 지우개
- 방법: ① 아빠가 하는 일과 엄마가 하는 일에 대해 이야기해 본다.
  ② 노래 가사 중 '아빠처럼 넥타이 매고 있을까, 엄마처럼 행주치마 입고 있을까?' 부분에 유아들이 부모님의 진짜 직업을 넣어 가사를 바꾸어 본다.
  ③ 바꾼 가사대로 불러 보고 마지막 두 소절의 가사도 함께 바꾸어 본다.
  ④ 각자 부모님의 직업에 맞게 바꾼 가사를 종이에 적는다.

동시

내가 커서

김성균

내가 커서 어른 되면 어떻게 될까
아빠처럼 넥타이 매고 있을까
엄마처럼 행주치마 입고 있을까
랄랄라 다 같이 흉내 내 보자
나는 엄마 나도 엄마
여보 다녀오세요 호호
나는 아빠 나도 아빠
여보 여보 다녀왔소

활동 2: 어떤 음악가들이 있을까요

- 목표: 음악과 관련된 다양한 직업이 있음을 안다.
- 자료: 다양한 음악이 수록된 CD(김덕수-사물놀이, 이루마-피아노 연주, 슈베르트-숭어, 유진박-바이올린 연주, 케니 지-색소폰 연주, 조수미-푸치니의 나비부인, 이생강-대금 연주 등), CD 플레이어, 음악가에 대한 책
- 방법: ① 음악적 재능이 뛰어나고 음악을 좋아하는 사람은 어떤 직업을 갖고

있을지 이야기해 본다.

② 준비한 음악을 들려주고 어떤 느낌이 드는지 이야기를 나눈다.

③ 음악을 들려준 후 곡명과 음악가 그리고 연주에 사용된 악기에 대해 소개한다.

④ 한꺼번에 모든 음악을 감상하기보다는 하루에 한 명의 음악가를 소개하고, 실내 플로 활동 시간에 감상하도록 한다.

⑤ 감상 후 감상 기록지에 어떤 느낌이 들었는지 기록한다.

✲ 활동 3: 음악과 관련된 직업

- 목표: 유명한 음악가에 대해 알고, 음악과 관련된 직업을 안다.
- 자료: 13명의 음악가 사진, 13명의 음악가의 이름과 직업 이름 카드, 오류 정정 카드(음악가 사진과 음악가 이름 및 직업 이름이 함께 있는 카드), 깔개
- 방법: ① 사전 활동으로 다양한 음악가의 작품을 감상한다.

② 유아에게 다양한 음악가의 사진과 음악가의 이름 및 직업 이름 카드를 소개한다.

③ 깔개를 펴고 음악가의 사진 밑에 음악가의 이름 및 직업 이름 카드를

배열한다.

④ 오류 정정 카드로 확인한다.

⑤ 처음에는 5~7명의 음악가를 소개하고 유아가 활동에 익숙해지면 나머지 음악가를 소개한다.

✲ 활동 4: '우리가 할 일' 노랫말 바꾸기

- 목표: 각자의 미래를 위해 유치원생으로서 할 일을 생각하며 노래를 부른다.
- 자료: 노래 가사판, 키보드, A4용지
- 방법: ① 사전 활동으로 '우리가 할 일' 노래를 불러 본다.

  ② 노래 가사 중 '우리가 할 일이 뭔지 알아요, 동네 어른 만나면 인사 잘하고' 부분의 가사를 바꾸어 보기로 한다.

  ③ 유치원생으로서 가사가 할 수 있는 일이 무엇인지 이야기를 나눈다.

  ④ 유아가 생각한 것을 이야기하고, 그 내용을 색시에 적은 후 가사판에 붙인다.

  ⑤ 바꾼 가사로 노래를 부른다.

  ⑥ 가사 생각한 내용을 그림으로 그린다.

사회 센터

✲ 활동 1: 가족의 직업 소개하기

- 목표: 가족의 직업을 소개하며 우리 주변에 다양한 직업이 있음을 안다.
- 자료: 부모님의 직업을 소개한 책
- 방법: ① 가정 혹은 유치원에서 제작한 가족의 직업 소개 책을 가지고 소그룹으로 모여 앉는다.
  ② 유아 한 명이 앞으로 나와 가족의 직업 소개 책을 소개한다.
  ③ 나머지 유아들은 ②의 유아가 소개한 직업에 대해 궁금한 것을 질문한다.

✲ 활동 2: 친구에게 어울리는 직업 찾기

- 목표: 친구의 특성을 알고 어울리는 직업을 찾아 준다.
- 자료: 반 친구들의 얼굴 사진, 풀, 가위, 도화지, 색연필, 사인펜
- 방법: ① 내가 좋아하는 친구의 사진을 골라 도화지에 붙인다.
  ② 친구에게 어울리는 직업을 생각하고, 친구 사진 밑에 직업에 어울리는 옷과 소품을 그린다.
  ③ 완성 후 왜 친구에게 그런 직업이 어울린다고 생각했는지 사진 밑에 적는다.

✲ 활동 3: 만약 (직업 종류)이 없다면?

- 목표: 직업의 필요성을 인식하고, 모든 직업이 중요함을 안다.
- 자료: 다양한 직업의 그림(교통경찰, 미용사, 의사, 화가, 선생님, 지휘자, 환경미화원 등)
- 방법: ① 교사는 한 명의 유아에게만 직업 그림을 보여 준다.
  ② 직업 그림을 본 유아는 "만약 이 직업이 없다면 ○○할 거야." 라고 수수께끼를 낸다.
  ③ 다른 유아들은 그 이야기를 듣고 어떤 직업인지 생각한다.

④ 정답을 맞힌 유아가 나와서 다른 직업 그림을 보고, "만약 이 직업이 없다면 ○○할 거야."라고 다시 수수께끼를 낸다.

✲ 활동 4: 나는 유치원 버스 기사

- 목표: 버스 기사가 하는 일을 게임을 통해 경험하며, 기사가 하는 일에 관심을 갖는다.
- 자료: 동네 지도 게임판, 유치원 버스 기사 사진이 붙은 게임말 2개, 모형 버스 2개, 유아 사진이 붙은 삼각대 20개
- 방법: ① 유치원 버스 기사가 되어 유아를 집에 데려다 주는 게임을 하기로 한다.
  ② 유아 2명은 말을 선택하고, 모형 버스를 하나씩 나누어 갖는다(각각의 버스 안에는 유아 사진이 붙은 삼각대가 10개씩 들어 있다).
  ③ 주사위를 던져 나온 숫자만큼 말을 옮기고, 게임판에서 지시하는 대로 유아 사진을 버스에서 꺼내 내려놓는다(예 한양조등학교 앞 - 유아 2명을 내려 주세요).
  ④ 버스에서 모든 유아 사진을 먼저 꺼내어 놓는 유아가 게임에서 이긴다.

✲ 활동 5: 광고지 만들기

- 목표: 물건이 잘 팔리게 하려면 어떤 방법을 사용해야 할지 생각하고 표현한다.
- 자료: 가게 간판이 그려진 그림, 광고를 그릴 도화지, 색연필, 사인펜, 풀, 가위, 색종이
- 방법: ① 유아는 자신이 주인이 되고 싶은 가게 그림을 선택한다.
  ② 어떤 글과 그림으로 가게를 홍보할지 생각한다.
  ③ 도화지에 가게 이름을 적고, 간판 그림과 글로 광고지를 만든다.
  ④ 완성된 광고지를 역할 놀이에 사용한다.

개인 센터

✲ 활동 1: 내가 관심 있어 하는 직업을 가진 사람에게 편지 쓰기

- 목표: 궁금한 것, 감사한 것을 위주로 편지를 쓴다.
- 자료: 편지지, 편지봉투, 연필, 지우개
- 방법: ① 나는 어떤 직업을 갖고 싶은지 이야기를 나눈다.
  ② 그 직업을 가진 사람 중에 대표적인 사람이 누가 있을지 생각한다.
  ③ 편지지에 그 직업에 대해 궁금한 것, 감사한 것 등을 적는다.

✲ 활동 2: '미래의 나'에게 편지 쓰기

- 목표: 나의 장래희망과 관련하여 자신의 모습을 상상하고 글로 표현한다.
- 자료: 손 인형, 손 인형이 스스로에게 쓴 편지, 편지지, 편지봉투, 연필, 지우개, 색연필
- 방법: ① 손 인형 '철수'가 나와 자신의 장래희망을 유아들에게 이야기하며 스스로에게 쓴 편지를 읽어 준다.
  ② 유아들은 철수와 미래의 꿈이 무엇인지 이야기를 나눈다.

③ 각자가 어른이 되어 장래희망대로 되었다고 생각하고, 철수처럼 스스로에게 편지를 쓴다.

④ 완성 후 편지를 모아 『우리 반 친구들의 미래 모습』이란 책을 만든다.

✲ 활동 3: 미래의 내 모습

- 목표: 나의 장래희망과 관련하여 자신의 모습을 상상하고, 그림으로 표현한다.
- 자료: 도화지, 크레파스, 사인펜, 색연필
- 방법: ① 사전 활동으로 자신의 장래희망에 대해 이야기를 나눈다.

  ② 그림을 그리기 전에 눈을 감고 미래의 자신의 모습을 상상해 본다.

  ③ '미래의 나'는 무슨 일을 하고 있으며, 어떤 옷을 입고 있는지 상상한다.

  ④ 각자 상상한 내용을 그림으로 표현한다.

✲ 활동 4: 직장에서 함께 일하고 싶은 친구

- 목표: 내가 함께 일하고 싶은 친구는 어떤 친구인지 생각하고 표현한다.
- 자료: 도화지, 색연필, 사인펜
- 방법: ① 나는 어떤 직업을 갖고 싶은지 이야기하고, 함께 일하고 싶은 친구가 누구인지 생각한다.

  ② 도화지에 자신이 함께 일하고 싶은 친구를 색연필과 사인펜으로 그린다.

  ③ 그림을 다 그린 다음 그림 옆에 친구의 이름을 적고, 왜 함께 일하고 싶은지를 적는다.

  ④ 완성 후 자신이 함께 일하고 싶은 친구와 그 이유를 소개하는 시간을 갖는다.

✲ 활동 5: 여러 종류의 직장 바느질

- 목표: 바느질 활동을 통해 여러 종류의 직장에 관심을 갖는다.
- 자료: 여러 직장의 그림(그림 테두리에 규칙적으로 점이 찍혀 있음), 털실, 돗바늘, 스카치테이프, 우드락(직장 그림 크기), 가위
- 방법: ① 여러 직장의 그림 중 한 장을 선택한다.
  ② ①의 그림을 우드락 위에 올려놓고, 그림 테두리의 점을 돗바늘로 찍어 구멍을 뚫는다.
  ③ 돗바늘에 털실을 끼우고 실의 끝부분을 테이프로 붙여 매듭을 만든다.
  ④ 그림 테두리의 구멍을 따라 바늘을 넣었다 빼면서 바느질을 한다.
  ⑤ 바늘이 시작 부분까지 되돌아오면, 바늘을 그림의 뒷부분으로 빼낸 뒤 실을 가위로 자르고 테이프를 붙여 마무리 짓는다.

과학 센터

✲ 활동 1: 영양식단 짜기

- 목표: 우리 몸에 좋은 음식들에 대해 알아보고, 식단을 짤 수 있다.
- 자료: 여러 종류의 밥 · 반찬 · 국 영양소책, 음식(밥, 국, 반찬 등) 그림 퍼즐, 음식 이름 카드, 식단표(월요일부터 금요일까지의 식단을 붙일 수 있는 표), 모형 식탁, 기분 카드
- 방법: ① 영양사라는 직업은 어떤 일을 하는지 이야기를 나눈다.
  ② 어떤 음식이 몸에 좋은지, 어떤 음식은 몸에 좋지 않은지 이야기를 나눈다.
  ③ 유아가 직접 영양사가 되어 식단표에 음식 이름 카드를 붙여 월요일부터 금요일까지 식단을 구성한다.
  ④ 식단을 모두 구성한 다음 마음에 드는 요일의 식단을 선택하여, 음식 그림 퍼즐을 맞추며 모형 식탁을 차린다.
  ⑤ 식탁을 다 차리면 그 음식을 먹으면 어떤 기분일지 기분 카드를 식단표 옆에 붙인다.
  ⑥ 완성 후 음식 퍼즐과 음식 이름 카드를 제자리에 정리한다.

✲ 활동 2: 왜 좋을까요?

- 목표: 잡곡밥이 우리 몸에 좋음을 안다.
- 자료: 여러 종류의 밥 영양책
- 방법: ① 아침에 나는 어떤 밥을 먹고 왔는지, 어떤 맛이었는지 이야기를 나눈다.
  ② '여러 종류의 밥 영양책'을 보며, 밥의 종류에 따라 우리 몸에 어떻게 좋은지 이야기를 나눈다.
  ③ 함께 혹은 각자 책을 본 후, 다양한 밥의 종류를 포함하여 식단을 구성한다.

✲ 활동 3: 분리수거

- 목표: 쓰레기의 특성에 따라 다르게 분류한다.
- 자료: 상자 4개('플라스틱', '종이', '유리병', '쓰레기'의 라벨이 붙어 있는 상자), 다른 종류의 쓰레기가 들어 있는 바구니(분류 상자와 같은 색깔의 스티커가 붙어 있는 쓰레기)
- 방법: ① 환경미화원을 돕고 자연을 보호하는 데 있어 우리가 할 수 있는 일에 대해 이야기를 나눈다.
  ② 쓰레기에 따라 각각 분류해야 함을 이야기하고, 쓰레기가 담긴 바구니에서 쓰레기를 하나씩 꺼내 어떤 종류인지 이야기를 나눈다.
  ③ 유아가 한 명씩 나와 쓰레기를 분류 상자에 담는다.
  ④ 바구니의 쓰레기가 모두 분류 상자에 담기면 쓰레기가 각각의 상자에 잘 분리수거되었는지 분류 상자와 쓰레기에 붙은 스티커 색깔을 확인한다.

✲ 활동 4: 계량컵으로 색물 옮기기

- 목표: 계량컵으로 색물을 정확하게 옮김으로써 계량컵의 특성을 안다.
- 자료: 색물, 색물을 담는 비커 1개, 볼 1개, 계량컵, 쟁반, 스펀지, 지시 카드
  (예 1ml씩 3번 옮겨 3ml 만들기)
- 방법: ① 계량컵은 어떨 때 사용하는지 이야기를 나눈다.
  ② 지시 카드를 보며, 얼마만큼의 물을 옮겨 담을지 확인한다.
  ③ 계량컵으로 볼에 담긴 색물을 정해진 양만큼 떠서 비커에 따른다.
  ④ 지시 카드에서 지시한 만큼의 물이 담겼는지 확인한다.
  ⑤ 완성 후 비커의 물을 다시 볼에 따른다.
  ⑥ 볼 주변에 물기가 있는지 확인하고 스펀지로 닦는다.

✲ 활동 5: 정해진 무게만큼 밀가루 옮기기

- 목표: 요리 준비를 정확하게 하고 저울의 원리를 안다.
- 자료: 저울, 플라스틱(혹은 철재) 볼 2개, 밀가루(600g), 컵, 무게 지시 카드
  (예 '300g이 되게 하시오.')
- 방법: ① 조리사들이 왜 저울을 사용하는지 이야기를 나눈다.

② 저울의 눈금을 확인하고 플라스틱 볼을 저울 위에 올려놓는다.

③ 무게 지시 카드를 보고, 컵으로 밀가루를 담아 저울 위의 볼에 옮겨 담는다.

④ 저울의 눈금을 확인하고, 지시 카드에 적힌 무게보다 더 나가면 다시 저울 위의 밀가루를 덜어 낸다.

✲ 활동 6: 생크림 카스텔라

- 목표: 생크림이 만들어지는 원리를 알고 생크림으로 카스텔라를 꾸민다.
- 자료: 카스텔라, 생크림, 짤주머니, 냉장 보관한 볼, 유크림, 설탕, 거품기
- 방법: ① 생크림을 만들어 보기로 한다.

② 요리 순서표를 보며, 생크림 만드는 순서를 확인한다.

③ 냉장 보관된 차가운 볼에 유크림과 설탕을 넣어 거품기로 잘 섞는다.

④ 생크림을 들었을 때 거품기 끝에서 살짝 휘어지며 찰랑거릴 때까지 섞는다.

⑤ 만들어진 생크림을 짤주머니에 넣어 카스텔라 위에 장식한다.

실외 플로우 활동

✲ 활동 1: 모래 음식 만들기

- 목표: 모래와 물이 혼합되었을 때의 특성을 이용하여 음식 만들기 놀이를 한다.
- 자료: 여러 모양틀, 모래, 물, 돌멩이, 나뭇잎, 양동이, 삽
- 방법: ① 음식점 놀이를 하기로 하고 무엇으로 음식을 만들 수 있는지 이야기를 나눈다.
  ② 모래와 물을 적절히 혼합하여 유아가 만들고 싶은 모양으로 모래 음식을 만든다.
  ③ 여러 모양틀을 이용하여 다양한 모양으로 음식을 만들고 자연물로 꾸민다.
  ④ 유아가 만든 모래 음식을 이용하여 음식점 놀이를 한다.

✲ 활동 2: 건설회사 놀이

- 목표: 모래와 물의 특성을 이용하여 모래로 건물을 지으며 대근육 발달을 도모한다.
- 자료: 모래 놀이 도구(삽, 양동이, 장난감 포크레인 등), 넓고 평평한 모래사장, 물
- 방법: ① 건설회사에서 하는 일에 대해 이야기를 나눈다.
  ② 모래 놀이터에서 건설회사 놀이를 하려면 어떤 것들이 필요한지, 어떤 건물을 지을지 이야기를 나눈다.
  ③ 서로의 역할을 정하고 길을 만들고 건물을 짓는다.
  ④ 건설회사 놀이 후, 협력하여 일을 할 때 어떤 느낌이 들었는지 이야기를 나눈다.

✲ 활동 3: 연장 만들기

- 목표: 나무에 못을 박아 간단한 연장을 만들 수 있다.
- 자료: 나무토막, 못, 망치, 고글
- 방법: ① 건설회사에서 건물을 짓기 위해서는 어떤 것들이 필요한지 이야기를 나눈다.
  ② 자신이 생각한 연장을 만들어 보기로 하고, 목공 놀이 시 주의 사항에 대해 이야기를 나눈다.
  ③ 나무와 나무 사이에 못을 박아 연장을 만든다.
  ④ 완성 후 역할 놀이에 사용한다.

✲ 활동 4: 교통경찰 놀이

- 목표: 수신호로 교통신호를 표현하며 경찰이 하는 일을 경험한다.
- 자료: 호루라기, 자전거, 어린이용 자동차, 찻길이 그려져 있는 넓고 평평한 장소
- 방법: ① 옥외 플로 활동 시 교통경찰 놀이를 해 보기로 한다.
  ② 교통경찰 역할을 맡은 유아는 건널목 앞에서 몸과 손동작으로 자전거나 자동차를 탄 유아들에게 '멈추시오, 가시오' 등의 표현을 한다.

③ 놀이 후 여러 가지 교통신호에 대해 아이들과 약속을 정해 수신호를 만들어 본다.

활동 5: 자전거로 손님 태우고 돌아오기

- 목표: 택시 운전사가 하는 일을 알고, 빠르고 안전하게 자전거를 탈 수 있다.
- 자료: 호루라기, 자전거 2대, 인형 2개, 라인테이프, 플라스틱 고깔 2개
- 방법: ① 택시 운전사가 어떤 일을 하는지, 손님을 어떻게 대해야 하는지 이야기를 나눈다.
  ② 두 그룹으로 나누어 손님 태우고 돌아오기 게임을 한다.
  ③ 라인테이프로 출발선을 긋고, 출발선과 마주보는 곳에 반환점(플라스틱 고깔)을 세워 놓는다.
  ④ 유아는 자전거에 인형을 태우고 출발선에서 출발하여 반환점을 돌아온다.
  ⑤ 인형을 떨어뜨리지 않고 먼저 반환점을 돌아 들어오는 유아가 이긴다.

6) 평 가

지금까지 프로젝트를 통하여 학교의 여러 학과의 실습실을 탐색하고, 부모님의 직업을 탐색함으로써 지역사회와 가정의 연계를 이룰 수 있었다. 또한 유아들이 다양한 직업에 대해 알게 되고, 각각의 역할의 필요성을 인식하게 됨으로써 직업과 성차에 대한 편견을 바로잡는 데 도움이 되었다. 또한 유아들은 프로젝트를 통하여 자신의 미래를 계획해 보고, 직업에 대한 올바른 가치관을 형성하는 데 도움을 받을 수 있다.

2학년을 대상으로 한 진로 탐색 프로젝트 - 꿈도 새싹부터 -

진로교육은 한 개인을 사회에서 바로 설 수 있는 존재로 성장하도록 도움으로써, 그의 생애를 개발해 주는 데 본질적인 목표가 있다. 흔히 진로교육을 고학년에게만 해당하는 것으로 생각하는데, 저학년이라고 해서 먼 이야기라고 보고 있을 수만은 없다. 저학년 학생들에게도 학습 수준과 사고 능력, 발달단계에 맞추어 자신에 대해 끊임없이 탐색하고, 적성과 능력을 발견할 수 있도록 진로교육의 내용과 방법, 수준을 달리하여 적용해야 한다.

저학년 교육과정 중에는 학생이 가지고 있는 '꿈'에 대한 학습 내용이 있다. 이 단원과 관련지어 미래를 준비할 수 있는 프로젝트 학습을 통해 자신의 진로에 대해 초보적이나마 탐색해 보는 것은 의미 있는 경험이 된다.

1) 프로젝트 준비하기

(1) 프로젝트 목표 설정

다양한 다중지능 활동을 통해 자신의 재능을 발견하고 초보적이나마 직업을 탐색할 수 있다. 초등학교 진로교육의 목표는 다음과 같다.

- 개인의 적성, 능력, 흥미, 특기 등에 대해 이해한다.
- 지역사회의 각 산업체 및 여러 기관 단체들이 하는 일에 대해 이해함으로써 모든 직업이 소중함을 인다
- 직업의 중요성을 인식함으로써 장래 직업인으로서의 포부를 다진다.
- 인간이 사회적 존재로서의 역할을 다하기 위해서는 일을 해야 한다는 사실을 깨닫는다.
- 일이란 다른 사람들과 함께하는 것이므로 협동심과 타인의 입장을 이해하려는 태도를 기른다.

(2) 관련 교과와 지도 요소

프로젝트 학습을 계획할 때는 각 교과의 교육과정 내용 요소 중 진로학습 관련 요소를 선정하여 재구성하는 단계가 필요하다. 그러나 다음의 경우 프로젝트가 11월에 진행되었기 때문에 지도 요소를 추출한 내용 중 11월, 12월에 학습해야 할 내용에 한해 수업을 진행하였다. 2학년 1, 2학기 진로교육 관련 교과 및 지도 요소는 〈표 3-25〉와 〈표 3-26〉에 제시하였다.

표 3-25 2학년 1학기 진로교육 관련 교과 및 지도 요소

교과	단원	지도 요소
바른 생활	3. 스스로 하는 어린이	자기 일을 스스로 하는 것의 중요성 알기
	5. 바른말 고운말	여러 가지 역할과 상황에 맞게 말하기
	6. 즐거운 우리 집	가족이 하는 일 알기
	7. 정다운 이웃	이웃의 생활 모습 알기
		이웃끼리 서로 도움을 주고받으며 생활하고 있음을 알기
슬기로운 생활	1. 자라나는 우리들	나의 성장과정 이야기하기
		어릴 때와 지금의 나 비교하기
		몸과 마음이 건강하기 위해 할 수 있는 것 찾아보기
		나이에 따른 사람의 모습 변화 알기
		미래의 나의 모습 표현하기
	3. 더불어 사는 우리 이웃	이웃이 하는 일 조사하기
		이웃 놀이를 통해 이웃과의 다양한 관계 이해하기
즐거운 생활	5. 이만큼 자랐어요	태어나서 어른이 되어 가는 모습을 알고, 신체의 변화에 관해 이야기하기

표 3-26 2학년 2학기 진로교육 관련 교과 및 지도 요소

교 과	단 원	지도 요소
국어(쓰기)	5. 마음을 전해요	고마워하는 마음을 담아 편지 쓰기
수학	6. 표와 그래프	조사 · 정리하여 표와 그래프로 나타내기
바른 생활	1. 소중한 약속	약속의 중요성을 알고 실천 의지 다지기
	5. 자랑스러운 우리나라	우리나라의 자랑거리 알기
슬기로운 생활	2. 가게 놀이	물건의 유통과정 알기
		물건이 우리 손에 오기까지 애쓰신 분들께 감사하는 마음 가지기
		가게 놀이하기
즐거운 생활	7. 꿈의 세계	'나의 꿈' 노래 부르기
		미래의 내 모습 나타내기
		미래에 하고 싶은 일 표현하기
		꿈의 세계를 나타내기
	8. 우리들 자랑	재미있는 안내장 만들기
		여러 가지 재주 뽐내기

'즐거운 생활'의 7단원과 8단원은 진로학습을 하기에 적합한 단원이다. 따라서 프로젝트 활동을 위한 시수가 자연스럽게 확보되고, 다른 교과에서도 프로젝트와 연계하여 다중지능 활동을 할 수 있는 단원을 쉽게 찾을 수 있다.

(3) 다중지능 활동 구성

저학년에서의 진로 지도는 다중지능을 활용한 여러 가지 활동을 통해 자신의 소질과 꿈, 일과 직업에 대해 즐겁게 접근할 수 있도록 구성한다. 수업 목표, 지도 요소, 흥미, 다중지능 등을 고려하여 활동을 구성한 프로젝트 계획서를 〈표 3-27〉에 제시하였다.

표 3-27 다중지능에 기초한 프로젝트 계획서

차 시	활동 내용	관련 교과	관련 지능	수업 시기
과제	직업에 대한 다양한 자료 조사			11/1 ~11/8
1, 2차시	다중지능 도입	슬기로운 생활	언어지능 공간지능	11/8
3차시	나의 소질과 적성	재량학습	자기이해지능 대인관계지능	11/10
과제	대표인물 선정(수시로 발표)			11/10 ~11/14
4차시	나의 꿈 노래하기	즐거운 생활	음악지능	11/11
5, 6차시	직업 표와 그래프 만들기	수학	공간지능 논리-수학지능	11/14
7, 8차시	나의 꿈 그리기	즐거운 생활	공간지능	11/17
과제	직업모둠 구성		대인관계지능	11/17 ~11/25
9차시	꿈을 이루기 위하여!	재량학습	자기이해지능	11/18
과제	미래의 일기 쓰기		언어지능 자기이해지능	11/19
10차시	코너별 발표 준비	재량 학습	대인관계지능	11/25
11, 12차시	직업 소개판 만들기	즐거운 생활	공간지능	11/27
13~15차시	프로젝트 발표	즐거운 생활	발표에 필요한 모든 지능	11/29
16차시	프로젝트 평가			11/29

각 활동은 가급적 다양한 지능을 사용하는 활동으로 구성하고, 관련 교과 수업시간에 최대한 진행할 수 있도록 계획한다. 이 계획에 따라 평소 시간표를 조정하여 11월의 주간학습 안내를 〈표 3-28〉과 같이 작성하였다.

표 3-28 11월 둘째 주 주간학습 안내

(11월 10일~11월 15일)

<table>
<tr><th>요일
교시</th><th>월</th><th>화</th><th>수</th><th>목</th><th>금</th><th>토</th></tr>
<tr><td>아침자습
08:40~09:05</td><td>독서 후 활동</td><td>받아쓰기</td><td>예쁜 글씨 쓰기</td><td>창의력 학습지</td><td>칠교 놀이</td><td>생활본 정리</td></tr>
<tr><td rowspan="2">1
09:10~09:50</td><td>재량학습</td><td>말하기 · 듣기</td><td>읽기</td><td>즐거운 생활</td><td>수학</td><td>쓰기</td></tr>
<tr><td>[프로젝트]
나의 장점, 친구의 장점 알기</td><td>4. 아름다운 꿈을 가꾸어요
(66~69)</td><td>4. 아름다운 꿈을 가꾸어요
(90~95)</td><td>7. 꿈의 세계
(64~65)</td><td rowspan="3">[프로젝트]
친구들의 꿈을 조사하여 표와 그래프로 나타내기
(91~94)</td><td>2. 밝은 세상
(52~53)</td></tr>
<tr><td rowspan="2">2
10:00~10:40</td><td>즐거운 생활</td><td>즐거운 생활</td><td>즐거운 생활</td><td>읽기</td><td>수학</td></tr>
<tr><td rowspan="3">관찰하여
그리기</td><td>[프로젝트]
'나의 꿈' 노래
(58~59)</td><td>7. 꿈의 세계
(58~59)</td><td>4. 아름다운 꿈을 가꾸어요
(90~95)</td><td>6. 표와 그래프
(95~96)</td></tr>
<tr><td rowspan="2">3
10:50~11:30</td><td>읽기</td><td>슬기로운 생활</td><td>재량학습</td><td>쓰기</td><td>바른 생활</td></tr>
<tr><td>4. 아름다운 꿈을 가꾸어요
(88~89)</td><td>2. 열매와 씨
(56~57)</td><td>ICT 학습</td><td>2. 밝은 세상
(50~51)</td><td>5. 자랑스러운 우리나라
(68~69)</td></tr>
<tr><td rowspan="2">4
11:40~12:20</td><td>말하기 · 듣기</td><td>수학</td><td>수학</td><td>슬기로운 생활</td><td>바른 생활</td><td>즐거운 생활</td></tr>
<tr><td>4. 아름다운 꿈을 가꾸어요
(64~65)</td><td>3. 쌓기 나무 놀이(49~52)</td><td>6. 표와 그래프
(88~90)</td><td>2. 열매와 씨
(58~59)</td><td>5. 자랑스러운 우리나라
(66~67)</td><td>7. 꿈의 세계
(66~67)</td></tr>
</table>

(4) 학부모 안내

프로젝트 학습에서 학생은 교실뿐만 아니라 학교와 집, 지역사회 등 다양한 환경에서 학습하게 된다. 따라서 프로젝트 학습에 대해 학부모에게 안내함으로써 교사가 의도하는 수업의 목표를 가정에서도 충분히 이해하도록 하는 것은 매우 중요하다.

특히 저학년 학생들은 아직 스스로 조사할 내용을 정하고 찾는 능력이 미숙하기 때문에, 조사학습에서는 부분적으로 부모님의 도움이 필요하다. 프로젝트를 시작하기 일주일 전, 가정통신문을 통해 프로젝트의 목표와 내용 및 일정 그리고 학부모에게 기대하는 역할 등을 안내하도록 한다.

2) 프로젝트 진행하기

(1) 차시별 활동 내용

[가정통신문(예)]

〈11월 진로 탐색 프로젝트 안내〉

11월에는 우리 반에서 학생들이 자신의 소질과 적성에 대해 탐구하고 꿈과 미래에 대해 구체적으로 설계해 볼 수 있는 활동으로 다중지능이론에 기초한 진로 탐색 프로젝트를 총 16차시에 걸쳐 진행합니다.

첫 번째 수업은 11월 8일(토)로 학생들은 신문이나 잡지, 인터넷, 책 등을 통해 열 가지 이상의 직업과 그 직업이 하는 일을 간단하게 A4용지에 정리해 오도록 하였습니다. 가능한 한 다양한 직업을 조사할 수 있도록 도와주십시오.

[준비물] 직업 스크랩 숙제, 포켓식 A4 파일

[과제] 직업에 대한 다양한 자료 조사하기

학습 목표	직업 정보를 조사함으로써 다양한 직업이 있음을 안다.
학습 내용	신문, 잡지, 인터넷 등 다양한 자료를 참고하여 직업과 관련이 있는 사진을 오려 붙이고 그 직업에 대해 간단한 설명을 쓴다.
유의점	인터넷의 자료는 이해하기 쉽게 요약한다.

[1, 2차시] 다중지능 도입하기

학습 목표	다중지능을 이해하고 각 직업에는 어떤 지능이 필요한지 이해한다.
학습 내용	• 다중지능 이야기 들려주기 – 왕자가 사용한 지능이 어떤 것인지 생각하며 듣는다. • '맛있는 직업 피자판' 학습지 해결하기[학습지 1] – 자신이 조사해 온 직업뿐 아니라, 모둠원이 조사해 온 것들도 참고하여 많은 직업을 분류해 보는 경험을 한다. • 전체 피자판 활동하기(모둠별로 지능 담당하기)
유의점	각 지능을 나타내는 용어가 저학년 학생에게는 어렵게 느껴질 수 있으니, '말재주꾼, 몸재주꾼' 등 학생들에게 친숙한 단어로 바꾸어 표현한다.

[3차시] 나의 소질과 적성 알기

학습 목표	내가 잘하는 것이 무엇인지 알 수 있다.
학습 내용	'나의 숨은 재주를 찾아서' 학습지 해결하기 [학습지 2] • 내가 생각할 때 내가 잘하는 것을 생각해 보고 기록한다. - 사소한 것도 소중한 재능임을 알고 모두가 발표해 본다. • 부모님께서 생각하실 때 내가 잘하는 것을 부모님께 여쭈어 보고 기록해 온다. • 친구가 생각할 때 내가 잘하는 것을 친구에게 물어보고 기록한다. - 평소에 친하게 지내며 자신에 대해 잘 안다고 생각하는 친구에게 의견을 묻는다. • 결과를 바탕으로 공통적으로 내가 잘하는 것을 찾는다.
유의점	교사는 학습지에 '선생님이 발견한 나의 재능'을 기록하여 학생의 자신감과 성취욕을 북돋워 준다.

[과제] 대표인물 선정하기

학습 목표	꿈을 이루기 위한 과정과 필요한 노력을 알 수 있다
학습 내용	'꿈을 이룬 사람들' 학습지 해결하기 [학습지 4] • 자신이 선택한 직업의 대표인물을 선정하고 그 인물이 꿈을 이루기까지의 과정과 노력을 조사한다. • 조사한 내용을 쉬운 용어로 정리한다. • 정리한 내용은 자습시간 등을 이용하여 발표한다.
유의점	• 조사학습에 어려움을 느끼는 학생은 부모님의 도움을 받거나, 선생님께 수시로 어려운 점을 이야기하여 피드백을 받도록 한다. • 조사 기간을 충분히 준다.

[4차시] 나의 꿈 노래하기

학습 목표	나의 꿈을 생각하며 '나의 꿈' 노래의 가사를 바꾸어 부를 수 있다.
학습 내용	즐거운 생활 교과서의 '나의 꿈' 노래 가사를 바꾸어 불러 보기 [학습지 3] - 바꾼 가사로 친구들 앞에서 노래로 발표해 보도록 한다.
유의점	저학년은 노랫말 바꾸기에 어려움을 느끼는 경우가 있으므로, 별도의 학습지를 준비한다.

[5, 6차시] 직업 표와 그래프 만들기

학습 목표	친구들의 꿈을 조사하여 표와 그래프를 그릴 수 있다.
학습 내용	• 작은 종이에 자신의 이름을 쓰고 직업 관련 그림을 그린다. • 큰 종이를 보고 자신의 꿈에 해당하는 란에 그림을 붙여 그래프를 만든다. • 개인별 학습지에 표와 그래프로 나타낸다. [학습지 5]
유의점	교사는 미리 학생들의 꿈을 조사하여 그래프 게시 자료로 준비한다.

[7, 8차시] 나의 꿈 그리기

학습 목표	미래의 내 모습을 상상하여 그릴 수 있다.
학습 내용	미래의 내 모습을 그림으로 표현해 본다. • 직업인으로 활동하는 자신의 미래 모습을 구체적으로 그린다. • 인물뿐 아니라 배경도 상상하여 직업을 충분히 표현한다.

[과제] 직업모둠 구성하기

학습 목표	관련 직업끼리 모둠을 구성하여 직업 소개를 위한 협의를 할 수 있다.
학습 내용	같은 직업이나 관련 있는 직업을 희망하는 친구들끼리 모둠 구성하기 • 한 모둠은 3~5명의 인원으로 구성한다. • 모둠원이 6명 이상이 될 경우는 두 개의 모둠으로 나눈다.
유의점	모둠원의 수가 너무 적을 경우는 직업의 역할을 고려하여 적절히 연합한 모둠을 구성해 준다.

[9차시] 꿈을 이루기 위하여!

학습 목표	자신이 그 꿈을 선택한 이유를 생각해 보고 꿈을 이루기 위한 노력을 다짐할 수 있다.
학습 내용	꿈을 이루기 위하여 현재 자신이 할 수 있는 일과 노력할 점을 알아본다. - 현재 내가 할 수 있는 일을 구체적으로 생각해 보고 실행에 옮길 수 있는 동기를 가진다. [학습지 6]

[과제] 미래의 일기 쓰기

학습 목표	꿈을 이룬 나의 모습을 상상하여 글을 쓸 수 있다.
학습 내용	20년 후 어느 날의 일기를 상상하여 써 본다. - 하루의 생활 장면을 눈에 보이듯 구체적으로 상상해 본다.
유의점	자습시간 등을 이용하여 모든 학생이 친구들 앞에서 발표하는 시간을 가진다.

* 나의 미래 모습을 그림으로 그려 보았던 7~8차시의 내용을 보다 심화하고 언어지능을 활용하여 하루 일과를 써 봄으로써 보다 구체적이고 풍부한 상상을 유도하였다. 이 활동을 통해 각 직업에서 하는 일을 보다 자세히 살펴볼 수 있었다.

[10차시] 코너별 발표 준비하기

학습 목표	직업모둠끼리 토의하여 프로젝트 발표를 준비할 수 있다.
학습 내용	프로젝트 발표의 내용과 방법을 토의한다. • 친구들에게 소개할 내용을 정하고 역할을 분담한다. • 토의 결과를 바탕으로 계획서를 만들어 선생님께 제출하고 피드백을 받는다.
유의점	수업시간뿐 아니라, 점심시간, 방과 후 시간 등을 이용하여 모둠원끼리 자주 만나 프로젝트 발표를 준비한다.

[11, 12차시] 직업 소개판 만들기

학습 목표	모둠별로 직업을 소개하는 코너를 꾸밀 수 있다.
학습 내용	자기 모둠의 직업을 소개하는 자료 만들기 - 직업을 상징적으로 표현할 수 있도록 간결하고도 독창적인 패널을 만든다.
유의점	모둠원의 수가 적은 모둠의 경우 교사의 도움으로 작업에 어려움을 느끼지 않도록 배려한다.

[13~15차시] 프로젝트 발표하기

학습 목표	다양한 방법으로 직업의 세계를 친구들에게 안내할 수 있다.
학습 내용	직업모둠별로 준비한 내용을 바탕으로 하여 프로젝트 발표회를 가진다. - 모둠원이 모두 참여하여 자기 모둠의 직업에 필요한 능력이나 직업 장면을 시연함으로써 다른 모둠 친구들에게 적극적으로 자기 모둠의 직업을 소개한다.

* 프로젝트 발표 시간에는 한 달간 조사한 직업에 대해 다양한 방법으로 표현해 보도록 하였다. 모든 모둠은 사전에 어떤 내용을 어떻게 발표할 것인지 협의하고, 결정한 내용을 교사와 함께 상의하여 준비하였다.

표 3-29 프로젝트 발표(예)

모 둠	모둠원	발표 내용과 방법
의사	4명	의사의 일: 역할극 • 환자를 진료하는 장면으로 역할극 대본을 쓰고 친구들 앞에서 연기 • 의사가 하는 일 발표
과학자	5명	과학자의 연구: 물에 뜨는 물체의 제작 및 실험 • 사전에 협의를 통해 실험 내용 토의 • 토의한 내용을 바탕으로 실험에 필요한 기구 제작 • 친구들 앞에서 시연 • 유명한 과학자 조사, 발표
변호사	1명	모의 재판: 역할극 • 역할극 대본 쓰기 • 피고인, 증인 등의 역할 섭외 • 친구들 앞에서 시연
경찰 1	3명	경찰의 일: 역할극 • 도둑을 잡는 장면으로 역할극 시연 • 경찰이 지켜야 할 일 발표
경찰 2	4명	
음악가	2명	피아노, 플루트 연주 • 피아노로 '네잎 클로버' 연주 • 플루트로 '사랑으로' 연주
선생님	2명	교사의 수업 • 선생님의 역할을 맡아 수학 수업과 수수께끼 대회 진행
축구선수	3명	축구 기술 시범 • 교실에서 시연할 수 있는 축구 기술(공 빼앗기, 드리블, 슬라이딩 태클) 시범 • 월드컵 스크랩 자료 발표
리포터	2명	• 선생님과 친구들 인터뷰
화가	2명	• 직접 그린 그림 소개
디자이너 1	4명	디자인 스케치와 인형옷 패션쇼 • 직접 디자인한 스케치 소개 • 각자 디자인하여 스케치한 것을 바탕으로 인형옷 제작 • 기존의 옷에 장식품을 달아 패션쇼 진행
디자이너 2	3명	

* 변호사를 희망하는 어린이가 한 명뿐인 관계로 역할극을 할 때 다른 모둠 친구들의 도움을 받도록 하였다.

[16차시] 프로젝트 평가하기

학습 목표	프로젝트를 진행하며 느낀 점을 통해 자신의 활동을 반성할 수 있다.
수업 내용	• 프로젝트 수행과정에 대해 자기평가를 하고 소감문 작성하기 • 자기평가와 모둠 평가 병행하기

(2) 수업 진행 시 고려 사항

① 프로젝트 진행 중 참고한 내용, 산출물들은 모두 정리한다.

활동의 결과물들을 정선해서 모으는 포트폴리오와는 달리, 꿈에 관한 사소한 낙서라도 모두 프로젝트 파일에 모으도록 하였다. 결과물의 중요성보다는 작은 낙서라도 그것을 생각하는 시간의 소중함을 알려 주려는 의도로서, 몇몇 학생의 프로젝트 파일은 훌륭한 프로세스 폴리오가 되었다.

② 가정학습보다는 생각한 것을 바탕으로 한 활동을 장려한다.

저학년 아동들은 조사한 내용을 자기 나름대로 정리하는 능력이 부족하기 때문에 무리한 조사학습은 자칫 학부모의 숙제가 될 수 있다. 이러한 폐단을 막기 위해 조사학습은 최소화하고 자신의 꿈과 일, 직업에 대한 생각들을 창의적으로 정리하도록 하였다.

③ 발표 기회를 많이 준다.

진로 탐색 프로젝트의 근본적인 목표는 결국 학생 스스로 자신의 재능을 발견하고 그 재능을 키워 개인적인 성장과 발전을 도모하는 것이다. 이러한 목표 달성을 위해 친구들 앞에서 발표를 원하는 학생 모두에게 기회를 주었다. 저학년의 경우 진도에 대한 부담이 적고, 자습시간과 창의적 재량 활동 시간, 특별 활동 시간을 확보하여 수시로 발표하는 시간을 가졌다.

프로젝트 처음 단계에서는 조사한 것을 발표하는 학생의 수가 극히 적었으나 친구들의 발표 내용이 다른 학생들에게 자극이 되어 프로젝트 후반부에는 다양한 방법으로 조사해 오는 학생들이 많았고, 발표하는 학생도 많아졌다.

3) 프로젝트 돌아보기

'수업 목표에 도달하였는가?'의 평가가 우선되어야 하겠지만, 11월 한 달간 진행한 진로 탐색 프로젝트에 학생과 교사 모두 매우 즐겁게 참여하며 활동하였다는 것에 큰 의의를 둘 수 있겠다. 그동안 학생들의 특징을 비교적 잘 파악했다고 여겼으나 이번 프로젝트를 통해 학생들의 새로운 면을 많이 발견하였다. 또한 학생들도 스스로 조사하고 발표하는 과정을 통해 많은 자신감을 얻고 노력의 기쁨을 배우게 되었다.

아쉬운 점이 있다면 개개인에 대한 피드백과 적극적으로 참여하지 못하는 학생들을 위한 배려가 다소 부족했던 점인데, 이는 프로젝트 중에 프로젝트 일지나 소감문을 통해 점검함으로써 보완할 수 있을 것이다.

다중지능이론에서는 학생들의 능력과 가능성을 신뢰하고, 학생들이 사회와 관련된 프로젝트를 수행하면서 사회적 존재로서 또래와 협동하여 함께 학습하고 발달하는 기회를 가지는 것을 높이 평가한다. 학습 방법을 충분히 학습하지 못한 저학년을 대상으로 한 프로젝트 학습은 자칫하면 학생들과 교사 모두에게 부담을 줄 수 있지만 학생에게 친숙한 주제와 적절한 비계(scaffolding)를 설정해 주면 각 학생들이 지니고 있는 다양한 능력을 프로젝트의 각 영역에서 발휘하게 함으로써 모두에게 의미 있는 활동이 될 수 있을 것이다.

진로 프로젝트 – 2학년 학습지 1

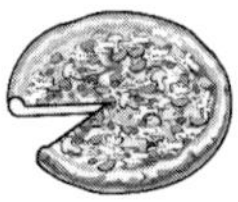

맛있는 직업 피자판

_________ 초등학교 2학년 ___ 반

이름: _________

☆ 우리 주변의 많은 직업들을 조사해 보았나요? 각각의 일을 하는 사람들은 어떤 재주가 뛰어나야 할지 생각해 보고 알맞은 피자 조각에 써넣어 보세요.

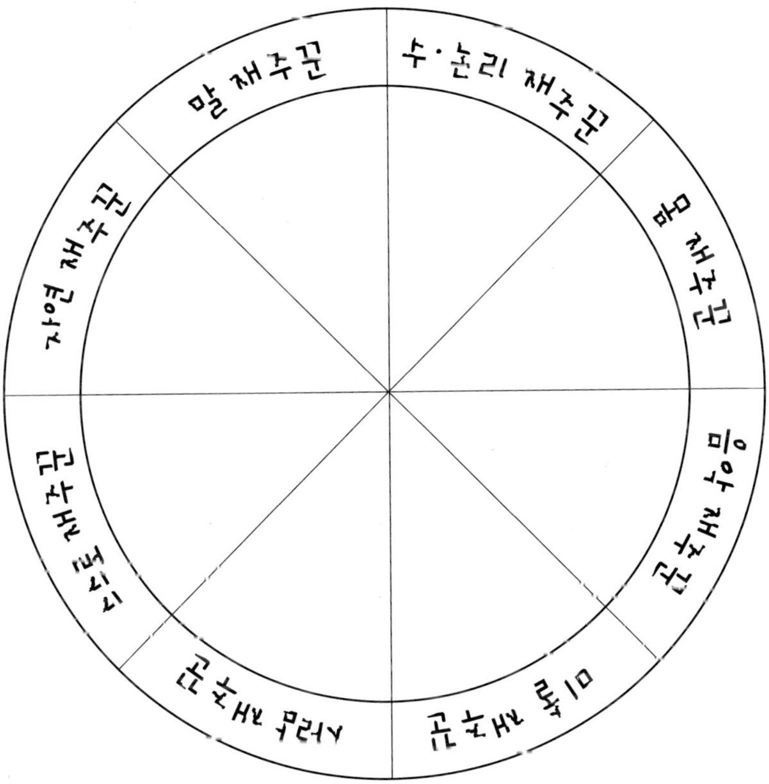

진로 프로젝트 - 2학년 학습지 2

나의 숨은 재주를 찾아서

_________ 초등학교 2학년 ___ 반
이름: __________

☆ 스스로 생각할 때 내가 잘하는 것은?

☆ 부모님께서 생각할 때 내가 잘하는 것은?

☆ (   ) 친구가 생각할 때 내가 잘하는 것은?

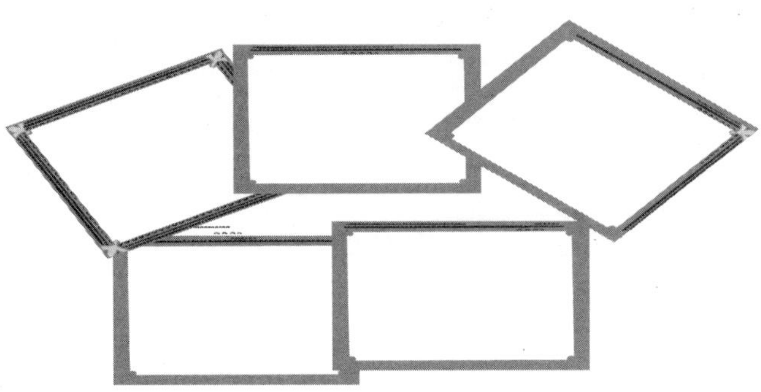

☆ 나, 부모님, 친구가 볼 때 공통적으로 내가 잘하는 것은 무엇입니까?

진로 프로젝트 - 2학년 학습지 3

내 꿈을 노래해요

________ 초등학교 2학년 ___ 반

이름: ________

☆ 빈칸에 자신의 꿈을 노래하는 가사를 직접 만들어 써넣어 보세요.

나	-	는		이	다음	에		시	인이	될	테 -	야			

꿈	- 으	로		내	세상	을		만	- 들	어	갈 테	야			

나	- 의	꿈	으로	가	- 득	한		온	세상	어린	이들	과			

아	- 름	다	운 -	마	음으	로		꿈	- 을	키	울 대	야			

진로 프로젝트 - 2학년 학습지 4

꿈을 이룬 사람들

☆ 나의 장래 희망 분야에서 성공한 사람이나 위인을 조사해 봅시다.

________ 초등학교 2학년 ___ 반

이름: _________

☆ 꿈을 이룬 사람의 이름

☆ 꿈을 이루기 위해 겪은 어려움

____

____

____

____

☆ 어려움을 극복하기 위해 노력한 점

____

____

____

____

진로 프로젝트 - 2학년 학습지 5

친구들의 고운 꿈

_______ 초등학교 2학년 ___ 반

이름: _________

☆ 우리 반 친구들의 꿈을 표로 나타내 봅시다.

희망	의사 간호사	과학자	검사 판사 변호사	군인 경찰	디자 이너	화가	축구 선수	음악가	선생님	리포터
명										

☆ 우리 반 친구들의 꿈을 그래프로 나타내 봅시다.

10										
9										
8										
7										
6										
5										
4										
3										
2										
1										
명 / 희망	의사 간호사	과학자	검사 판사 변호사	군인 경찰	디자 이너	화가	축구 선수	음악가	선생님	리포터

☆ 가장 많은 친구들이 가지고 있는 꿈은 무엇입니까? (   )

☆ 가장 적은 친구들이 가지고 있는 꿈은 무엇입니까? (   )

☆ 화가가 되고 싶어 하는 친구는 몇 명입니까? (   ) 명

☆ 군인이나 경찰이 되고 싶은 친구들은 검사, 판사, 변호사가 되고 싶은 친구보다 몇 명이 더 많습니까? (   ) 명

진로 프로젝트 - 2학년 학습지 6

꿈을 이루기 위하여!

_________ 초등학교 2학년 ___ 반

이름: __________

나의 꿈은 입니다.

그 꿈을 선택한 이유는

때문입니다.

나는 그 꿈을 이루기 위해

노력하겠습니다.

4학년을 대상으로 한 프로젝트 학습 - 나만의 즐거운 세계 -

프로젝트 학습은 학생들이 여러 지능을 적용한 다양한 학습 활동을 통하여 자신의 강점 지능을 확인하고 잠재적 지능을 계발하기 위한 학습 방법으로서, 다음은 3년 동안 4학년 한 개 반의 학생들에게 실시했던 사례다. 학생들 각자가 원하는 주제를 택하여 스스로 계획을 세워 한 달 동안 수행한 내용으로 1학기에는 프로젝트 학습에 활용할 수 있는 다양한 학습 전략들을 익혀 환경을 조성한 후 2학기에 실시하였다.

1) 프로젝트 학습을 위한 환경

• 다중지능이론의 특성을 이해하도록 한다.

학생들이 다중지능이론을 알고 자신의 강점 지능을 활용하고 잠재된 지능을 계발하려는 의지를 갖도록 돕는다.

• 다양한 학습 전략을 선수학습하도록 한다.

교사는 학생 스스로 수행할 수 있는 능력을 길러 주기 위하여 프로젝트 학습을 시작하기 전에 다양한 선수학습을 하도록 한다. 이를 통하여 주별로 조사한 내용을 다중지능을 활용하여 다양한 방법으로 표현할 때 응용하도록 한다(마인드맵, 낱말 퍼즐, 조각 맞추기 퍼즐을 활용한 퀴즈, 주사위, 가위바위보 등을 활용한 게임, 가사 바꾸기, 도표 활용, 퀴즈, 미니북, 역할극, 만화, 율동하며 노래 부르기 등).

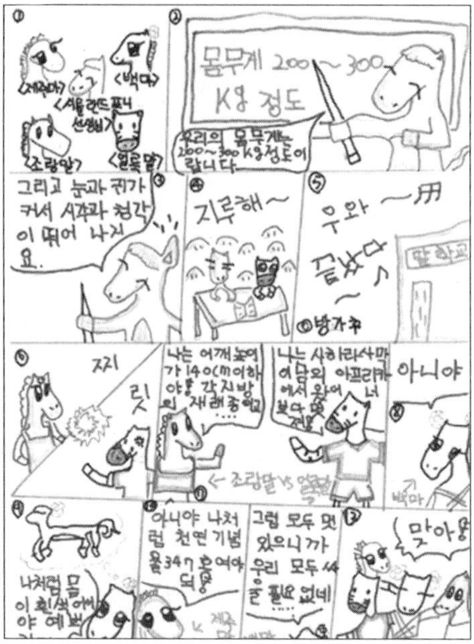

공간지능:
말을 조사하고 만화 그리기

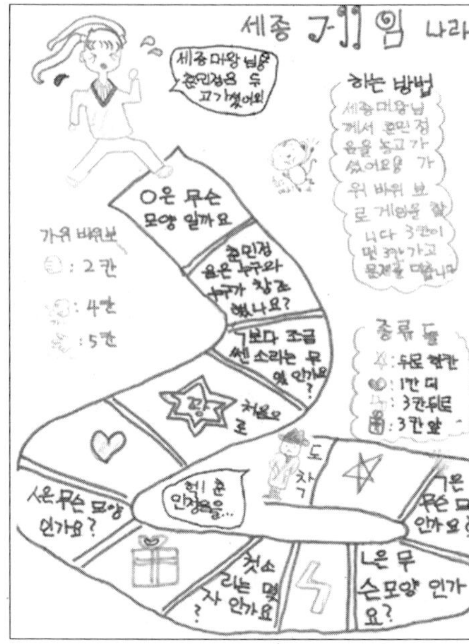

대인관계지능:
세종대왕을 조사하고 게임 만들기

대인관계지능:
늑대를 주제로 한 OX 퀴즈 만들기

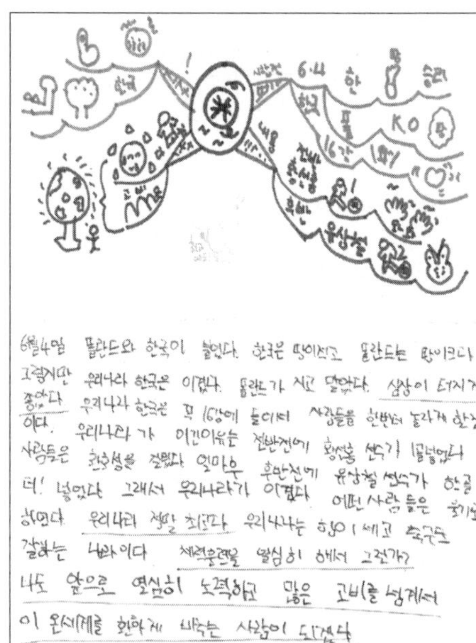

대인관계지능 · 언어지능 마인드맵:
축구 경기를 시청하고 일기 쓰기

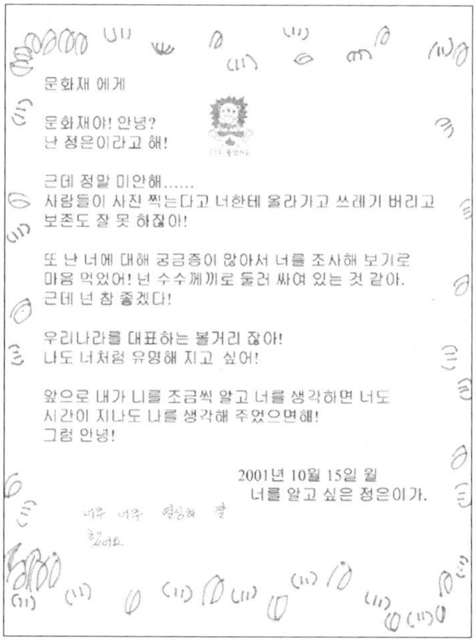

언어지능:
문화재를 조사하고 편지 쓰기

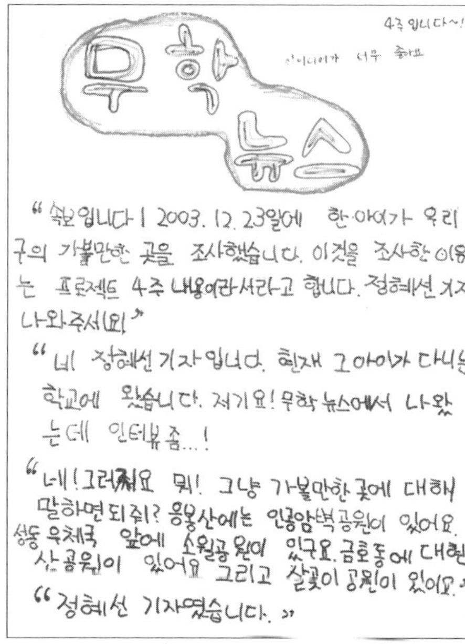

언어지능:
학교 주변의 명소를 조사하고 뉴스 만들기

• 학습 동기와 자신감을 심어 준다.

학기가 시작되면 의욕이 부족한 학생들에게 비디오테이프 '토니의 숨은 재주'를 보여 주어 '나도 할 수 있다.'는 마음을 갖도록 돕는다.

〈토니의 숨은 재주 줄거리〉

다섯 살짜리 토니의 아빠는 전람회 준비를 마무리하면서 토니와 형, 누나에게도 나름대로 그림을 그릴 기회를 준다. 토니의 형 마이클은 자유로운 자신의 모습을 어항 속의 물고기들과 함께 헤엄치는 것으로 표현한다. 누나 역시 공원의 행복한 풍선장수와 그가 파는 풍선 다발에 매달려 하늘로 날아오르는 자신의 모습을 그린다. 하지만 무엇을 그려야 할지 모르는 토니는 형과 누나의 그림 그리는 모습을 바라보며 실의에 빠진다. 이 실의는 실패에 대한 두려움으로 변하고, 토니는 손도 대지 않은 도화지와 색연필을 침대 밑에 감추고 만다. 침대 밑에는 커다란 사자(토니의 두려움을 상징하는 환상적 이미지)가 그것들을 지켜 준다.

아빠는 전람회에 가기 위해 토니를 찾다가 두려움에 휩싸여 구석에 숨어 있는 토니를 발견한다. 토니는 아빠의 격려와 도움으로 사자와 함께 있는 소년의 모습을 그림으로써 두려움과 불안에 맞서는 자신감을 표현한다. 전람회에서 이 그림을 본 한 안목 있는 손님이 자신의 그림을 사고 싶어 하자 토니는 "이 그림은 파는 게 아니에요."라고 말하며 자신에 대한 뚜렷한 인식을 표현한다. (성바오로서원)

• **개인 파일을 준비한다**(40매 이상).

첫째 면 A4용지에 각자의 프로젝트 제목과 이름으로 3행시를 지어 적어 넣는다. 낱장으로 된 파일을 준비하여 매주 조사한 내용이나 활동물을 넣어서 제출한다.

개인 파일의 첫 장 꾸미기

2) 프로젝트 학습의 진행 단계

(1) 계 획

① 주제 정하기

학생 스스로 알고 싶은 주제를 정하도록 한다. 주제는 친숙하고 풍부한 학습 내용과 흥미 있고 의미를 이해할 수 있는 주제로 선정한다.

② 브레인스토밍하기

주제에 대해서 알고 싶은 것 열 가지를 생각해 오도록 과제를 낸다. 브레인스토밍에 대한 사전 지도로 학생과 함께 '개미'에 대한 브레인스토밍을 하고 내용이 비슷한 것을 네 가지로 분류해 본다.

모든 조사 내용의 기록이나 활동은 A4용지를 사용한다. 특별한 경우에는 별도의 용지를 사용하도록 한다(프로젝트 기간은 유동적이나 이 프로젝트 학습 기간은 한 달로 정했으므로 네 가지로 분류한다). 자신이 생각한 주제를 브레인스토밍하여 A4용지에 적고 네 가지로 분류한다.

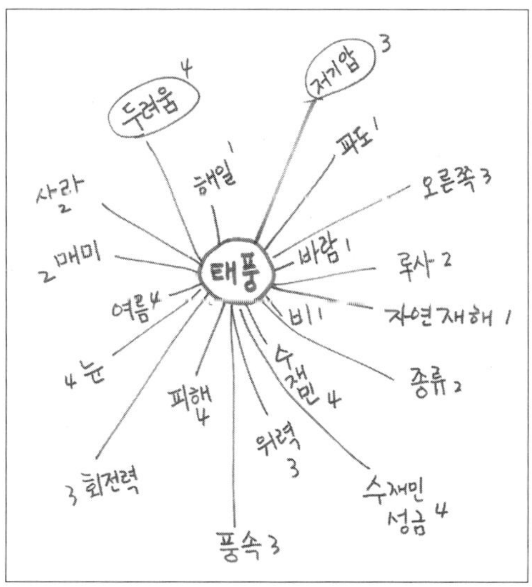

태풍을 주제로 브레인스토밍하기

③ 마인드맵하기

브레인스토밍을 해서 네 가지로 분류한 내용을 정리하기 위하여 한 달, 4주에 맞추어 네 가지로 마인드맵을 한다. 이때 직접 '○월 프로젝트 학습 계획서'를 계획해도 된다.

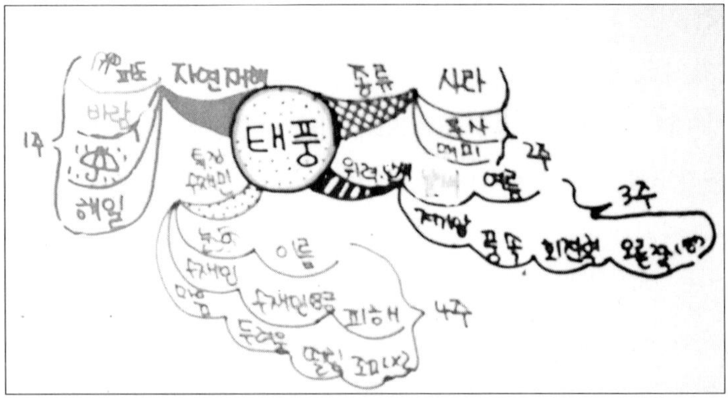

태풍을 주제로 마이드맵하기

④ 프로젝트 학습 계획서 작성하기

마인드맵의 한 가지를 한 주로 해서 '○월 프로젝트 학습 계획서'를 작성한다. 이때 교사는 날짜를 미리 정해 주고, 학생이 작성한 '○월 프로젝트 학습 계획서' 내용의 조사 순서가 맞는지 확인해 준다.

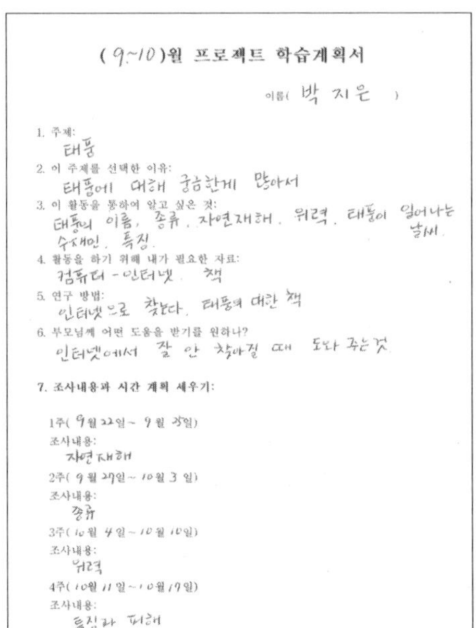

(9~10)월 프로젝트 학습계획서

이름(박 지은)

1. 주제:
태풍
2. 이 주제를 선택한 이유:
태풍에 대해 궁금한게 많아서
3. 이 활동을 통하여 알고 싶은 것:
태풍의 이름, 종류, 자연재해, 위력, 태풍이 일어나는 날씨, 수재민, 특징.
4. 활동을 하기 위해 내가 필요한 자료:
컴퓨터 - 인터넷, 책
5. 연구 방법:
인터넷으로 찾는다, 태풍에 대한 책
6. 부모님께 어떤 도움을 받기를 원하나?
인터넷에서 잘 안 찾아질 때 도와 주는것

7. 조사내용과 시간 계획 세우기:

1주(9월 22일~ 9월 25일)
조사내용:
자연재해
2주(9월 27일~ 10월 3일)
조사내용:
종류
3주(10월 4일~ 10월 10일)
조사내용:
위력
4주(10월 11일~ 10월 17일)
조사내용:
특징과 피해

태풍을 주제로 프로젝트 학습 계획서 작성하기

(2) 조사와 활용

• 계획에 따라 조사한 자료를 수집하고 활동으로 만들기

일주일에 두 번의 과제학습을 내준다. 먼저 첫째 주의 내용을 조사하여 중간에 교사에게 확인받은 다음, 그 조사 내용을 발표 전날까지 다중지능을 적용한 활동으로 만든다.

- 인터넷이나 책을 활용한 자료의 내용은 요약하고, 그것을 통하여 알게 된 것을 간단히 적는다. 인터넷 활용 시에는 참고로 사이트를 반드시 적는다.
- 신문이나 잡지의 기사는 요약하고 자신의 느낌이나 생각을 쓴다.

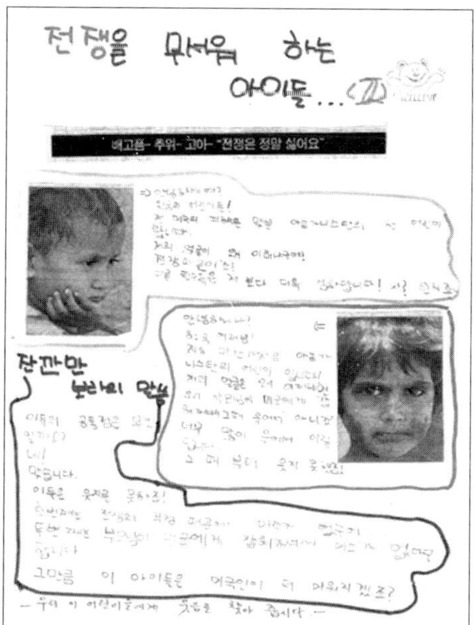

언이지능:
전쟁에 관한 신문 기사를 읽고 자료 만들기

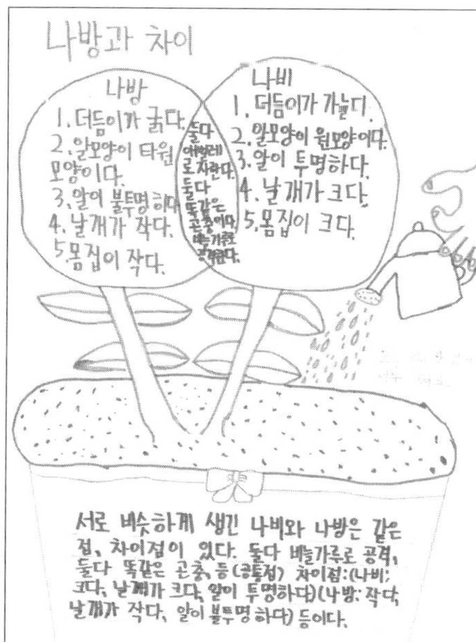

논리-수학지능: 나방과 나비의 차이점과
공통점을 벤다이어그램으로 나타내기

공간 · 언어지능:
개미를 조사한 후 만화 편지 쓰기

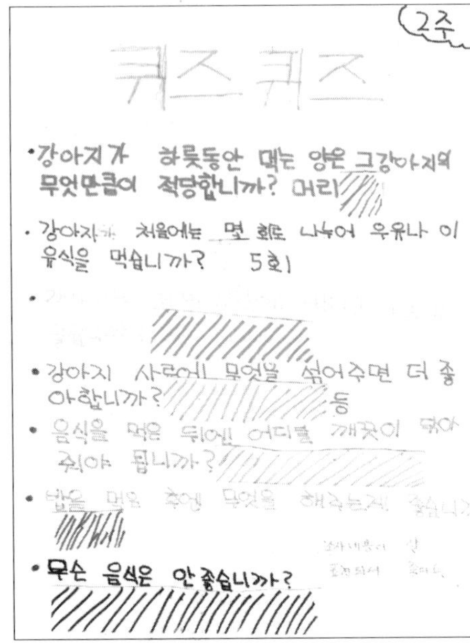

대인관계지능:
강아지를 조사한 후 퀴즈 만들기

(3) 발표와 반성

① 발 표

주 1회 1～2시간을 '프로젝트 발표의 날'로 정하고 발표한다. 이때 발표자에 따라 시간을 유동적으로 진행한다.

- 주 1회 발표하고 조사한 내용으로 만든 활동도 함께한다. 발표 시 조사 내용을 실물화상기로 띄우고 발표 · 활동을 한다. 발표자가 리더가 되어 퀴즈나 게임 등을 이끈다. 두 명이 하는 게임은 대표자 두 명이 앞에 나와서 하고, 퀴즈는 발표자가 질문하면 다른 학생들이 답을 한다. 특히 발표할 때 보고 읽기보다는 내용을 요약하여 생각을 발표하도록 한다. 이를 통해 학생들은 정보를 공유하고 발표자는 자신감과 성취감 등을 갖게 된다.
- 발표 희망자는 전날에 좀 더 철저히 준비하도록 하고, 발표 순서는 발표 당일

발표자의 능력을 고려하여 정해 준다. 평균 일주일에 10명 내외의 학생이 발표를 하게 되므로 한 달에 한 번은 발표를 한다. 처음에는 의무적으로 하기보다는 자원해서 하도록 하고 발표를 힘들어하는 학생에게는 그럼 "언제 할까?" "다음에는 가능하지?"라는 질문을 하면서 스스로 준비하도록 한다.

- 학생이 발표하겠다는 의지가 생기도록 도와준다. 발표에 자신 없어 하는 학생들에게 "발표하면 70점, 큰소리로 하면 추가 20점, 주제와 맞으면 추가 20점"이라고 말하여 희망을 준다.

② 반 성

- 학생은 매주 조사와 활동, 발표가 끝나면 '○월 프로젝트 학습 평가'에 어떤 지능을 활용했는지 표시하도록 한다. 교사 평가 시 학생의 확인되지 않은 지능을 표시한다.
- 매주 발표가 끝나면 학생들이 좋았던 점과 아쉬운 점을 함께 이야기하고 다음 번 조사, 발표 시 반영하여 좋은 효과를 얻는다. 이때 교사가 지적해 주는 것보다 학생들끼리 서로 말해 주는 것이 더 효과적이다.

활용한 지능		
지능 영역	나	교사
언어지능(국어 방면)		◎
논리-수학지능(수학, 과학 방면)		◎
공간지능(미술 방면)		○
신체-운동지능(체육, 손의 재능 방면)		
음악지능(음악 방면)		
대인관계지능(사람들과의 관계)		◎
자기이해지능(스스로에 대한 이해)		○
자연친화지능(자연과의 관계)		

③ **평 가**

- 자기평가는 4주 후에 한 달간의 조사를 통하여 알게 된 점과 좋았던 점, 아쉬운 점, 다짐 등을 '○달 프로젝트를 마치며'라는 제목으로 A4용지에 작성함으로써 학습과정을 다양한 관점에서 스스로 평가하여 새로운 지식의 개인화와 다음 달 계획서를 효과적으로 준비하도록 한다.
- 동료 평가는 개인차가 심해 객관적인 평가가 어렵다고 생각하여 발표 시에 함께 나누는 것으로 대치하였다.
- 교사 평가는 매주 학생의 조사와 활동, 발표로 하는데, 주제에 대한 정보를 잘 표현하고 활동으로 잘 전달했는지를 평가한다. 또한 다른 학생들의 발표를 듣거나 자신의 '○달 프로젝트를 마치며'를 통하여 반성적인 사고를 얼마나 잘하는지 평가한다.
- 학부모 평가는 4주 조사가 끝나면 한 달 동안 조사한 것과 그것을 여러 활동으로 만든 자료를 부모님께 보여 드리고, 학부모의 소감을 기록함으로써 부모의 관심과 인정으로 학습의 효과를 더할 수 있다.

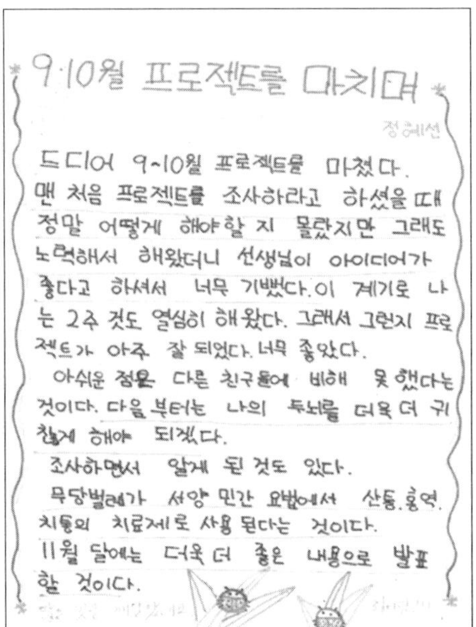
9·10월 프로젝트를 마치며
정혜선
드디어 9~10월 프로젝트를 마쳤다.
맨 처음 프로젝트를 조사하라고 하셨을 때
정말 어떻게 해야할 지 몰랐지만 그래도
노력해서 해왔더니 선생님이 아이디어가
좋다고 하셔서 너무 기뻤다. 이 계기로 나
는 2주 것도 열심히 해 왔다. 그래서 그런지 프로
젝트가 아주 잘 되었다. 너무 좋았다.
아쉬운 점은 다른 친구들에 비해 못했다는
것이다. 다음부터는 나의 두뇌를 더욱 더 귀
찮게 해야 되겠다.
조사하면서 알게 된 것도 있다.
무당벌레가 서양 민간 요법에서 산통, 홍역,
치통의 치료제로 사용 된다는 것이다.
11월 달에는 더욱 더 좋은 내용으로 발표
할 것이다.

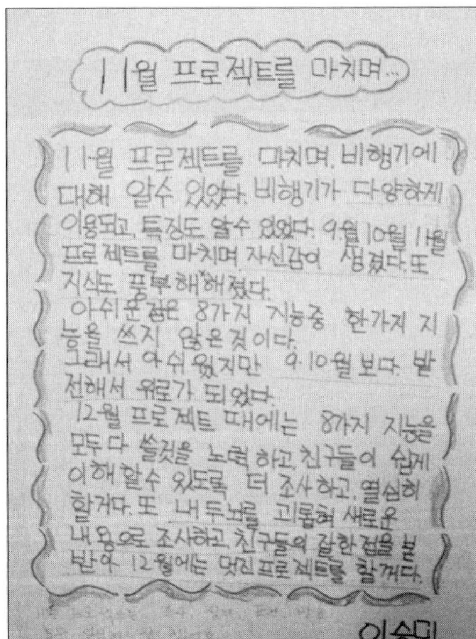
11월 프로젝트를 마치며...
11월 프로젝트를 마치며, 비행기에
대해 알수 있었다. 비행기가 다양하게
이용되고, 특징도 알수 있었다. 9월 10월 11월
프로젝트를 마치며 자신감이 생겼다. 또
지식도 풍부해 졌다.
아쉬운 점은 8가지 지능중 한가지 지
능을 쓰지 않은것이다.
그래서 아쉬웠지만 9·10월보다 발
전해서 위로가 되었다.
12월 프로젝트 때에는 8가지 지능을
모두 다 쓸것을 노력 하고, 친구들이 쉽게
이해 할수 있도록 더 조사 하고, 열심히
할거다. 또 내 두뇌를 괴롭혀 새로운
내용으로 조사하고, 친구들의 잘한 점을 본
받아 12월에는 멋진 프로젝트를 할거다.
이승민

자기이해지능: 프로젝트를 마치며 자기평가하기

부모님의 소감

사실 어른들도 우리나라 문화재가 정확하게 어디에 어떤것이 있는지 관심을 갖지 않으면 조금밖에 모르는데, 이번에 문화재를 같이 조사하면서 더 많은 문화재를 알게 되었고, 앞으로 프로젝트를 조사하는데 자료수집등 많은 도움을 주어야 하겠다는 생각을 하였습니다

자기이해지능: 학부모가 아동의 프로젝트 활동 평가하기

3) 프로젝트 학습의 장점

- 학습자 스스로 계획하고 실천하므로 학습 활동에 대한 확실한 동기부여로 인한 학습 효과의 극대화
- 스스로 학습하므로 자율성과 책임감 신장
- 사고력과 창의력 향상

☎따르릉~ 보라가 이렇게 변했어요.☎

"내가 아니야@~!"
"보라가 아니?!"
란 말이 난 내 귀에 똑똑히 이젠 들을 수있다.
그 만큼 내가 나에 대한 변화를 느낀 거라고 해야하나?
한심이 보라가 변했다!
알게 된 점은~ 너무 많아서 이곳에다 쓸수가 없다.
하하하~ 내가 보아도 나의 세계적인 작품이야~
(보라 속~:친구들 중 에서 내가 보기엔 내가 좀 잘난 것 같다. ^^)
내가 변화란 것이 있었나?
난 그것이 그것이 없을텐데~
선생님을 만나 내가 잘나진 것 같다.
처음으로 감사 할 분은 선생님! 감사합니다.
그리고 나에게도!@ 감사해~보라! ^^
한마디로 말하면 난 모두 다 감사한다~ 친구들에게도~
잘난 보라가 나중에도 이런 것 보다 발전이 있어야겠는데~
할텐 보라 짱~ ^^

지금! 보라가 부족한 점…¿?

지금 내가 생각해도 난 너무 머리가 좋은 건 아닌가?라는 착각을 한다.
난 ★반짝 반짝★ 아이디어를 쓰지도 않고 그냥 스치는 신문 기사에 머물고...만 있었다.
내가 생각해도 너무 한심 할뿐이다.
바보같은 생각은 이젠 잊어야 겠다.
꼭 모든 재능을 다 해야겠다.(♩♪♬음악은 부디 아니옵시다.이지만 음악도 언젠가는 되겠지 뭐?)
내가 부족한 점은 끈질기지 못한 성격과 칭찬을 들으면 그 곳에서만 머물게 되어버리는 이 방심!
이 문제이다. (아이고 한심해~! T^T)
ⓗ비켜라~ 이젠 변한 보라가 되었다.
보라는 이젠 한심한 보라가 아니다. 누구보다 더 열심히하는 보라이다.
방심이여 물러가거라~! 한심의 소리 물러가거라~!
착각이여 물러가거라~!

보라야 열심히 알지?

자기이해지능: 프로젝트 학습을 통해 긍정적으로 변화한 것 기록하기

- 개별화(개인차에 따른 활동) 교육 가능
- 가정, 학교, 사회의 밀접한 관계로 교육의 효과 극대화
- 능동적이고 적극적인 자세로 성취감 향상
- 자존감, 자신감, 사회성 향상

4) 프로젝트 학습의 효과 높이기

- 교사는 학생들의 프로젝트에 관심과 열의를 갖고 도와준다.
  - 프로젝트 학습을 수행하기 이전에 프로젝트에 대한 개념과 수행 방법을 설명해 준다.
  - 매주 점검하여 격려하고 도와준다.
- 가능한 한 학부모의 적극적이고 구체적인 협조를 구한다(학교교육과 학부모 간의 연계가 이루어지고 가족 간에 화목의 씨앗이 된다).
- 결과보다는 과정을 중시한다.
- 학생들이 처음 발표할 때 사기를 북돋워 준다.
- 교사나 학부모는 단기적인 효과보다는 장기적인 효과를 바라보는 시각을 갖는다. 교사는 처음 프로젝트를 시작할 때 학생들이 '한 주제를 갖고 한 달 동안 생각하는 것' 자체만으로도 의미가 있다고 여기고 시작한다. 또한 개인의 강점지능을 찾아 계발하도록 도와준다.
- 가능한 한 많은 학생들이 발표하도록 유도하고, 좀 더 꼼꼼하게 준비하도록 전날 발표할 학생의 신청을 받는다. 발표 순서는 발표를 듣는 학생들에게 미치는 효과와 발표자의 능력을 고려하여 정한다.

표 3-30 지능별 학습 활동(예)

지 능	학습 활동
언어	퀴즈, 다섯 고개, 만화, 동화, 편지글, 삼행시, 동시, 모의 재판, 뉴스, 인터뷰, 토론, 작사, 신문기사, 미니북, 막대인형극
논리-수학	게임 만들기, 표와 그래프, 도표, 벤다이어그램, 서바이벌 게임, 낱말 퍼즐, 그림 퍼즐, 마인드맵, 플로차트
공간	만화 그리기, 막대인형 만들기, 포스터, 광고, 시화
신체-운동	표현 무용, 역할극, DDR
음악	가사 바꾸기, 작곡
대인관계	게임하기, 퀴즈 풀기, 역할극
자기이해	계획, 조사, 정리
자연친화	동식물 관찰, 자연의 변화 관찰, 자연현상의 관계, 동식물 기르기

5) 프로젝트 학습의 실제

다음은 초등학교 4학년 학생 개인이 두 번째로 주제를 자유롭게 정하여 한 달 기간으로 프로젝트 학습을 실시한 진행 단계다.

(1) 계 획

- 주제 정하기: 버섯
- 브레인스토밍
- 마인드맵
- 프로젝트 학습 계획서 작성하기

(2) 조사와 활용

매주 실행한 프로젝트 학습 활동에서 어떤 지능을 활용했는지 '프로젝트 학습 평가'의 '활용한 지능 영역'에 표시한다.

① 1주- 버섯의 종류

- 독버섯
- 식용버섯
- 약용버섯
- 새롭게 알게 된 사실
- 조사한 내용을 게임으로 만들기

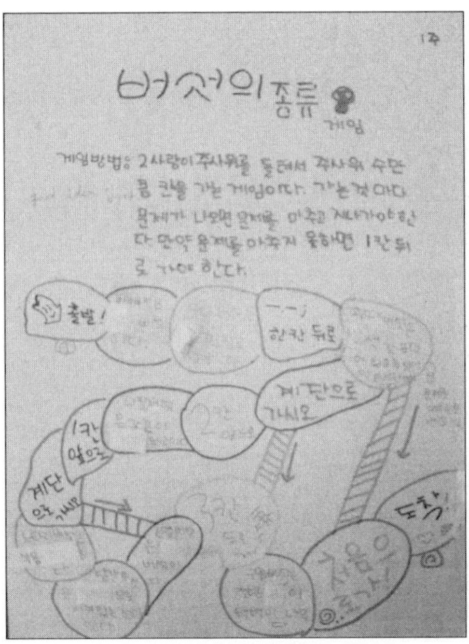

대인관계지능:
버섯을 조사하고 게임 만들기

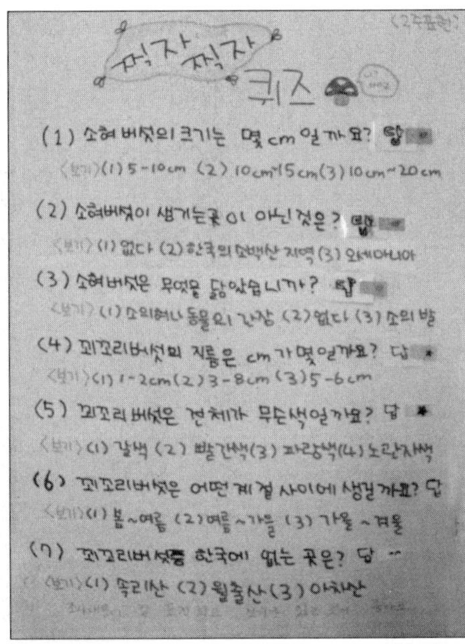

대인관계지능:
버섯을 조사하고 퀴즈 만들기

② 2주- 버섯의 생김새와 서식지

- 소혀버섯
- 꾀꼬리버섯
- 새롭게 알게 된 사실
- 조사한 내용을 '찍자 찍자 퀴즈게임' 으로 만들기

③ 3주- 버섯의 특징

- 목이버섯
- 그늘버섯
- 꽃송이버섯
- 새롭게 알게 된 사실
- 조사한 내용을 '무엇일까요? 퍼즐' 로 만들기

④ 4주- 버섯과 사림과의 관계

- 상황버섯
- 동충하초버섯
- 느타리버섯
- 영지버섯
- 표고버섯
- 새롭게 알게 된 사실
- 조사한 내용을 미니북으로 만들기

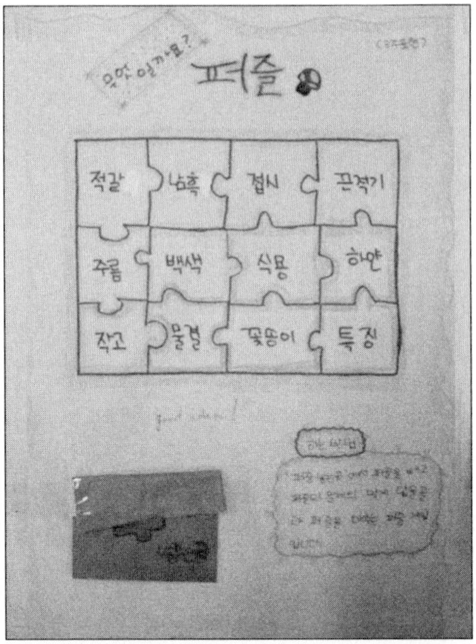

논리-수학지능:
버섯을 조사하고 퍼즐 만들기

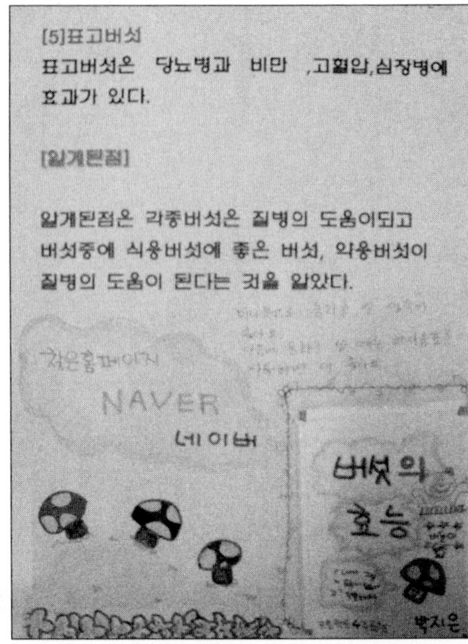

언어지능:
버섯을 조사하고 미니북 만들기

(3) 발표와 반성

① 발 표

토요일 '프로젝트 발표의 날'에 발표한다.

② 반 성

- 이번 달 프로젝트를 통하여 새롭게 알게 된 점, 아쉬운 점, 다음 달의 다짐 등을 포함한 '○월 프로젝트를 마치며'를 쓴다.
- 4주 동안 조사한 것을 부모님께 보여 드리고 '프로젝트 학습 평가'의 '부모님의 소감'을 받아 온다.

6학년을 대상으로 한 세계 문화 홍보 프로젝트

최근 교통, 정보 통신이 발달하면서 해외 여행, 매스미디어 등의 보급이 증대되어 세계 각국에 대한 학생들의 지식이 풍부해지고 관심 또한 커졌다. 따라서 21세기를 살아가는 학생들이 각국 사람들의 생활 모습이나 문화 등을 알아보는 프로젝트 학습이 절실히 요구되고 있다.

1) 프로젝트 목표

- 세계 문화를 조사 · 정리할 수 있다.
- 문화의 다양성을 이해할 수 있다.
- 협동학습을 통하여 자신의 역할을 다하고 서로를 도우면서 학습할 수 있다.
- 전달 효과를 고려하여 다양한 방식으로 보고서를 만들 수 있다.
- 개인의 강점 지능을 계발할 수 있다.

2) 프로젝트 실제

(1) 준비하기

① 환경 조성하기

- 다중지능이론의 특성 이해하기
- 프로젝트 학습 이해하기
- 모둠 구성하기
  - 대상: 초등학교 6학년
  - 모둠 이름 및 유지 기간: 모둠은 언어, 논리-수학, 신체-운동, 공간, 음악, 자연친화, 자기이해, 대인관계 등 다중지능을 구성하는 8개 모둠을 조직하였다.

모둠의 유지 기간은 두 달로, 너무 빨리 바뀌게 되면 익숙해지기도 전에 새로운 지능에 적응해야 하고, 너무 길게 유지하면 다양한 지능을 연구할 기회가 줄어들기 때문이다. 두 달이 지나면 새로운 다중지능을 계발할 수 있도록 안내하였다.

- 모둠 조직 방법: 모둠 조직은 다중지능을 5지망까지 조사하고(〈표 3-31〉 참조), 조사 결과와 더불어 모둠 구성원 선호도(〈표 3-32〉 참조)와 소시오그램(〈표 3-33〉 참조)을 고려하여 다중지능 모둠을 구성하였다. 조사 결과 남학생들은 신체-운동지능을, 여학생들은 공간지능을 주로 선택하는 등 많은 학생들이 자신이 선호하는 다중지능 모둠에서만 활동하려는 경향을 보였다. 그러나 다중지능 활동의 궁극적인 목표는 자신이 선호하는 지능만 계속 발달시키는 것이 아니라, 취약한 지능을 파악하여 계발함으로써 모든 지능을 고루 발달시키는 것임을 주지시킨 후 다시 신청을 받자, 지능별로 고른 선호를 보였다.

표 3-31 다중지능 희망서

☆ 모둠 활동을 하면서 계발하고 싶은 다중지능을 우선순위를 정하여 5위까지 써 주세요.
자신 있는 지능이 아니어도 그 지능을 계발하고 싶다면 선택하세요.

지 능	설 명	순 위
언어지능	발표, 글쓰기, 독서 능력을 계발하고 싶어요.	
논리-수학지능	계산, 논리, 탐구 능력을 계발하고 싶어요.	
공간지능	그림 그리기, 만들기, 신체 활동 능력을 계발하고 싶어요.	
신체-운동지능	만들기, 운동, 세밀한 조작 능력을 계발하고 싶어요.	
음악지능	노래, 악기 연주, 음악 감상 능력을 계발하고 싶어요.	
자연친화지능	동식물 재배, 관찰, 날씨, 주변 환경 탐구 능력을 계발하고 싶어요.	
대인관계지능	친구 관계, 사회성, 다른 사람에 대한 이해 능력을 계발하고 싶어요.	
자기이해지능	자신에 대한 탐구, 명상, 개인적인 능력을 계발하고 싶어요.	

표 3-32 모둠 구성원 선호도

☆ 4, 5월 두 달간 모둠 활동을 하게 됩니다. 모둠 활동을 함께하고 싶은 친구와 함께하면 힘들 것 같은 친구를 표시해 주세요. 모둠 활동을 함께하고 싶은 친구 중 적어도 한 명과는 같은 모둠이 될 수 있도록 배려해 주겠습니다. 하지만 우리 반 친구들 모두가 만족하는 모둠을 만드는 것은 힘들어요. 때로는 친한 친구와 다른 모둠이 될 수도 있고, 내가 좋아하지 않는 친구와 같은 모둠이 될 수도 있으니 그 점은 여러분이 이해해 주기 바랍니다.

☆ 표시 방법

- 같은 모둠이 되고 싶은 여자 친구 셋, 남자 친구 셋을 골라 '표시' 란에 + 표시를 하고 그 이유를 쓰세요.
- 같은 모둠이 되면 힘들 것 같은 친구를 골라 '표시' 란에 − 표시를 하고 그 이유를 쓰세요.

번호	이름	표시	이유	번호	이름	표시	이유
1	공○○			31	이○○		
2	김○○			32	조○○		
3	김○○			33	홍○○		
4	김○○			34	황○○		

☆ 선생님께 특별히 하고 싶은 말:

표 3-33 모둠 구성의 소시오그램

	공○○	김○○	김○○	김○○	박○○	배○○	설○○	이○○
공○○								+
김○○			−	|				
김○○					|	+		
김○○	+	−						
박○○			+					
배○○			+					
설○○					−			
이○○	+			+	+			

② 평가 준거 제시하기

프로젝트 학습을 시작하기 전에 학생들에게 평가 준거를 제시해 줌으로써 보다 적극적으로 활동하도록 유도한다. 이때 각 항목별 내용을 학생들이 이해할 수 있도록 자세하게 설명해 주며, 점수는 상, 중, 하 3단계로 평가한다. 예를 들어, 10점 만점의 경우 '10점은 상, 7점은 중, 5점은 하' 로 채점하고, 5점 만점의 경우 '5점은 상, 3점은 중, 1점은 하' 로 채점할 수 있다.

표 3-34 프로젝트 학습의 평가 준거

구 분	평가 기준	점 수
내용(60)	학습 주제와 관련된 내용인가?	10
	비교, 분석, 종합, 평가 내용이 들어 있는가?	10
	그림, 사진, 통계, 인터뷰, 전문가에게 질문한 내용이 들어 있는가?	10
	학생들이 사용하는 말인가?	10
	사용한 자료의 출처를 밝혔는가?	10
	모둠의 구성원들이 내용을 잘 알고 있는가?	10
협동과 반성(10)	자신이 맡은 역할을 다하고 서로 도우며 활동했는가?	5
	자신의 활동을 되돌아보고 반성일지를 썼는가?	5
보고서와 발표(30)	보고서의 특징을 잘 살렸는가? (파워포인트 - 내용 요약) (신문 - 신문 기사 형식의 자세하고 다양한 내용) (역할극 - 시나리오의 작성과 표현력)	10
	알맞은 목소리로 자신 있고 재미있게 발표했는가?	10
	다른 모둠의 발표를 경청하고 궁금한 점을 질문했는가?	10
합계		100

③ 주제망 짜기

학생들 스스로 학습 주제에 대한 브레인스토밍을 한다. 이러한 기회를 제공해 줌으로써 학습 동기를 유발하고 프로젝트 활동에 보다 활발하게 참여하도록 학습 분위기를 유도한다.

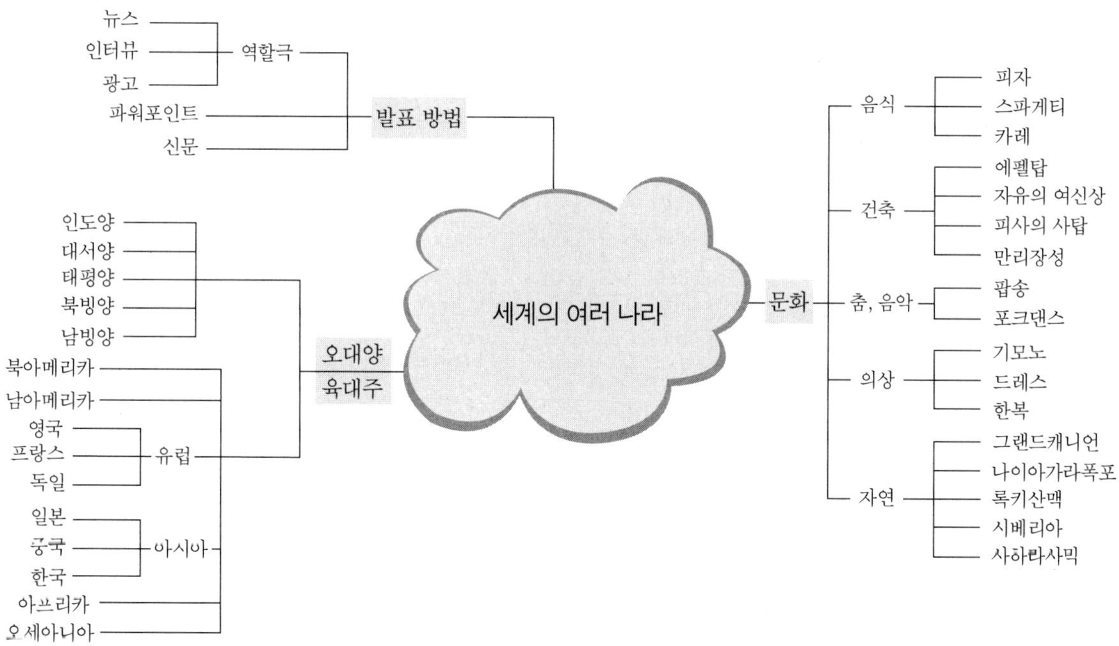

[그림 3-10] 프로젝트 학습 주제망 짜기

④ 활동 계획 세우기

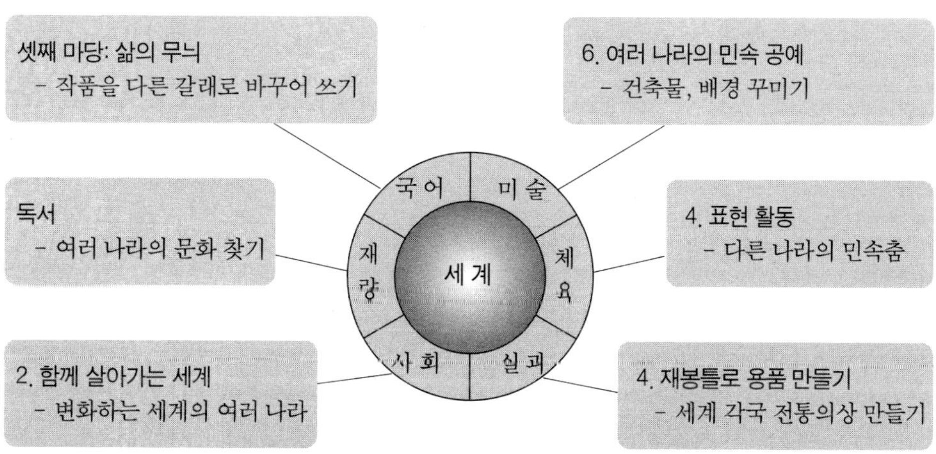

[그림 3-11] 교과별 지도 내용 추출

표 3-35 프로젝트 학습 실행 계획

차 시	중점 지능	학습 활동 내용	관련 교과 및 단원	비 고
1	언어지능 자기이해지능	계획 세우기 - 학습 주제 정하기, 활동 계획 세우기, 평가 기준 제시	사회 2-(1) 변화하는 세계의 여러 나라 - 단원의 도입(1, 2차시)	
2, 3	논리-수학지능 대인관계지능	점검하기(1차) - 프로젝트 계획서 발표 및 피드백	국어 5 되돌아보기 - 여러 가지 방법으로 쓴 글 고쳐 쓰기(4, 5차시)	
4, 5	논리-수학지능 공간지능	조사 · 정리하기 - 조사 및 수집, 정리하기	재량 활동(ICT 교육) - 정보 검색하기(1, 2차시)	
6	신체-운동지능 대인관계지능	세계 각국 민속춤 익히기	체육 4-(3) 다른 나라의 민속춤 - 세계 여러 나라 민속춤 익히기(3차시)	
7	공간지능 대인관계지능	세계 각국 건축물과 배경 꾸미기	미술 7 환경과 건축 - 세계 여러 나라의 건축물 표현하기(2차시)	
8	공간지능 대인관계지능	세계 각국 전통의상 만들기	실과 4-(2) 간단한 용품 만들기(3차시)	
9	언어지능 논리-수학지능	스토리보드 작성하기 - 보고서 만들기	국어 3 더 나아가기 - 작품을 다른 갈래의 글로 바꾸어 쓰기(9차시)	
10, 11	언어지능 신체-운동지능 대인관계지능	발표하기 - 발표하기, 평가하기, 소감 나누기, 파일 정리	특별 활동(행사) - 학급 자랑 프로젝트 발표하기(1차시) 사회 2-(2) 변화하는 세계의 여러 나라 - 관광 상품 소개하기(14차시)	

표 3-36 모둠 프로젝트 계획서

☆ 프로젝트 기간: ○월 ○일 ~ ○월 ○일

☆ 프로젝트 주제: 세계 문화 홍보하기

주 제	프랑스 여행 패키지		
모둠원 이름	조사할 내용	조사 방법	역할 분담(할 일)
필요한 자료			
보고서 종류 (○ 표시)	파워포인트, 한글로 만든 신문, 역할극, 기타 ( )		
보고서 제목			

표 3-37 프로젝트 진행 계획

일 시	할 일
/ (일)	
/ (월)	
/ (화)	
/ (수)	
/ (목)	
/ (금)	
/ (토)	

(2) 실행하기

① 차시별 활동 내용

[1차시] 계획 세우기

학습 목표	모둠별로 소개하고 싶은 국가를 정하여 소개 방법을 계획한다.
학습 내용	• 학습 주제(국가) 정하기 - 국가를 선택하고 조사할 내용을 결정한다. • 활동 계획 세우기 - 여덟 가지 지능의 관점에서 발표할 방법을 선택하고 모둠 구성원의 역할을 정한다. • 평가 기준 제시하기 - 프로젝트의 평가 기준을 제시해 준다.
유의점	• 각 모둠에게 필수 과제(민속춤, 건축물, 전통의상 등)를 제시해 주어 다양한 분야에 대한 조사 활동이 이루어질 수 있도록 한다. • 조사 및 준비할 때 지능별로 역할을 분담해서 모둠원 전체가 활동에 참여할 수 있도록 한다. • 모둠 구성원의 숫자가 너무 적거나 프로젝트 내용이 어려울 경우 2개의 모둠이 함께 활동할 수 있다.

[2, 3차시] 점검하기

학습 목표	프로젝트 계획을 발표하고 서로 피드백해 줌으로써 보다 알찬 프로젝트 계획을 세울 수 있다.
학습 내용	• 모둠별로 프로젝트 계획을 발표한다. • 다른 모둠의 프로젝트에 대한 좋은 아이디어를 포스트잇에 써서 전달해 준다. • 친구들의 의견을 확인하고 프로젝트 계획을 수정 · 보완한다.
유의점	• 다른 모둠에게 도움이 되는 좋은 의견을 제시해 준 학생은 칭찬해 준다. • 적극적으로 참여하여 건설적인 조언을 해 주도록 한다.

[4, 5차시] 조사 · 정리하기

학습 목표	발표할 내용을 조사하여 정리할 수 있다.
학습 내용	• 모둠별로 계획한 내용을 역할 분담에 따라 조사한다. • 각자 조사한 내용을 모아 놓고 모둠원들과 함께 의견을 교환한다. • 발표 시간과 방법 등을 고려하여 정리한다.
유의점	• 컴퓨터실 이용 시간(ICT 교육)을 활용하여 충분한 시간을 확보한다. • 학교 도서관의 책을 이용한다.

[6차시] 세계 각국 민속춤 익히기

학습 목표	소개할 나라의 민속춤을 익히고 모둠원이 협동하여 춤을 출 수 있다.
학습 내용	• 모둠별로 선택한 나라의 민속춤을 연습한다. • 모둠 구성원이 모두 익힐 수 있도록 서로 도우며 연습한다. • 완성된 동작을 음악에 맞추어 본다.
유의점	• 조사학습을 통해 민속춤을 미리 조사한 학생이 다른 모둠 구성원들에게 가르쳐 주는 형식으로 진행한다.

[7차시] 세계 각국 건축물과 배경 꾸미기

학습 목표	건축물을 그 특징을 살려 만들고 그에 따른 배경을 꾸밀 수 있다.
학습 내용	• 모둠별로 건축물에 관한 사진이나 그림 자료를 보고 특징을 파악한다. • 건축물과 어울리는 배경에 대해 의견을 모은다. • 역할 분담을 통해 모든 구성원이 참여하여 만든다. • 활동이 끝난 후 뒷정리를 한다.
유의점	• 표현 재료에 제한을 두지 않고 각 모둠의 계획에 따라 창의적으로 준비한다.

[8차시] 세계 각국 전통의상 만들기

학습 목표	다양한 재료를 이용하여 세계 여러 나라의 전통의상을 만들 수 있다.
학습 내용	• 모둠별로 담당한 나라의 전통의상에 관한 사진이나 그림 자료를 보고 특징을 파악한다. • 전통의상과 어울리는 재료에 대해 의견을 모은다. • 역할 분담을 통해 모든 구성원이 참여하여 만든다. • 활동이 끝난 후 뒷정리를 한다.
유의점	• 재료는 모둠별로 자유롭게 선택한다. • 재봉틀을 사용하여 만들 수 있는 기회를 제공해 주되 안전에 주의한다.

[9차시] 스토리보드 작성하기

<table>
<tr><td>학습 목표</td><td>준비한 프로젝트 내용을 토대로 스토리보드를 작성할 수 있다.</td></tr>
<tr><td>학습 내용</td><td>• 모둠별로 준비한 내용을 바탕으로 스토리보드를 작성한다.
• 모둠별로 완성된 자료를 수합하여 보고서를 만든다.</td></tr>
<tr><td>유의점</td><td>• 완성된 스토리보드는 다시 살펴보고 수정 · 보완한다.
• 보고서를 학급 인원수만큼 만들어서 나누어 준다.</td></tr>
<tr><td>스토리보드(예)</td><td>
<table>
<tr><td colspan="2">슬라이드 1</td><td colspan="2">슬라이드 2</td></tr>
<tr><td>설명</td><td></td><td>설명</td><td></td></tr>
<tr><td>필요한 자료
담당자</td><td></td><td>필요한 자료
담당자</td><td></td></tr>
</table>
</td></tr>
</table>

[10, 11차시] 발표하기

<table>
<tr><td>학습 목표</td><td>모둠별 프로젝트 활동 내용을 발표하고 세계 여러 나라의 문화를 이해할 수 있다.</td></tr>
<tr><td>학습 내용</td><td>• 모둠별 프로젝트 발표회를 시작한다.
• 모둠원이 모두 참여하여 다른 모둠에게 국가를 소개하고 다른 모둠의 학생들은 평가서를 작성한다.
• 프로젝트 수행과정에 대해 자기평가를 하고 다른 모둠의 평가를 종합한다.
• 평가 내용(자기평가, 다른 모둠의 평가)을 발표한다.
• 프로젝트를 하면서 느낀 점이나 알게 된 점을 발표한다.</td></tr>
<tr><td>유의점</td><td>발표의 시간제한을 두어 느슨해지는 것을 방지한다.</td></tr>
</table>

② 프로젝트 발표

표 3-38 모둠별 프로젝트 발표(예)

모 둠	국 가	발표 방법
엄마는 파업 중 (공간지능) 괴짜 가족 (자기이해지능)	영국	마네킹 놀이 마네킹(학생들)을 세우고 한 학생이 마네킹을 누르면 자신이 소개할 영국의 문화를 보여 준다. - 유명한 인물 가면 쓰기, 전통의상 입기, 간단한 대화를 영어로 하기, 국기 보여 주기, 악기 연주, 전통춤 추기
음악 (음악지능) 해피투게더 (대인관계지능)	프랑스	홈쇼핑(프랑스 여행 패키지) 여행사에서 프랑스 여행 패키지 상품을 홍보한다. 프랑스와 관련된 내용을 여덟 가지 지능 영역으로 나누어 제시한다. - 국가 들려주기(입장할 때), 프랑스 옷 입은 모델 등장, 예절 시범 보여 주기, 프랑스어로 대화하기, 방문할 만한 곳 설명하기, 파워포인트 활용하기(환율, 건축물, 종교, 기후)
컴퓨터 (논리- 수학지능) 잭과 콩나물 (자연친화지능)	미국	CCAP 외국인과 함께하는 문화 교실을 진행한다. 영어를 능숙하게 하는 학생이 중심이 되어 미국에 대해 소개한다. - 간단한 회화, 전통 음악 들려주기, 전통춤 추기, 인형극으로 건축물 안내하기
세종대왕 따라잡기 (언어지능)	독일	파워포인트 활용 파워포인트를 최대한 활용하여 독일의 문화를 소개한다. - 독일어로 인사하기, 독일 음악 들려주기
나루토 (신체-운동 지능)	일본	역할극 일본 여행을 하면서 가이드로부터 일본의 문화를 소개받는다. - 건축물 만들기(나무젓가락, 상자 등 폐품 활용), 유카타(의상) 입기, 초밥 시식

(3) 평가하기

① 학생 평가

• 자기평가

프로젝트에 참가한 자신의 모습을 되돌아보는 과정이다. 이 평가는 스스로 부족한 부분을 반성하고 앞으로 보다 좋은 모습으로 참여하고자 하는 효과가 있다.

프로젝트 평가서

4 모둠(이름 :)

♥ 프로젝트 기간 : 3.20 ~ 3.29

♥ 프로젝트 주제 : 고구려의 탄생과 멸망까지의 과정을 나타낸 연극

♥ 나는 얼마나 잘 참여하였나요? ○ 보통

▷ 이번 프로젝트에서 나의 역할은 무엇이었나요?
: 유화공주, 병사 (고구려), 백제왕자

▷ 나의 참여 태도는 어땠나요?

낯선 행성에 도착한 우주인처럼.......................................물속에서 헤엄치는 물고기처럼

1	2	3	4	5	6	7	(8)	9	10

자기평가 자료(예)

• 모둠 내 평가

프로젝트 과정을 통해 함께 활동한 모둠 구성원에 대해 상, 중, 하 3단계로 서로 평가하는 과정이다. 이 평가를 통해 프로젝트 참여 의지가 약한 학생들에게 동기를 부여하고 보다 협조적인 분위기를 만들 수 있다.

프로젝트 학습 모둠내 평가

서울대방초등학교 6학년 3반 7 모둠 이름:

※ 평가 기준을 참고하여 자기와 모둠의 친구를 평가합니다.

(보기: 매우 잘함: ◎, 보통: ○ 부족: △)

※ 가로, 세로의 해당되는 역할에 맞는 친구의 이름을 씁니다.

※ 세로에 있는 자기 이름 칸에서 가로에 있는 친구를 평가합니다.

이름		이끔이	기록이	칭찬이	지킴이
이끔이			◎	○	○
기록이		◎		○	○
칭찬이		○	○		○
지킴이		◎	◎	○	
합계		28	28	24	24
평균		9	9	8	8

모둠 내 평가 자료(예)

• 모둠 간 상호 평가

다른 모둠의 프로젝트를 보고 자기 모둠원들과 협의하여 점수를 주는 방식이다. 이때 채점 기준은 프로젝트 시작 전에 제시했던 평가 준거에 따른다. 학생들은 비교적 정확한 평가를 할 수 있는 능력을 가지고 있다.

프로젝트 학습 모둠 평가

서울대방초등학교 6학년 3반 모둠 / 꿀꿀이조♡

※ 평가 기준을 참고하여 모둠 친구들과 의논하여 다른 모둠의 활동을 평가합니다.

※ 자기 모둠은 평가하지 않습니다.

※ 세로에 있는 자기 모둠 칸에서 가로의 다른 모둠 칸에 종합하여 점수를 적습니다.

(보기: 매우 잘함: 10점, 보통: 8점 부족: 6점)

	1모둠	2모둠	3모둠	4모둠	5모둠	6모둠	7모둠	8모둠
1모둠		60점	80점	80	60점	80	80점	80점

모둠 상호 평가 자료(예)

② 교사 평가

교사 평가는 프로젝트 평가 준거에 따르지만 점수를 모두 공개하여 상대적으로 패배감을 맛보는 모둠이 없도록 배려해 주는 것이 좋다. 교사는 평가를 통해 그동안의 진행과정을 격려해 주고 앞으로 보완해야 할 부분을 짚어 주는 것으로 마무리한다.

루브릭(평가 준거표)				
활동 주제	프로젝트 과정에 적극적으로 참여하여 문화의 다양성을 이해하고 강점 지능을 계발시킬 수 있다.			
수준 / 항목	1(1점)	2(2점)	3(3점)	4(4점)
활동 참여도 (프로젝트 과정, 프로젝트 발표)	프로젝트 준비과정과 발표에 모두 참여하지 않음	프로젝트 준비과정에만 참여하거나 발표에만 참여함	프로젝트 준비과정과 발표에 참여하는 자세가 보통임	프로젝트 준비과정과 발표에 적극적으로 참여함
이해 (문화의 다양성)	문화의 다양성을 전혀 이해하지 못하여 설명할 수 없음	문화의 다양성을 조금 이해하나 설명하지 못함	문화의 다양성을 이해하고 설명하는 능력이 보통임	문화의 다양성을 이해하고 설명하는 능력이 우수함
반성 (자기평가, 모둠 평가)	자기평가와 모둠평가를 전혀 하지 못함	자기평가나 모둠평가를 공정하게 평가하는 능력이 부족함	자기평가와 모둠평가 중 한 가지만 공정하게 평가함	자기평가와 모둠평가를 공정한 기준으로 수행함

척 도	점 수
A	10~12
B	7~9
C	4~6
D	3

최종 점수: ____________ 최종 척도: ____________

* 평가 척도는 학급의 상황에 따라 적절하게 조정할 수 있음

3) 마무리하기

이 프로젝트는 사회 과목을 어렵게 생각하는 학생들에게 즐겁고 활기찬 수업이 되기를 기대하며 준비하였다. 또한 파워포인트 등 프로그램 작성 능력과 자료 조사·정리 학습이 함께 이루어질 수 있도록 계획하였다. 다양한 자료 수집과 정리로 많은 시간이 필요했지만 학생 스스로 완성해 가는 즐거움을 맛보았다. 자발적으로 도전하려는 의지를 북돋워 주고 모둠원이 하나가 될 수 있도록 동기를 부여하였다.

참고문헌

강영심, 전윤식 공역(1977). 복합지능과 교육. 서울: 중앙적성출판사.

교개위(교육개혁위원회, 1995). 신교육체제 수립을 위한 교육개혁 방안. 서울: 교육개혁위원회.

교과부(2009). 총론. 서울: 교과부.

교육부(1999). 총론. 서울: 교육부.

교육부(2000). 총론. 서울: 교육부.

교육부(2002). 초등학교 과학과 지도서. 서울: 대한교과서.

교육부(2004). 초등학교 교육과정. 서울: 대한교과서.

김남규(1999). 초등학생의 진로흥미와 다중지능의 상관관계. 건국대학교 대학원 논문집, 49.

김대현, 김석우(2005). 교육과정 및 교육평가(개정 2판). 서울: 학지사.

김명희(1998). 다중지능이론을 적용한 통합 교육과정. 교육부연구정책과제.

김명희(2000). 이해를 위한 교수법을 적용한 교육과정 모형개발: 초등학교 국어과를 중심으로. 한양대학교 한국교육문제연구소 교과교육 공동연구.

김명희(2001). 이해를 위한 교수모형(Teaching for Understanding)의 적용에 관한 연구. 교육과정연구, 19(1), 283-318.

김명희, 김영천(1998). 다중지능이론의 기본 전제와 시사점. 교육과정연구, 16(1).

김명희, 김태경, 신화식, 장경희, 전은진(2008). 유아의 표현언어 평가척도 개발 연구. 한국언어문화학회, 37, 53-70.

김명희, 신화식(2001). 다중지능에 의한 부모-교사의 유아 잠재능력 평가 간의 인식 비교 연구. 한국아동학회지, 22(4), 33-50.

김명희, 신화식(2004). 다중지능이론의 교육적 적용-한양여대 부속유치원 프로그램을 중심으로- 한국 유아교육 현장의 정체성 확립을 위한 노력. 한국유아교육학회 2004 정기총회 및 정기 학술대회. 한국유아교육학회, 25-40.

김명희, 신화식(2005). Pods를 통한 유아의 음악적 창의성 증진. 유아교육연구, 12, 5-30.

김명희, 신화식(2006). Pods를 통한 유아의 미술적 창의성 증진. 한국유아교육학회 2006 정기학술대회, 427-447.

김명희, 신화식(2007a). 자연물을 통한 실외놀이. 한국유아교육학회 2007 정기학술대회, 48-60.

김명희, 신화식(2007b). 한국 유치원에서 다중지능이론의 적용사례 연구. 2007 한국다중지능교육학회 학술대회, 79-103.

김명희, 신화식(2007c). 개인생활을 위한 교수 전략과 유아의 반응. 열린유아교육연구, 207-224.

김명희, 신화식(2008). 유아의 대인관계지능 향상을 위한 역할극 놀이. 한국유아교육학회 2008년 정기학술 대회, 381-399.

김명희, 신화식, 주은희(2001). 프로젝트 스펙트럼(Project Spectrum)에 기초한 영역별 교수-학습 평가도구 개발 연구. 유아교육연구, 21(4), 127-155.

김명희, 우남희, 신화식(2005). 창의성과 유아교육의 연구 동향. 유아교육연구, 24, 117-149.

김명희, 이경희 공역(1998). 다중지능의 이론과 실제. 서울: 양서원.

김명희, 정태희(1997). 미국의 다중지능 교육. 열린교육연구, 5(2), 3-25.

김성희, 김영자, 송혜순, 이가형, 이해지(2000). 다중지능이론을 적용한 수업설계- 6학년을 중심으로. 이화여자대학교 사범대학 부속 초등학교.

김영자 외(2000). 다중지능이론을 적용한 수업설계. 이화여자대학교 사범대학 부속초등학교 연구보고서.

김영천(2000). 새로운 수행평가 모델의 탐색: 방법, 디자인, 그리고 딜레마, 수업과 수행평가의 개선을 위한 질적 연구방법의 활용. 한국교육평가학회 · 한국교육과정학회 · 한국인류학회 · 한국초등교육학회 학술세미나. 한국교육과정평가원 2월.

김영천(2007). 현장교사를 위한 교육평가. 문음사.

김인식 외(1996). 최신 교육과정 및 평가. 교육과학사.

김주현(2001). 과학영재의 다중지능 분석. 연세대학교 대학원 석사학위논문.

김주현(2005). 다중지능이론에 기초한 진로교육 프로그램 개발 연구. 서울대학교 대학원 박사학위논문.

김진영, 백혜리, 최윤정(2002). 교수-학습 방법론. 서울: 양서원.

김재복(2000). 통합교육과정. 경기: 교육과학사.

김혜선(1996). 유치원 교육과정에서의 프로젝트 접근법 적용. 이화여자대학교 대학원 석사학위청구논문.

김홍명(2005). 다중지능이론을 적용한 진로교육 프로그램이 초등학교 저학년 진로 성숙, 자아개념 및 학교적응에 미치는 영향. 서울교육대학교 교육대학원 석사학위논문.

류성림(2004). 초등 수학영재의 다중지능 분석에 관한 연구. 수학교육, 43(1), 35-50.

류지영(2004). 다중지능이론의 영재교육에의 적용. 교육과정연구, 22(1), 147-163.

명지전문대학 부속 명지유치원 편(2004). 만 4~5세 주제접근 통합교육과정에 의한 종일제 프로그램. 양서원.

박태연(2000). 통합수업이 소집단 조형활동에 미치는 영향: 초등학교 2학년 즐거운 생활 교과를 중심으로. 인천교육대학교 교육대학원 석사학위논문.

박효정(1999). 다중지능이론과 교육에의 적용가능성 탐색. 한국교육, 26(1), 69-100.

박효정 외(2006). 다중지능이론과 수업. 양서원.

백순근(1995). 학습 평가를 위한 새로운 대안: 수행평가를 중심으로. 교육개발, 통권 97호, 44-48.

신남희(2005). 아이들과 함께하는 다중지능수업의 시작. 서울초등다중지능교육연구회 여름 직무연수교재.

신명희(2002). 학습방법의 다양화 연구. 연세과학연구, 50, 61-75.

신명희, 김주현(2002). 과학영재의 지능 특성 연구. 연세과학교육, 50, 77-92.

신화식(2003). 몬테소리 영역 활동이 유아의 창의성에 미치는 영향. 몬테소리교육연구, 8, 25-46.

신화식(2005a). Key Learning Community의 고찰. 다중지능교육연구, 1, 163-183.

신화식(2005b). 유아용 자연이해지능의 한국적 수행평가도구(KPS) 개발. 다중지능교육연구, 2, 55-74.

신화식(2006). The qualitative study of 3 aged child's storytelling the storyboard activities based on MI theory. The 4th KSECE international conferernce in a collaboration with world OMEP. 한국 유아교육학회 창립 25주년 기념 제1회 국제학술대회, 162-200.

신화식(2007). 다중지능이론과 잠재능력개발. 열린유아교육연구, 1, 8.

신화식, 김명희(2006). 다중지능이론에 기초한 유아교육과정. 서울: 학지사.

신화식, 김명희(2008a). 유아교육기관 운영관리. 서울: 양서원.

신화식, 김명희(2008b). 이론과 실제를 중심으로 한 다중지능학교 사례. 서울: 교문사.

신화식, 류숙희, 황혜경(2007). 부모평정용 유아 다중지능평가도구(MIDAS-MYC)의 양호도 검증 연구. 유아교육연구, 27(3), 47-60.

신화식, 양옥승, 이경옥, 황혜경, 김승옥(2004). 교사가 평가한 유아다중지능 평가도구(MIDAS-MYC)의 구조에 관한 연구. 아동학회지. 25(4), 115-128.

신화식, 양옥승, 김명희(2009). 프로젝트 스펙트럼을 중심으로 한 유아용 자연이해지능 평가도구 개발. 한국영유아보육학, 56, 49-67.

신화식, 주은희(2001). 다중지능이론을 적용한 수행평가도구 개발. 한국유아교육학회 2001 학술대회. 31-45.

신화식, 주은희, 이경선, 소현아(2001). 프로젝트 스펙트럼(Project Spectrum)에 기초한 영역별 교수-학습 평가도구 개발 - 만 4 · 5세 유아를 대상으로. 한국교원대학교부설 교과교육공동연구소.

심성경, 김영실(1997). 통합적 유아교육과정. 다음세대.

안소영(2007). 교육과정 재구성을 통한 콩프로젝트. 서울초등다중지능교육연구회 여름 직무연수

교재.

안태진(2003). 다중지능이론의 관점에서 본 전혜린의 삶. 서울대학교 대학원 석사학위논문.

안혁신(1998). 포트폴리오 평가의 타당성에 관한 연구: Arts Propel을 적용한 미술-쓰기 포트폴리오를 중심으로. 한양대학교 대학원 석사학위논문.

양성후(2005). 초등학생의 진로흥미와 다중지능과의 관계. 한양대학교 교육대학원 석사학위논문.

오문자(2000). 레지오에밀리아의 유아교육 실제와 레지오 접근법: 한국 현장 적용 실체와의 연결. 21세기 유아교육의 비전.

유완영, 김명희, 김양분, 이경희, 김영천(1999). 다중지능이론에 기초한 통합교육과정의 개발 모형, '96 외국 석학과의 공동연구보고서.

윤옥인(2004). 자연탐구지능 계발학습 전략. 한국다중지능교육학회 학술지.

이경희 역(1993). 마음의 틀. 서울: 문음사.

이기숙(2001). 유아교육과정. 서울: 교문사.

이영만(1996). 다중지능이론과 초등학교 통합 단원 구성. 초등교육연구, 11, 257-276.

이영만(2004). 다중지능의 연계와 확장을 위한 교수전략의 효과. 초등교육연구, 17(1), 25-46.

이윤경, 석춘희 공역(1995). 유아들의 마음 사로잡기. 이화여자대학교 출판부.

이 현(2005). 다중지능이론을 활용한 초등학교 영재교육의 효과분석. 한양대학교 교육대학원 석사학위논문.

전성수(2001). 다중지능이론이 미술교육에 주는 시사점 연구. 사향미술교육논총, 9, 73-112.

전윤식, 강영심 공역(1997). 복합지능과 교육. 서울: 중앙적성출판사.

정종진(1999). 학교학습의 극대화를 위한 교육평가의 이해. 서울: 양서원.

정태희(1998a). 다중지능이론에 기초한 교수-학습 활동 개발 및 효과 분석: 개인적 지능을 중심으로. 한양대학교 대학원 박사학위논문.

정태희(1998b). 다중지능이론에 기초한 유아 능력 평가: Project Spectrum. 교육논총, 제14권, 123-146.

조연순, 김경자(1996). 주제중심 통합교육과정 구성: 숙의과정. 교육학연구, 34(1), 251-272.

조연순 외 역(1999). 자율성과 사고력을 키워주는 초등과학교육방법. 이화여자대학교 출판부.

조현철(2005). 정보영재의 정체성 확립을 위한 과학영재의 다중지능 비교분석. 한국교원대학교 교육대학원 석사학위논문.

지옥정 역. 프로젝트 접근법: 교사를 위한 실행 지침서. 서울: 창지사.

차경희(2005). 한국 초등학교에서의 다중지능이론의 적용에 관한 질적 사례연구. 한양대학교 대학원 박사학위논문.

전광희(2001). 다중지능 미술 프로젝트를 적용한 초등학생의 공간적 지능 신장에 관한 연구. 부산교육대학교 교육대학원 석사학위논문.

허정순(2007). 초·중등 수학·과학·정보 영재의 다중지능 비교. 경인교육대학교 교육대학원 석사학위논문.

현동걸(1999). 다중지능이론에 근거한 과학공작 학습을 통한 창의력 신장의 모색. 제주교육대학교 논문집, 28, 253-271.

홍성윤, 김유미(1998). 다중지능이론과 교수-학습 방법. 중앙대학교 한국교육문제연구소 논문집, 167-188.

홍순정, 이기숙(2004). 유아교육과정. 한국방송통신대학교 출판부.

황윤한(1996). 교수 · 학습 방법의 패러다임적 전환 모색: 객관주의 교육에서 구성주의 교육으로. 한국교육, 23(2), 1-23.

황윤한(2000). 학교 재량활동의 이론과 실제의 탐색: 학교 재량활동의 이론적 근거는 어디에서 찾아야 하며, 학교 재량활동을 통하여 무엇을 성취해야 하는가? 교육전남, 95, 19-33.

황윤한(2003). 교수 · 학습의 패러다임적 전환. 서울: 교육과학사.

황윤한, 조영임(2005). 학생들의 다양한 특성을 반영한 개별화 수업: 이해와 적용. 서울: 교육과학사.

Armstrong, T. (1993). *Seven kinds of smart: Discovering and using your natural intelligences.* New York: Plume/Penguin.

Armstrong, T. (1994). *Multiple intelligences in the classroom.* Alexandria, VA: ASCD.

Armstrong, T. (2000). *In their own way: Discovering and encouraging your child's multiple intelligences.* New York: Penguin.

Armstrong, T. (2003). *You' re smarter than you think: A kid's guide to multiple intelligences.* Free Spirit Publishing Inc., Minneapolis.

Armstrong, T. (2006). *The best schools: How human development research should inform educational practice.* ASCD: Alexandria.

Arter, J. A. (1990). Using Portfolio in Instruction and Assessment, *Test Center Northwest Regional Educational Laboratory,* OR. EDRS ED, 328-586.

Baek, S. G. (1994). Implication of cognitive psychology for educational testing. *Educational Psychology Review, 64*(4), 373-389.

Bigge, M. L., & Shermis, S. S. (1999). *Learning theories for teachers.* (6th ed.). New York: Longman.

Blythe, T., & Associates. (1998). *The Teaching for Understanding Guide.* John Wiley & Sons, Inc.

Bredekamp, S., & Rosegrant, T. (1995). Reaching potentials through transforming curriculum, assessment and teaching. In S. Bredekamp & T. Rosegrant (Eds.) *Reaching Potentials: Transforming Early Childhood Curriculum and Assessment, Vol. 2,* NAEYC, 15-22.

Brown, M., & Precious, N. (1991). *The integrated day in the primary school.* New York: Agathon Press, 1968.

Campbell, B. (1994). *The multiple intelligences handbook.* WA: Campbell and Assoc., Inc.

Campbell, L. (1997). Variations on a theme: How teachers interpret MI theory. *Educational Leadership, 55*(1), 14-19.

Campbell, L., Campbell, B., & Dickinson, D. (2004). *Teaching and learning through multiple intelligences* (3rd ed.). Pearson Education, Inc.

Carreiro, P. (1998). *Tales of thinking: Multiple intelligences in the classroom.* Stenhouse Publishers: New York, Maine.

Ceci, S. J. (1990). *On intelligence……more or less: A bio-ecological treatise on intellectual development.* Englewood cliffs, N. J.: Prentice Hall.

Chapman, C., & Freeman, L. (1993). *Multiple intelligences centers and projects.* Illinois: IRI/SkyLight Training and Publishing, Inc.

Chen, J., Isberg, E., & Krechevsky, M. (1999). *Building on children's strengths: The experience of project spectrum.* NY: Teachers College, Columbia University.

Clark, C. M., & Peterson, P. L. (1986). Teachers' thought processes. In M. C. Wittrock (Ed.), *Handbook of research on teaching.* (3rd ed). New York: Macmillan.

Cross, K. P., & T., Angelo. (1988). *Classroom assessment techniques: A handbook for faculty an arbor.* National center for research to improve postseconary teaching and learning.

Csikszentmihalyi, M. (1990). *Flow: The psychology of optimal experience.* New York: Harper & Row.

Doll, R. C. (1996). *Curriculum improvement: Decision making and process* (9th ed.). Boston: Allyn and Bacon.

Drake, S. M. (1993). *Planning integrated curriculum.* VA: ASCD.

Elkind, D. (1988). *Early schooling: The national debate.* New Haven, CT: Yale University Press.

Eisner, E. W. (1994). Multiple intelligences: The theory in practice by Howard Gardner -Commentary: Putting multiple intelligences in context: Some questions and observations. *Teachers College Record, 95*(4).

Feldman, D. H. (1980). *Beyond universals in cognitive development.* Norwood, W. J.: Ablex.

Fodor, J. (1983). *Modularity of mind.* Cambridge, Mass.: MIT Bradford Press.

Fogarty, R. (1991). Developmental Interdisplinary Schools for the 21st Century. *Excellince in Teaching, 8,* 57-59.

Gardner, H. (1991). *The unschooled mind: How children think and how schools should teach.* New York: Basic Books.

Gardner, H. (1993) *Multiple intelligences. The theory in practice.* New York: Basic Books.

Gardner, H. (1995). Reflections on multiple intelligences: Myths and messages. *Phi Delta Kappan, 77*(3), Novemver, 200-203, 206-209.

Gardner, H. (1999a). Are there additional intelligences? The case for naturalist, spiritual, and existential intelligences. In J. Kane (Ed.), *Education, information and transformation* (pp. 111-131). Englewood Cliffs, NJ: Prentice Hall.

Gardner, H. (1999b). *The disciplined mind: Beyond facts and standarized tests, the K-12 education that every child deserves.* New York: Penguin Books.

Gardner, H. (1999c). Understanding the theory of multiple intelligence. *Scholastic Early Childhood Today, 13*(4), 43-45.

Gardner, H. (2000). *Intelligence Reframed: The Theory of Multiple Intelligences.* New york: Basic Books.

Gardner, H. (2004). *The unschooled mind: How children think and how schools should teach.* New York: Basic Books.

Gardner, H. (2006a). *Multiple intelligences: New horizons.* New York: Basic Books.

Gardner, H. (2006b). *The development and education of the mind: The selected works of Howard Gardner.* New York: Routledge.

Gardner, H. (2006c). *Five minds for the future.* Harvard Business School Press.

Gardner, H., & Dickson, D. (1996). Multiple intelligences go to school: Educational implications of the theory of multiple intelligences. *Educational Researchers 18,* 8, 4-10.

Gardner, H., Feldman, D. H., & Krechevsky, M. (1998). *Project spectrum: Early learning activities.* NY: Teachers College, Columbia University.

Gray, J. H., & Viens, J. T. (1994). The theory of multiple intelligences: Understanding cognitive diversity in school. *National Forum: Phi Kappa Phi Journal, 74*(1).

Gatzke, M. (1991). Creating meaningful kindergarten programs. In B. Spodek (Ed.), *Educationally appropriate kindergarten practices.* National Education Association.

Geary, D. C. (2004). Evolution and cognitive development. In R. Burgess & K. MacDonald (Eds.), *Evolutionary perspectives on human development* (pp. 99-133). Thousand Oaks, CA: Sage Publications.

Glock, J., Wertz, S., & Meyer, M. (1999). *Discovering the naturalist intelligence: Science in the school yard.* Zephyr Press.

Goodlad, J. (1983). *A place called school.* New York: McGraw-Hill Book Company.

Goodrich, H. (1998). Assessment for learning and thinking. *The Project Zero classroom '98: Views Understanding.* Harvard Graduate School of Education.

Greenhawk, J. (1997). Multiple intelligences meet standards. *Educational Leadership, 55*(1), 62-64.

Herman, J. L., Aschbacher, & Winters (1992). *A Practical Guide to Alternative Assessment.* Alexandria, VA.: ASCD.

Hoerr, T. R. (2000a). *Becoming a Multiple Intelligences School.* Zephyr Press.

Hoerr, T. R. (2000b). *Becoming a Multiple Intelligences School.* Alexandria, VA: ASCD.

Hoerr, T. R. (2003). It's no fad: Fifteen years of implementing multiple intelligences. *Educational HORIZONS*, winter, 92-94.

Hwang, Y. (1994). *Relationships between students' goal orientations and seven dimensions of schooling in urban high schools of choice: An exploratory study.* Unpublished doctoral dissertation, The University of Alabama, Tuscaloosa, AL.

Jacobs, H. H. (1989). *Interdisplinary curriculum: Design and implimentation.* Alexandra, VA: ASCD.

Jenna, G., Maggie, M., & Susan, W. (1999). *Naturalist Intelligence.* Tucson, Arizona: Zephyr Press.

Jordan, S. E. (1996). Multiple intelligences: Seven keys to opening closed minds. *NASSP Bulletin, 80*(583), 29-35.

Kagan, J., & Kogan, N. (1970). Individual variation in cognitive processing. In P. Mussen (Ed.), *Handbook of child psychology.* New York: Wiley.

Katz, L. G., & Chard, C. S. (1989). Engagring children's minds. NY: Ablex.

Katz, L. G., & Chard, C. S. (2000). The project approach. In J. L. Roopnaine & J. E. Johnson (Eds), *Approaches to early childhood education* (3rd ed). (pp. 175-189). Englewood Cliffs, NJ: Prentice Hall.

Keil, F. C. (1984). Mechanics in cognitive development and the structure of knowledge. In R. Sternberg (Ed.), *Mechanics of cognitive development.* San Francisco: W. H. Freeman.

Kendall, R. E. (1996). *Diversity in the classroom: New approaches to the classroom* (2nd ed.). New York: Teachers College Press.

Kornhaber, M. (1997). *Seeking strengths: Equitable identification for gifted education and the theory of multiple intelligences.* Doctoral dissertation. Harvard Graduate School of Education.

Kovalik, S., & Olsen, K. (1994). *ITI: The model.* Books for Educators. ERIC(ED 374894).

Krechevsky, M. (1994). *Project spectrum: Preschool assessment handbook.* New York: Teachers College Press.

Krechevsky, M., & Gardner, H. (1990). The emergence and nurturance of multiple intelligence. In M. J. A. Howe (Ed.), *Encouraging the development of exceptional abilities and talents.* Leicester, UK: The British Psychological Society.

Krogh, S. (1990), *The Integrated early childhood curriculum.* New York: McGraw-Hill.

Lambert, N. M., & McCombs, B. L. (1998). *How students learn: Reforming schools through learner-centered education*. American Psychological Association.

Lazear, D. (2000). *The intelligent curriculum: Using multiple intelligences to develop your students' full potential*. Zephyr Press.

McCombs, B. L., & Whisler, J. S. (1997). *The learner centered classroom and school: Strategies for enhancing student motivation and achievement*. San Francisco, CA: Jossey-Bass.

Messick, S. (1998). Validity, In R. Linn (Ed), *Educational measurement* (3rd ed.). New York: Macmillan.

Miller, P. J. (1996). *The holistic curriculum*. Toronto: OISE Press.

Moran, S., Kornhaber, M., & Gardner, H. (2006). Orchestrating multiple intelligences. *Educational Leadership, 64*(1), 22-27.

NAEYC. (1991). Guidelines for appropriate curriculum content and assessment in programs serving children ages 3 through 8. *Young Children, 30*.

Orlich, D. C., Harder, R. J., Callahan, R. C., Kauchak, D. P., & Gibson, H. W. (1994). *Teaching strategies: A guide to better instruction*. Lexington, MA: D. C. Heath and Company.

Paulson, P. R., & Paulson, F. L. (1992). The Varieties of self-reflection. *Portfolio News 4*(1), 1, 10-13.

Piaget, J. (1954). *The construction of reality in the child*. New York: Basic Books.

Piaget, J. (1977). *The essential Piaget*. New York: Basic Books.

Pinar, W. F., Reynolds, W. M., Slattery, P., & Taubman, P. M. (1995). *Understanding curriculum*. New York: Peter Lang.

Project Spectrum. (1989). *Building on Children's Strength: A Project Spectrum intervention for children at risk for school failure*. Harvard Project Zero, Cambridge, MA.

Salvin, R. E. (1994). *Educational psychology: Theory and practice* (4th ed.). Boston: Allyn and Bacon.

Schwab, J. J. (1969). The practical: A language for curriculum. *School Review, 78*, 1-23.

Schwab, J. J. (1970). *The practical: A language for curriculum*. Washington, DC: National Education Association.

Schwab, J. J. (1973). The practical 3: Translation into curriculum. *School Review, 81*(4), 501-522.

Seidel, S., Walters. J. (1997). *Portfolio practice: Thinking through the assessment of children work*, NEA.

Skibeck, M. (1972). Forms of curriculum integration, *General Education, 18*, 7-13.

Snowman, J., & Biehler, R. (2000). *Psychology applied to teaching*. (9th ed.). Boston:

Houghton Mifflin Company.

Sperry, R. W. (1973). Lateral specialization of cerebral function in the surgically separated hemispheres. In B. McGuigan & R. A. Schoonover (Eds.), *Psychophysiology of thinking*, 5-19. New York: Academic Press.

Spodek, B. (1991). Early childhood curriculum and cultural definitions of knowledge. In B. Spodek & O. N. Saracho (Eds.), *Issues in early childhood curriculum*. New York: Teachers College Press.

Stankard, B. T. (2003). *How each child learns: Using multiple intelligences in faith formation*. Twenty-Third Publication.

Stenberg, P. (1983). How much gall is too much gall? A review of frames of mind: The theory of multiple intelligences. *Contemporary Education Review, 2,* 215-224.

Teele, S. (1995). *The multiple intelligences school: A place for all students to succeed.* Relands CA.

Teele, S. (2000). *Rainbows of intelligence: Exploring how students learn*. Corwin Press. Inc., A Sage Publications Company. Thousand Oaks. California.

Walters, J., & Gardner, H. (1985). The crystallizing experience: Discovery of an intellectual gift. In R. Sternberg & J. Davison (Eds.), *Conceptions of Giftedness.* New York: Cambridge University Press.

Whitaker, D. L. (2002). *Multiple intelligences after-school environment: Keeping all children in mind*. School-Age Notes. Nashvileer, TN.

Williams, L. R., & Fromberg, D. P. (1992). *Encyclopedia of early childhood.*

Winner, E. (1996). *Gifted children: Myths and realities*. New York: Basic books.

Wisky, M. S. (1998). *Teaching for Understanding-Linking Research with Practice.* John Wiley & Sons. Inc.

Dr. Howard Gardner를 소개한 사이트

- http://www.howardgardner.com/index.html

다중지능이론을 접목한 교육과정을 운영하는 학교 사이트

- Gardner School: http://www.gardnerschool.org/
- Hemenway Elementary School: http://www.framingham.k12.ma.us/hemenway/
- New City School: http://www.newcityschool.org/
- New School of Northern Virginia: http://www.nsnva.pvt.k12.va.us/
- Saint Augustine's School: http://www.staugustinesonline.com/
- Saltonstall School: http://salem.k12.ma.us/schools/saltonstall/
- San Jose Eelementary School: http://world.std.com/~mkjg/

찾아보기

《인 명》

Armstrong, T. 22, 28
Arter, J. A. 113

Binet, A 15
Bredekamp, S. 35

Campbell 28

Dewey, J. 49
Doll, R. C. 13

Feldman, D. H. 68
Fogarty, R. 37

Gardner, H. 14, 18, 68, 118
Goethe, J. W. 25
Goodrich, H. 107
Guilford, J. P. 17

Hoerr, T. R. 28

Jacobs, H. H. 37

Krechevsky, M. 68, 118

Paulson, F. L. 113
Paulson, P. R. 113

Rosegrant 35

Schwab, J. J. 14
Slavin, R. E. 29
Sperry, R. W. 16
Sternberg, R. J. 17
Suzuki, S. 26

Terman, K. 16

김명희 72
김재복 36
김진영 39

박찬호 25

신화식 72

이기숙 35

《내 용》

감각 센터 265
개미찾기게임 활동 74
개별화 108
개별화 교육 15
개인 센터 278
개인차 110

거미줄 모형 47
거북게임 활동 74, 192
게시물 143
경험하위이론 17
공간적 학습자 24
공간지능 21, 150, 227
과학 센터 281
교량 전략 70
교사 평가 316, 336
교우도 21
교육 13
교육이론 13
교육환경 154
구성 활동 56
귀인이론 143
그리기 활동 199
극놀이 58

노래 부르기 활동 74, 204
논리-수학적 학습자 24
논리-수학지능 20, 73, 149, 229

다중지능 25
다중지능이론 13, 14, 18, 108
단원 41
단원 목표 93
대안적 평가 방법 108
대인관계적 학습자 24
대인관계지능 21, 151, 240, 244
대학수학능력시험 16
도덕적 감수성 22
도제식 교육 29
동기이론 143
동료 평가 316
동물 그리기 74
동아리 142
동작 센터 267
두뇌 체조 219
디스코그래피 220
또래 상호작용 체크리스트 활동 209
뜨고 가라앉기 활동 74, 215

루브릭 114, 228

마인드맵 311
모형 교실 활동 74
물리적 환경 142
미술 센터 269

반성 120, 315,
발견법 217
발달 수준 110
발표 314
변화 125, 130
브레인스토밍 216, 310
브로카 영역 20
비계 300
비디오 포트폴리오 119

사회 센터 276
상상의 동물 그리기 활동 74
상황하위이론 17
생성적 수제 89, 90, 91
생태학적 타당성 109
생활 지도 222
서술식 채점 척도 114
성격검사 16
소크라테스식 질문 217
수업 설계 28
수준별 반 편성 14
수학 센터 262
수행평가 29, 107, 108
스탠퍼드-비네 지능검사 70
스토리보드 332
스펙트럼 보고서 118
스펙트럼 평가 117
시각화 218
시뮬레이션 221
시청각 자료 143
시험 109
신체-운동적 학습자 24
신체-운동지능 20, 72, 150, 238
실제적 교육과정 14
심리적 환경 143

아치형 목적 93
아트 프로펠 119
언어 센터 258
언어적 학습자 24
언어지능 20, 73, 149, 233
연관 통합 모형 47
열린 교육 14, 15
영역 프로젝트 120
요소하위이론 17
유머 22
음악 센터 272
음악적 학습자 24
음악지능 18, 19, 73, 150
이야기판 활동 74, 185
이해 88, 89
이해를 위한 교수 모형 87, 88,

89, 91
이해를 위한 교육과정 87
인물 그리기 74

자기 존중감 21
자기 향상 21
자기이해 학습자 24
자기이해지능 21, 151, 248
자기평가 316, 334
자신감 309
자연물 탐구하기 활동 74, 214
자연친화적 학습자 25
자연친화지능 22, 73, 152
작업 유형 68, 75, 83, 84, 117, 118
적성검사 16
전시 61
전문성 110
전인교육 30
전통적 평가 106
전통주의 13, 14
제7차 교육과정 107
조사 활동 55
주제 41
주제 중심 학습 35, 164
주제망 165, 326
지각 120
지능 영역 132
지능 평가도구 109
지능 프로파일 68, 75, 112, 117
지능검사 15, 70
지능구조모형 17
지능지수 18
지속적인 평가 89, 91, 93
지필검사 106
직관 22
진로교육 289
진보주의 13
질적 평가 107
질적 평가 방법 111
집단 토의 58

창의성 22
창의적인 움직임 활동 74, 196
창작 120
초기억 음악 220

코너학습 174
크라이테리어 114

통합 교육과정 35
통합 주제 단원 28
통합교육 36

파드 118
평가 68, 109, 288, 316
평가 준거 115, 326
평가 프로파일 111
포트폴리오 30, 111, 112, 171
표현 60
표준화 검사 107
표현언어 평가척도 74
표현언어 평가척도 활동 189
프로젝트 48, 111
프로젝트 스펙트럼 68, 69, 117
프로젝트 접근법 49
프로젝트 조직망 254
프로젝트 학습 253, 307
프로젝트 활동 49, 55
프로파일 30
프로펠 포트폴리오 120

학급 경영 125, 141, 154
학문 중심 교육과정 14
학부모 평가 316
학생 평가 334
학습 공동체 118
학습 동기 309
학습 전략 132, 216, 307
학습 지도 216
학습양식 17
학습자 평가 120
학습환경 141
한국적 다중지능 설문지 75
한국적 유아용 수행평가 184
한국적 유아용 수행평가 도구 72, 75
향상보고서 30
현장 활동 59
환경 구성 157
흥미 센터 154

5 · 31 교육 개혁 15
IQ 검사 27
MAIDAS 75

저자 소개(가나다순)

김명희 | 한양대학교 교육학과 교수
김영자 | 광성드림학교 교장
김향자 | 명지전문대학 유아교육과 교수
신화식 | 한양여자대학 유아교육과 교수
윤옥균 | 광성드림학교 교사
윤옥인 | 광성드림학교 교사
이현옥 | 성결대학교 유아교육과 교수
정태희 | 한양대학교 보육교사교육원 교수
황윤한 | 광주교육대학교 교육학과 교수

한국다중지능교육학회

한국다중지능교육학회는 최초의 시작점이 다른 다중지능교육을 필두로 모두가 소중하고 누구나 특별함을 인정하는 교육적 철학으로 접근하며, 아동이 자신은 물론 다른 사람들을 위한 삶을 스스로 유익하게 만들어 가도록 하기 위해 많은 교육자들이 새롭고 다양한 교수 방법을 모색하여 우리나라의 교육 발전에 기여함을 목적으로 하는 학문 연구의 장이다.

이를 위해 가드너 교수와 직간접적으로 연계하여 교육 프로젝트를 진행하고, 이를 바탕으로 우리의 교육 현실에 맞는 교육 방법을 연구하여 연 2회 전국 교육자 대상 연수와 학술대회, 각 지역 지회를 구성하여 교육 관계자 및 학부모 등을 대상으로 교육한 내용을 교육 현장에 보급하고 있다.

다중지능이론과 교육의 실제

2009년 8월 20일 1판 1쇄 인쇄
2009년 8월 25일 1판 1쇄 발행

지은이 • 한국다중지능교육학회 편
김명희 · 김영자 · 김향자 · 신화식 · 윤옥균
윤옥인 · 이현옥 · 정태희 · 황윤한

펴낸이 • 김 진 환
펴낸곳 • (주) 학지사
121-837 서울시 마포구 서교동 352-29 마인드월드빌딩 5층
대표전화 • 02)330-5114 팩스 02)324-2345
홈페이지 • http://www.hakjisa.co.kr
등록 • 제313-2006-000265호

ISBN 978-89-6330-171-6 93370

정가 16,000원